Alexandra Bleyer
Drum prüfe, wer sich ewig bindet

Alexandra Bleyer

Drum prüfe, wer sich ewig bindet

Eine kleine Geschichte der Ehe
von der Antike bis zur Gegenwart

Residenz Verlag

Bibliografische Information der Deutschen Nationalbibliothek
Die Deutsche Nationalbibliothek verzeichnet diese Publikation in der
Deutschen Nationalbibliografie; detaillierte bibliografische Daten sind
im Internet über http://dnb.dnb.de abrufbar.

www.residenzverlag.at

© 2015 Residenz Verlag
im Niederösterreichischen Pressehaus Druck- und Verlagsgesellschaft mbH
St. Pölten – Salzburg – Wien

Umschlaggestaltung: Nanna Prieler
Typografische Gestaltung, Satz: Lanz, Wien
Schrift: Minion Pro
Lektorat: Rainer Schöttle
Gesamtherstellung: CPI books GmbH, Leck

ISBN 978 3 7017 3362 0

Inhalt

Vorwort

Die Geschichte der Ehe ist derart komplex, dass mehrere Tausend Seiten nicht ausreichen würden, um sie in all ihren Facetten zu erfassen. Das vorliegende Buch konzentriert sich daher auf das Modell der (west-)europäischen Ehe. Während manche Gesellschaften polygame Beziehungen pflegen, hat sich in Europa die Monogamie durchgesetzt. Zumindest offiziell. Bis heute soll es ja Versuche Einzelner geben, dies zu unterlaufen.

Monogame, auf Dauer angelegte Paarbeziehungen lassen sich auch im Tierreich nachweisen. Doch musste erst der Mensch als angebliche Krone der Schöpfung kommen, um aus der natürlichsten Sache der Welt eine soziale »Institution« zu machen. Mit erstaunlicher Energie gingen Experten zu allen Zeiten daran – oft genug Theoretiker ohne eigene praktische Erfahrung –, über das Wesen der Ehe nachzudenken. Komplexe Regeln und Vorschriften sollten Ordnung ins Chaos bringen und die legalisierte Paarbeziehung in rechtlicher und sozialer Hinsicht im Gemeinwesen verorten.

Wer darf mit wem, wann und wie eine Ehe eingehen? Wie viel Mitsprache haben Braut und Bräutigam bei der Partnerwahl? Und was ist entscheidend: Geld, Liebe oder sexuelle Anziehungskraft? Fragen über Fragen …

Nach der Trauung fingen die Probleme oft erst so richtig an. Jetzt ging es darum zu klären, wer in der Beziehung das Sagen hatte; aufdringliche Schwiegermütter und neugierige Nachbarn machten es den Frischvermählten nicht einfach. Zudem saß – wurde die Regulierungswut schon erwähnt? – der Pfarrer über Jahrhunderte quasi mit im Ehebett und passte auf, dass es seine Schäfchen nicht zu bunt trieben. Lust im Ehebett? Pfui Teufel! – Im 20. Jahrhundert forderten Eheratgeber genau das Gegenteil: Nun wurden Mann und Frau darauf verpflichtet, Spaß im Ehebett zu haben, um mit gutem Sex die Ehe zusammenzuhalten. Ja, was denn jetzt?

Auch außerhalb des Schlafzimmers gab es reichlich Konfliktstoff, und so manches Ehepaar landete vor Gericht. Spätestens, wenn die Fronten verhärtet waren und man die bessere Hälfte nicht mehr anschauen konnte, zeigte sich: Trotz aller Hindernisse und Hürden war es noch immer sehr viel leichter, in eine Ehe hinein als aus dieser wieder herauszukommen. Bis dass der Tod uns scheidet.

»In unserer Gesellschaft ist die Ehe eine rechtlich legitimierte, auf Dauer angelegte Beziehung zweier ehemündiger, verschiedengeschlechtlicher Personen«[1], so der Soziologe Karl Lenz, aber sie ist keineswegs die einzige Form stabiler Zweierbeziehungen. Viele Paare ziehen ein Zusammenleben ohne Trauschein vor. Seit 2001 besteht in Deutschland beispielsweise die Möglichkeit eingetragener Lebenspartnerschaften für gleichgeschlechtliche Paare mit eheähnlichen Rechten und Pflichten; in manchen Ländern hat sich bereits die sogenannte »Homo-Ehe« durchgesetzt, das heißt, Homosexuelle können ebenso wie Heterosexuelle heiraten.

Dieses Buch will zeigen, dass die Ehe keine unveränderbare anthropologische Konstante darstellt, immer so war und immer so bleiben muss, wie sie ist, sondern einem ständigen Wandel unterliegt. Als lebendiger Teil unserer Gesellschaft passte sie sich den sozialen und politischen Veränderungen an.

Ausgehend von den drei Phasen Partnerwahl, Eheleben und dem (manchmal blutigen) Ende der Beziehung werden ausgesuchte Aspekte schlaglichtartig beleuchtet. Es soll die Kluft zwischen

Theorie und Praxis verdeutlicht werden, aber auch, dass trotz in den einzelnen Epochen vorherrschender Tendenzen jede Ehe so individuell war und ist wie die beiden Menschen, die sie eingegangen sind. Glück und Leid, berührende Momente voller Liebe und tragische Schicksale, Harmonie und Streit, weinen und lachen: Wie nah liegt das beieinander? Denn ehrlich: Wenn Ehe so einfach wäre, könnte es ja jeder.

1.

Ehe: Die institutionalisierte Monogamie

»Als institutionalisierte Paarbeziehung ist die ›Ehe‹ begründet durch einen rechtlichen Akt, durch den Mann und Frau zu einer gemeinsamen Lebensführung verbunden werden.«[2] Aus zwei Individuen wird eine Einheit. Durch die Ehe wurde aber nicht nur das Verhältnis von Mann und Frau zueinander geregelt, sondern auch die rechtliche und soziale Position des Paares und in weiterer Folge der Familie in der Gesellschaft bestimmt.

Privatsache, Sakrament, Vertrag: Die Ehe in Staat und Gesellschaft

Wann man erstmals von einer Ehe sprechen kann, muss unbeantwortet bleiben. Vermutlich nutzten bereits die Steinzeitmenschen Paarbeziehungen, um Sippen miteinander zu verbinden und Freundschaften zu festigen. Im antiken Griechenland galt die Ehe zwar als privater Vertrag, doch wurde ihre gesellschaftspolitische Funktion betont. Aristoteles sah im Haus (*Oikos*), bestehend aus Familienangehörigen, Sklaven und dem Besitz, die Grundlage der Gesellschaft; zusammen bildeten die *Oikoi* den Staat (*Polis*). Ausschließlich innerhalb der Ehe konnten legitime Kinder gezeugt werden, und nur diese hatten beispielsweise in Athen ein Anrecht auf das Bürgerrecht.

Legitime Nachkommen waren auch ein Anliegen der Römer. An dieser Stelle soll kurz in Erinnerung gerufen werden, dass das Römische Reich – es erstreckte sich vom Atlantik bis in den Nahen Osten, von Rhein und Donau bis an die Sahara – auch in rechtlicher Hinsicht kein homogenes Gebilde war. Genauso wenig, wie alle Bewohner das römische Bürgerrecht hatten, galt das römische Recht für alle. In den entlegeneren Provinzen lebten viele Stammesverbände (*gentes*) nach ihren althergebrachten Rechten und Traditionen. Nur römische Bürger besaßen die rechtliche Befähigung zur Eheschließung (*conubium*) und konnten eine nach römischem Recht vollgültige Ehe eingehen. Selbstverständlich durften Nicht-Bürger ebenfalls heiraten, aber ihre Verbindungen hatten nicht den Status einer römischen Ehe, sondern unterlagen den jeweiligen lokalen Rechten.

Was die Rechtsform der Ehe betraf, war – aus Sicht des weiblichen Geschlechts – im Laufe der Jahrhunderte eine Verbesserung festzustellen. Bei der sogenannten *manus*-Ehe wurde die Frau von ihrem Vater an den zukünftigen Ehemann weitergereicht, sie tauschte also die väterliche Gewalt (*patria potestas*) des Erzeugers gegen jene des Gatten ein; ihre Mitgift fiel an den Mann, erbrechtlich wurde sie wie dessen Tochter behandelt.

Anders stellte sich die Lage bei der *sine manu*-Ehe dar, die sich seit der späten Republik durchsetzte und bei der die Frau rechtlich nur noch locker in die neue Familie eingebunden wurde. Durch sie wurde zunehmend eine noch ältere und vor allem bei einfachen Leuten sehr beliebte Form der Ehe verdrängt, nämlich die Gewohnheitsehe: Lebte eine Frau länger als ein Jahr im Haus eines Mannes, wurde sie automatisch zur Ehefrau.

Die Ehe war im Römischen Reich ebenfalls eine Privatangelegenheit ohne Mitwirkung des Staates. Lediglich die Mitgift der Frau wurde offiziell registriert, bei einer Volkszählung musste der Mann seinen Familienstand beschwören. Heiratsurkunden in modernem Sinn gab es keine, wohl aber Eheverträge, durch die vor allem in den höheren Kreisen die finanziellen Aspekte der Verbindung geregelt wurden. Ähnlich wie im antiken Griechenland wurde auch im Römischen Reich die Ehe und auf ihr fußend die Familie als »Pflanzschule«[3] des Staatswesens – so Cicero – betrachtet.

Ausschlaggebend war nach römischem Recht die Zustimmung beider Ehepartner: »Consensus facit matrimonium.«[4] Der Konsens begründet die Ehe. Ein wesentlicher Grundsatz, der sich im Kirchenrecht wie in der neuzeitlichen Zivilehe wiederfinden sollte.

Schwerer greifbar sind die gesellschaftlichen Verhältnisse bei den Kelten und Germanen, vor allem in der Frühzeit, da wir dabei überwiegend auf die Aussagen Dritter – wie der Römer – angewiesen sind, die sich als eine Art Volkskundler den »barbarischen Völkern« näherten. Nach Meinung des römischen Historikers Publius Cornelius Tacitus waren die Germanen »fast die einzigen unter den Barbaren, die sich mit einem Weibe begnügen, äußerst wenige ausgenommen, mit denen, nicht aus Sinneslust, sondern um ihres Adels willen, von allen Seiten Eheverbindungen gesucht werden.«[5]

Im altirischen Recht lassen sich mindestens neun Eheformen unterscheiden, je nachdem, ob die Ehe mit Zustimmung der Sippen zustande kam, von Zahlungen begleitet wurde und ob die Braut einverstanden war.

Bei den germanischen Stammesverbänden wurde die Muntoder Dotalehe von den jeweiligen Sippenoberhäuptern geschlossen (daher auch »Sippenvertragsehe«). Die Frau ging aus der Schutzgewalt (Munt) des Vaters in jene des Ehemannes über.

Die sogenannte Friedelehe wird in der Historiographie teilweise als Forschungskonstrukt abgelehnt und weitgehend mit dem Konkubinat gleichgesetzt. Es handelte sich in der Tat um eine schwer definierbare Form einer relativ stabilen Lebensgemeinschaft, die anders als die Muntehe weder auf Kauf noch Vertrag beruhte. »Das Suffix -ehe ist zweifellos erst eine Terminologie der Germanisten des 19. Jahrhunderts, beruht aber auf frühmittelalterlicher Quellensprache. Der Ausdruck ›Friedel‹ war in der gesamten germanischen Welt verbreitet«[6], betonte Ernst Schubert, und bedeutet in etwa »Geliebte«. Allerdings war diese mehr als bloß eine gelegentliche Bettgenossin. Die Friedelehe bezeichnet eine private, durch Recht geschützte Lebensgemeinschaft, die auf dem Konsens der (ledigen oder verwitweten) Friedel und des Mannes beruhte, der seinerseits durchaus mit einer anderen Frau verheiratet sein konnte. Sie war Teil der frühmittelalterlichen Adelsgesellschaft, die sich durch ihre Machtposition den kirchlichen Ehegeboten zu entziehen vermochte und in ihren Kreisen dauerhafte Liebesbeziehungen abseits der Vollehe anerkannte. Anders als bei der Muntehe gab es weder Verlobung noch eine Absicherung der Frau durch die Brautgabe; lediglich eine Morgengabe konnte die Frau erhalten. Rechtlich verblieb die Frau in ihrem Sippenverband, zudem konnte diese Beziehung problemlos wieder aufgelöst werden.

Die Friedelehe war der Kirche ein Dorn im Auge, wobei vor allem das Erbrecht ein heißes Eisen war: Denn die Kinder der Friedel waren wie die Sprösslinge aus der Muntehe voll erbrechtigt. Gerade bei den fränkischen Merowingern und frühen Karolingern, bei denen die Aufteilung des Reiches unter den gleichermaßen erbenden Söhnen üblich war, zeigt sich, wohin das führte: nämlich zu Krieg, Mord und Totschlag. Ohne Rücksicht auf Blutsbande wurden beispielsweise Brüder und Neffen skrupellos beseitigt. Der Stärkste setzte sich durch. »Es sind Geschichten von Verrat, Vatermord, Macht- und Beutegier, die sagenhafte Züge tragen.«[7]

Trotz zunehmender Christianisierung und der dann unter den Karolingern verstärkten Beziehung zum Papst in Rom hatte die Kirche ihre liebe Not mit der Durchsetzung des 5. und 10. Gebotes. Du sollst nicht töten? Du sollst nicht deines Nächsten Hab und Gut begehren? Das widersprach so ganz und gar der Politik der fränkischen Könige. Wie sollte man denn sonst die Nachbarreiche erobern? Dass es unter solchen Umständen den Geistlichen schwerfiel, für das 6. und 9. Gebot – du sollst nicht ehebrechen oder deines Nächsten Weib begehren – Verständnis zu erreichen, ist nachvollziehbar. Sie benötigten viel Geduld und einen langen Atem, um durch die barbarischen Dickschädel vorzudringen.

Karl der Große war auch ein großer Liebhaber. Er hatte nicht nur fünf Ehefrauen (wenigstens nacheinander), sondern zudem zahlreiche Konkubinen (durchaus parallel). Seine Ehen folgten der Staatsräson. Karl verbannte seine erste rechtmäßige Ehefrau Himiltrud ins Kloster, um die von seiner Mutter Bertrada eingefädelte Ehe mit einer langobardischen Prinzessin einzugehen. Doch hielt auch die neue Ehe nicht lang: Nach dem Tod seines Bruders Karlmann änderte Karl 772 seinen politischen Kurs, schickte die Langobardin zurück zu ihrem Vater (womit er auch das Bündnis brach) und vermählte sich mit Hildegard. Seine dritte Frau stammte aus einem mächtigen Adelsgeschlecht in Karlmanns Reichsteil, den sich Karl – seine Neffen skrupellos übergehend – einverleibte, wozu er den Rückhalt des dortigen Adels benötigte. Die Verbindung dürfte recht glücklich gewesen sein. In etwa elf Ehejahren gebar Hildegard ihm neun Kinder, noch hochschwanger begleitete sie ihn auf seinen Reisen.

Nach ihrem Tod heiratete Karl Fastrada, die Tochter des ostfränkischen Grafen Radolf; nach ihrem Tod ging er eine Verbindung mit der alemannischen Adeligen Liutgard ein. Danach nannte Einhart, der fränkische Gelehrte und Biograf des Kaisers, weitere Beischläferinnen, die Kinder von Karl bekommen hatten. Kurzfristige Affären wurden gar nicht erst dokumentiert. Noch 807, also im Alter von rund 60 Jahren, wurde Karl ein weiteres Mal Vater.

Der große Franke heiratete aus politischen Gründen. Interessant ist, dass er seine Kinder nicht als Schachfiguren einsetzte. Nur von der Tochter Rotrud ist bekannt, dass sie als Kind mit dem oströmischen Kaiser Konstantin VI. verlobt und in griechischer Sprache und Kultur unterrichtet wurde; das Projekt zerschlug sich. Laut Einhart müsste man sich wundern, dass Karl seine Töchter nicht mit ausländischen Herrschern oder mit Adeligen seines Reichs vermählte. Anscheinend wollte Karl keinen zu ehrgeizigen Schwiegersohn riskieren.

Die Töchter blieben, soweit sie nicht ins Kloster eintraten, an der Seite ihres Vaters, begleiteten ihn auf Reisen und waren üppig herausgeputzt und gebildet Teil des recht geselligen Hoflebens. Auch wenn die Töchter keine Muntehen eingehen durften: Keuschheit verlangte der Herr Papa von ihnen nicht. Die meisten lebten in eheähnlichen Beziehungen, Karls Enkel machten teils Karriere im Frankenreich.

Wie der Vater, so die Töchter. Der Gelehrte Alkuin sah sich veranlasst, junge Mönche, die am Hof leicht verdorben werden könnten, vor den »gekrönten Tauben«[8] zu warnen. Karl selbst die Leviten zu lesen, getraute sich wohl kaum jemand. Allerdings sah der Mönch Wetti aus dem Kloster auf der Reichenau im frühen 9. Jahrhundert in seiner Jenseitsvision, wie Gott den Kaiser strafte: Karl stand an seinem Platz, »ihm gegenüber ein Tier, das die Teile der Scham ihm zerfleischte; sonst aber war sein strahlender Leib verschont von der Folter«. Wetti wies seinen Begleiter im Jenseits auf die frommen und guten Taten Karls hin und fragte, warum der Kaiser eine so harte Strafe erdulden müsste. »Der Geleiter sprach: ›Diese Qual muss er leiden, weil er durch schändliche Wollust die guten Taten besudelt und geglaubt hat, es tilge die Menge des Guten die Lüste; deshalb gedachte er so in gewohnter Sünde zu leben bis an sein Ende.‹«[9]

Nach Karls Tod 814 verbannte sein Nachfolger Ludwig die Schwestern samt ihren Geliebten vom Hof. Das Lotterleben sollte ein Ende haben. Ludwig ging nicht als »der Große« in die Geschichte ein, aber als »der Fromme«.

Paradiesisch

»Traditionell ist die christliche Ehe von drei Elementen gekennzeichnet: Monogamie, sexuelle Exklusivität und Dauerhaftigkeit.«[10] Das Christentum schrieb der Ehe eine neue Qualität zu. Sie wurde nicht länger als rein weltliche Privatangelegenheit bewertet, sondern religiös überhöht: Denn Gott selbst hätte die Ehe noch im Paradies gestiftet. Dass sie sich für den einen oder die andere als Hölle auf Erden offenbart, ist eine andere Geschichte …

Ausgangspunkt war der Schöpfungsbericht: »Dann sprach Gott, der Herr: Es ist nicht gut, dass der Mensch allein bleibt. Ich will ihm eine Hilfe machen, die ihm entspricht.« (Gen 2,18) Der Mann verlässt seine Eltern »und bindet sich an seine Frau, und sie werden ein Fleisch«. (Gen 2, 24) Dieses Konzept war neuartig für die antike Welt; wie bei der *sine manu*-Ehe aufgezeigt, wurde die römische Frau nicht einmal Teil der Familie ihres Mannes, sondern verblieb rechtlich in ihrer Herkunftsfamilie. Im mittelalterlich-christlichen Europa setzte sich »die ›gattenzentrierte Ehe‹ durch, die nicht durch Abstammung und Familie bestimmt war, sondern aus dem ›Ein-Fleisch-Werden‹ der Eheleute hervorging, dabei primär auf Konsens beruhte und dessen Mitte die Paarbeziehung bildete«.[11]

Von Jesus wurde die eheliche Lebensform bejaht. Sie geriet »erst in dem Maße in ein ungünstigeres Licht, wie sich unter den Christen neben den jüdisch-christlichen in steigendem Maße auch hellenistische Traditionen durchzusetzen begannen«[12]: In Fortführung der jüdisch-christlichen Tradition beurteilte man die Ehe im Sinne der Schöpfungsordnung positiv; unter hellenistischem Einfluss gewann in der Alten Kirche seit dem 4. Jahrhundert die asketische Strömung an Gewicht, die alles Weltliche, und somit auch Geschlechtliche, ablehnte. Daher genossen der Jungfrauen- und Witwenstand sowie das klösterliche Leben weit höheres Ansehen als die Ehe. In der Karolingerzeit erlebte die Institution Ehe wieder eine Aufwertung, da man erkannte, dass sich die monastischen Ideale nicht 1:1 auf den Laienstand übertragen ließen.

Was die Kirche allerdings anstrebte, war, die christlichen Normen und Moralvorstellungen soweit wie möglich auf die Ehe auszudehnen, innerhalb derer das Paar ein spirituelleres Leben führen und so zum Seelenheil gelangen sollte. Daher setzten sich im Mittelalter die führenden Theologen intensiv mit dem Thema Ehe auseinander. Dass damit ausgerechnet jene Denker zu Autoritäten wurden, die selbst meist wenig bis gar keine Erfahrung mit Sexualität und Ehe hatten, ist ein anderes Thema.

Beispielsweise erarbeitete Isidor von Sevilla, dessen Einfluss auf die mittelalterliche Gelehrtenwelt über Jahrhunderte »monumental«[13] war, im frühen 7. Jahrhundert in seinen *Etymologien* Antworten auf die Frage, warum man heiraten sollte. Aus der Bibel leitete er drei Zielsetzungen ab: Kinder zeugen – die Aufforderung »seid fruchtbar und vermehret euch« (Gen 1, 28) ist unmissverständlich; gegenseitige Unterstützung der Eheleute, da es laut Schöpfungsbericht nicht gut sei, wenn der Mensch allein ist. Ein weiterer Grund war die Vermeidung von Unzucht, denn innerhalb der Ehe und zur Erfüllung des oben genannten Zweckes war Sex erlaubt.

Was von mittelalterlichen Theologen erst spät ins Spiel gebracht wurde, war eine vorschriftsmäßige Mitwirkung der Geistlichen an der Eheschließung. In den kirchenrechtlichen Sammlungen des 9. und 10. Jahrhunderts ist keine Rede von einem verpflichtenden Ehesegen durch den Priester; oft wurde nur das Ehebett gesegnet, um einen möglichen, auf den Beischlaf abzielenden Schadenszauber abzuwehren. Hingegen hatte die orthodoxe Kirche, die mit der katholischen Ehelehre weitgehend konform ging, in Byzanz bereits im 9. Jahrhundert die Gültigkeit der Ehe von der Einsegnung durch den Priester abhängig gemacht.

Auch im *Decretum Gratiani*, dem ca. 1140 nach Christus entstandenen Lehrbuch des Mönches Gratian, das eine Zusammenfassung des älteren Kirchenrechtes darstellte, wird in Bezug auf die Gültigkeit der Ehe keine spezielle kirchliche Zeremonie erwähnt; die Ehe wurde durch den Konsens gültig, wobei sich dieser »im Mittelalter zunächst nicht individuell auf die Ehepartner, sondern auf die jeweils ganze Familie« bezog und sich erst »[i]n der Langzeitwirkung [...] zu individualisieren«[14] begann.

Im 12. Jahrhundert setzte allmählich ein Umdenken dahingehend ein, dass durch vermehrte Öffentlichkeit jeder Zweifel hinsichtlich der Gültigkeit einer Ehe ausgeräumt werden sollte. Die Konsenserklärung sollte in Gegenwart des Priesters und vor der Kirchentür – für alle sichtbar – abgegeben werden. In der Frühen Neuzeit verlagerte sich die Eheschließung ins Innere der Kirche.

Die Ehe, die im antiken Christentum als von Gott gestiftet anerkannt wurde, gewann im hohen und späten Mittelalter an sakraler Bedeutung, bis sie auf dem Konzil von Lyon 1276 als eines der sieben Sakramente festgelegt wurde. Der ursprünglich private Vertrag zwischen zwei Familien wurde durch das Sakrament ersetzt, das sich die Eheleute gegenseitig spendeten; der Priester hatte nur eine vermittelnde Funktion.

Da es aber die Eheleute waren, die sich das Sakrament unabhängig vom Geistlichen spendeten, musste die Kirche in logischer Konsequenz auch ohne ihre Mitwirkung eingegangene Ehen als gültig und unauflöslich akzeptieren. Diese sogenannten klandestinen (heimlichen) Ehen kamen meist durch Handreichung, Übergabe eines Geschenkes oder durch eine vor Laienzeugen abgegebene mündliche Erklärung der Partner, miteinander die Ehe zu schließen, zustande. Oft folgte noch die Zusage, zu einem späteren Zeitpunkt die feierliche Einsegnung der Ehe (*sollemnisatio*) vor dem Priester nachzuholen, wobei diese Einsegnung mehr mit dem oben angesprochenen Öffentlichkeitscharakter zu tun hatte und nichts über die Gültigkeit der Ehe aussagte.

In der Praxis konnten heimliche Ehen unheimliche soziale Probleme aufwerfen. Was, wenn beispielsweise der Mann später leugnete, die Frau geheiratet zu haben? Mehr als eine vermeintliche Ehefrau wurde schwanger oder mit Kindern am Rockzipfel sitzen gelassen und hatte Mühe, vor Gericht zu beweisen, dass der Schuldige eine Ehe und nicht nur ein Verhältnis mit ihr eingegangen war. 1490 klagten allein in Regensburg 119 Frauen auf die Anerkennung einer klandestinen Ehe – nur in vier Fällen hatten sie Erfolg.

Sowohl die Kirche als auch die weltlichen Obrigkeiten gingen nicht zuletzt deswegen mit zunehmender Schärfe gegen heimliche Ehen vor. In England versuchte die Kirche bereits im ausgehenden 12. Jahrhundert, die öffentliche Ankündigung der Ehe durch den Pfarrer, also das Aufgebot, durchzusetzen. Im Spätmittelalter bemühten sich die städtischen Ratsherren und Gerichte sowie die mächtigen Zünfte um Monogamie und korrekte Eheschließungen. Auf dem Konzil von Trient 1563 schrieb die Amtskirche im Dekret *Tametsi* die formalen Erfordernisse einer Ehe fest: An drei Sonntagen musste das Aufgebot durch den Pfarrer verlesen und die Ehe musste vor diesem und zwei Zeugen geschlossen werden, um gültig zu sein.

Die hübsche Johanna Plantagenet, Enkelin des englischen Königs Eduard I., ging im Frühling 1340 als Zwölfjährige eine heimliche Ehe (die Hochzeit wurde »nicht in facie ecclesie [im Angesicht der Kirche], nur vor Laienzeugen, vollzogen«[15]) mit Thomas Holland ein. Als dieser jedoch am Kontinent seinen ritterlichen Pflichten nachkam, wollten Johannas Pflegeeltern die Gelegenheit nutzen, sie so unter die Haube zu bringen, wie sie es für richtig hielten. Die Pflegeeltern entschieden sich für William Montague, den Sohn des Grafen von Salisbury. Offen bleibt, ob sie von der heimlichen Ehe Johannas mit Thomas wussten oder ob Johanna diese verschwieg. Im Winter 1340/41 fand die feierliche Hochzeit mit William Montague statt.

Thomas, der 1341/42 heimkam, wollte sich damit nicht abfinden und machte seine Rechte auf Johanna geltend. Wie es scheint, wollte der nunmehr Verschmähte zuerst im Dienst des englischen Königs genug Geld verdienen, um sich einen Prozess leisten zu können. 1347 wurde er, vertreten durch seinen Anwalt Magister Robert Siglethorne Beverley, beim Papst vorstellig. Dieser übertrug den Streitfall Kardinal d'Albi, der entschied: Die Ehe von Johanna mit Sir Thomas Holland war rechtsgültig. Obwohl sie jetzt schon einige Jahre mit dem Grafen von Salisbury zusammengelebt hatte, musste sie zurückgegeben werden. Thomas und Johanna wurden wieder vereint und sie gebar ihm mehrere Kinder, bevor er 1360 starb.

Heimliche Ehen hatten es Johanna angetan. Als Witwe schloss sie 1361 eine weitere Verbindung dieser Sorte mit Prinz Eduard von Wales, der über beide Ohren in sie verliebt war. Aufgrund zu naher Verwandtschaft war diese Ehe nach Kirchenrecht nicht erlaubt, Papst Innozenz VI. erteilte jedoch die Dispens. Zur Strafe musste das Paar allerdings zwei Kapellen erbauen und dotieren.

Ganz durchschaute der Papst die Verhältnisse anscheinend nicht, denn er beauftragte den Erzbischof von Canterbury, die

Ehe Johannas mit Salisbury abzuklären, der schließlich noch lebte und auch einmal mit ihr verheiratet gewesen war. Ja, diese war annulliert worden. Gut, dann stand der diesmal öffentlichen Heirat Eduards und Johannas nichts mehr im Wege. Dem Ehepaar wurde aber das Versprechen abgenommen, keine heimliche Ehe mehr einzugehen.

Eduard starb 1376, Johanna 1385. Sie hat in ihrem Testament übrigens ihren Wunsch festgehalten, neben ihrem ersten Mann Thomas Holland begraben zu werden.

Dennoch erhielten sich mancherorts bis weit in das 19. Jahrhundert hinein volkstümliche Formen der Eheschließung, bei denen die Brautleute auf einen Priester verzichteten. Eine beliebte und in zahlreichen Romanen aufgegriffene Alternative für englische Paare war es (vor allem, wenn einer oder beide Partner noch minderjährig waren und keine Zustimmung von den Eltern erhielten), kurzerhand nach Schottland durchzubrennen: Dort herrschten die lockeren Regeln der schottischen presbyterianischen Kirche: Es genügte, wenn sich das Paar in Gegenwart eines Zeugen – manchmal vor dem Schmied – das Eheversprechen gab. In der zweiten Hälfte des 19. Jahrhunderts wurde jedoch eine Wartefrist von 21 Tagen eingeführt. In Wales sprang ein heiratswilliges Paar vor Zeugen einfach über einen über die Türschwelle gelegten Besen.

Martin Luther und andere Reformatoren begriffen die Ehe ebenfalls als von Gott gestiftet und damit unauflöslich. Sie protestierten aber gegen so manche katholische Lehrmeinung – darunter fiel auch der Sakramentscharakter der Ehe. Im Unterschied zu den Katholiken definierte Luther sie als »ein weltlich Ding«; nachdem er in seiner eigenen Beziehung mit Katharina von Bora sein Glück fand, war sie seiner Meinung nach »gar ein seliger Stand«[16]. Der

»Entsakralisierung«[17] der Ehe wurde die geistlich-religiöse Überhöhung der Familie gegenübergestellt. Luther plädierte dafür, dass jeder möglichst früh heiraten konnte, um – Geschlechtsverkehr war schließlich nur in der Ehe erlaubt und Ledige blieben den Nachstellungen des Teufels ausgeliefert – Unzucht zu vermeiden. Daher wurde der Zölibat entschieden abgelehnt. Die Priesterehe war unter den Gesichtspunkten der Sittlichkeit allemal besser, als wenn Pfarrer sich Konkubinen hielten oder die Schäfchen ihrer Gemeinde verführten. Während ihre katholischen Kollegen vor allem mit theoretischen Modellen und heiligen Schriften argumentierten, gingen protestantische Pfarrer den Weg der Praxis. Der Pfarrhaushalt sollte vor- und beispielhaft sein.

Sollte. Es gab auch unter protestantischen Geistlichen dunkel geratene Exemplare. »Es hat sich ein Priester des spielens so sehr ergeben / daß er auch endlich gegen alles / was er verspielet / in Hoffnung / solches wieder zu gewinnen / seine Frau auffgesetzet / allein dieselbige auch verloren / welches aber für die Obrigkeit kommen / da zwar der Gewinner seinen Gewinn nicht behaupten können / so ist jedoch der Priester von seiner Gemein[d]e verjaget / ein anderer eingesetzet / und demselben die Frau gegäben worden«[18], vermeldete der *Dienstagische Mercurius* 1680 von der Niederelbe.

Für eine gültige Ehe war auch für Luther der Konsens der Eheleute entscheidend; daneben machte er sich aber – dem Zeitgeist der Frühen Neuzeit und des aufstrebenden städtischen Bürgertums entsprechend – für die Zustimmung der Eltern stark. Zahlreiche protestantische Kirchenordnungen erklärten heimliche Ehen für ungültig beziehungsweise räumten sie Eltern die Möglichkeit ein, im Nachhinein deren Auflösung zu fordern.

Mit der Reformation entwickelte sich eine neue (oder alte?) Interpretation der Ehe, die mehr und mehr als weltlicher Vertrag gedeutet wurde. Im Unterschied zur Antike kam es in der westlichen Moderne aber zu einer Verstaatlichung der Ehe, das heißt, sie wurde nicht als Privatangelegenheit verstanden, sondern schrittweise der obrigkeitlichen Kontrolle unterstellt. In den Niederlanden bestand bereits 1580 die Möglichkeit einer Zivilehe vor dem Magistrat.

Ein vernünftiger Vertrag

In der Frühen Neuzeit hielt allmählich die Aufklärung in Europa Einzug; sowohl die religiöse Überhöhung der Ehe wie auch der Anspruch der Kirche, die Aufsicht über diese auszuüben, wurden hinterfragt. Im 17. und 18. Jahrhundert interpretierten Rechtsgelehrte wie Samuel Pufendorf die Ehe als Vertrag, wobei im gleichen Atemzug die etwaige Auflösung – also die Scheidungsmöglichkeit – thematisiert wurde. Der Konsens stand weiterhin im Mittelpunkt. Der holländische Jurist Hugo Grotius sah die Ehe als »*societas naturalis*«, als eine bürgerlich-rechtlich definierte, durch die Willensübereinkunft von Mann und Frau entstehende Lebensgemeinschaft. Im frühen 18. Jahrhundert forderte der Frühaufklärer Christian Thomasius in seinem Buch über die Grundlagen des Natur- und Völkerrechts eine strikte Trennung zwischen weltlichen und religiösen Gesetzen. Der Staat dürfte bei der Ehegesetzgebung nicht auf die Bibel zurückgreifen, sondern sollte eigene Vorgaben entwickeln, welche die natürlichen Rechte der Individuen berücksichtigten.

Schritt für Schritt begann der (absolutistische) Staat, seine Kontrolle über die Ehe auszudehnen und diese den Prinzipien der Staatsräson und der öffentlichen Nützlichkeit unterzuordnen. Die Kompetenzen mussten sich die weltlichen Obrigkeiten mit der Kirche teilen. Die zivilrechtlichen Aspekte der Ehe fielen meist in die Zuständigkeit des Staates, über andere Ehesachen wurde von geist-

lichen Gerichten nach kanonischem Recht entschieden. Reibungs-
punkte waren nicht ausgeschlossen.

In der Habsburgermonarchie hatte sich Kaiser Joseph II. in der
zweiten Hälfte des 18. Jahrhunderts ganz dem Reformabsolutismus
verschrieben. Nachdem er kurz zuvor mit der Aufhebung »unnüt-
zer« Klöster für Aufsehen gesorgt hatte, wollte er es sich hinsichtlich
der Neuregelung der Ehe mit der Kirche wohl nicht ganz verscher-
zen. In seinem Patent vom 16. Januar 1783 erklärte er die Ehe zwar
zum bürgerlichen Vertrag – »Der Ehevertrag wird geschlossen, wenn
eine Manns- und eine Weibsperson einwilligen miteinander in eine
unzertrennliche Gemeinschaft zu treten und Kinder zu zeugen«[19] –,
den Sakramentscharakter stellte er jedoch nicht infrage. Es wurde
eine scharfe Trennlinie zwischen dem Sakrament und dem bürgerlichen Vertrag gezogen (Distinktionstheorie). Ebenso lehnte Joseph
den Vorschlag ab, den Geistlichen die Ehe zu gestatten; Priesterehen
wären für den Staat nicht notwendig, Widerspruch aus Rom aber
gewiss. Die Trauung sollte weiterhin durch den Pfarrer erfolgen, nur
agierte dieser jetzt im Dienst des Staates.

Das erste (katholische) Land, das den Sakramentscharakter der
Ehe negierte, war Frankreich. Wenn schon Revolution, dann richtig. Noch bevor 1793 der Kopf König Ludwigs XVI. rollte, ging es
dem kirchlichen Eherecht an den Kragen. Per Gesetz wurde am
20. September 1792 die Zivilehe eingeführt; die Trauung erfolgte im
Beisein von Zeugen vor dem städtischen Amtsträger.

Durch die sogenannten »Naturrechtsgesetzbücher« – das preu-
ßische Allgemeine Landrecht (ALR) 1794, den napoleonischen
Code civil 1804 und das österreichische Allgemeine Bürgerliche
Gesetzbuch (ABGB) 1811 – wehte ein mehr oder weniger frischer
Geist der Aufklärung. »Der privatrechtliche Vertrag ersetzte den
Sakraments- und Institutionencharakter des kanonischen Rechts
durch den Primat der individuellen Willensfreiheit und die Ju-

risdiktion der Kirche durch die ausschließliche Gesetzgebungs-
kompetenz des säkularen Staates«[20]; Mann und Frau traten in ein
Rechtsverhältnis ein, in dem – vielleicht weil die Gesetzbücher von
Männern geschrieben wurden? – dem Mann mehr Macht zuge-
schoben wurde.

Mit der Zivilehe, wie sie im Deutschen Reich ab 1875 allgemein
eingeführt wurde, übernahm der Staat von der Kirche die Zuständigkeit für die Ehe. Ab nun konnte nur noch der Standesbeamte
eine gültige Ehe schließen und das Paar kraft Gesetzes verheiraten. Eine kirchliche Trauung konnte, musste aber nicht zusätzlich
erfolgen.

Die Ehe im 20. und 21. Jahrhundert

Im ausgehenden 19. Jahrhundert fielen in den meisten europäischen
Ländern zuvor bestehende gesetzliche Ehebeschränkungen, die vorrangig mittellosen Personen die Ehe erschweren sollten. Im 20. Jahrhundert durfte jeder heiraten – in Deutschland wie auch in anderen
Ländern stieg die Zahl der Hochzeiten.

Im Dritten Reich ordnete das nationalsozialistische Regime
Ehe und Familie als »Grundlage und Keimzelle der Volksgemeinschaft«[21] deren Interessen unter; »[d]ie Schließung einer Ehe
kann für die Volksgemeinschaft keine reine Privatangelegenheit
der einzelnen Ehegatten bleiben«[22], schrieb Else Vorwerck 1933 in
ihrer *Grundlegenden Betrachtung über Würde und Wert des Hausfrauenberufs*. Mitte der 1930er-Jahre brachten Vorschläge zur De-
finition eines neuen Eherechtes deutlich zum Ausdruck, worauf
es dem Regime ankam: »Ehe ist die von der Volksgemeinschaft
anerkannte, auf gegenseitige Treue, Liebe und Achtung beruhende
dauernde Lebensgemeinschaft zweier rassegleicher, erbgesunder
Personen verschiedenen Geschlechts zum Zweck der Wahrung

und Förderung des Gemeinwohls durch einträchtige Zusammenarbeit und zum Zweck der Erzeugung rassegleicher, erbgesunder Kinder und ihrer Erziehung zu tüchtigen Volksgenossen.«[23] Im nationalsozialistischen Ehe- und Scheidungsrecht wurde »die bis dahin als privatrechtlicher Vertrag konstruierte Ehe [...] durch das vom Staat erklärte ›Interesse‹ eine öffentliche Institution mit privatrechtlichen Restbeständen oder zu einem zwar privatrechtlichen, aber wesentlich von öffentlichrechtlichen Pflichten bestimmten Rechtsverhältnis«.[24]

Nach dem Zweiten Weltkrieg erlebte die Ehe in den 1950er- und 1960er-Jahren einen Boom; in der Forschung wird vom »Golden Age of Marriage« gesprochen. Die traditionelle bürgerliche Versorgungsehe mit dem Mann als Brotverdiener und der Frau als Hausfrau wurde – von den Bildern der modernen Massenmedien verstärkt – im Westen zum Idealbild schlechthin. Das lange Jahrzehnt der 1950er-Jahre (in den USA von 1947 bis in die frühen 1960er, in Westeuropa mit Verzögerung von 1952 bis in die späten 1960er) war in der Geschichte der Ehe einzigartig. Sie wurde zum großen Lebensziel schlechthin stilisiert. Laut Umfragen in den USA hielten 1957 vier von fünf Leuten Personen, die das Singledasein bevorzugten, für krank, neurotisch oder amoralisch. 1978 waren nur noch 25 Prozent der befragten US-Amerikaner dieser Ansicht.

Ermöglicht wurde dieses goldene Zeitalter durch den enormen ökonomischen Aufschwung der Nachkriegszeit, Stichwort »Wirtschaftswunder«. Das Heiratsalter sank, viele Frauen waren mit 19 Jahren schon verehelicht, es gab häufigere Eheschließungen von Studenten. Allerdings fanden zahlreiche Hochzeiten früher als eigentlich geplant statt, da die Verhütungsmethoden alles andere als zuverlässig waren. Ein Drittel der deutschen Bräute trat Ende der 1950er-Jahre schwanger vor den Altar.

Alles hat ein Ende: In den 1960er-Jahren kam es zum großen Einbruch. Noch vor der 1968er-Revolution stieg die Scheidungsrate; mehr und mehr Frauen schoben die Heirat hinaus, bis sie ihre Ausbildung abgeschlossen hatten. Zudem wurde es üblicher, ein paar Jahre zu arbeiten – das Leben als Single zu genießen –, bevor man sich häuslich niederließ und dem Beruf den Rücken zukehrte. Mit der Durchsetzung der Pille als verlässliches Verhütungsmittel wurde Anfang der 1960er-Jahre die Sexualität von der Ehe entkoppelt. Der Pillen- war zugleich ein Eheknick. Die »Mussehen« mit extra weit geschnittenem Hochzeitskleid nahmen ab. Seit den 1970er-Jahren zeichnete sich der Trend zu einem höheren Heiratsalter ab, generell erwies sich die Heiratsneigung als rückläufig.

»Die Ehe hat zumindest in weiten Teilen der Gesellschaft erhebliche kulturelle Legitimationseinbußen erlebt«[25], meint Karl Lenz. Aber »[d]ie Bedeutungserosion der Ehe darf nicht mit einem generellen Niedergang von Paarbeziehungen gleichgesetzt werden. Vom Rückgang der Heiratsneigung und der wachsenden Instabilität der Ehe profitieren in erster Linie nichteheliche Lebensgemeinschaften und Distanzbeziehungen.«[26]

Von Konkubinen und »wilden« Ehen: Zweierbeziehungen ohne Trauschein

Eine weit verbreitete Alternative zur Ehe gab es seit der Antike mit dem Konkubinat. Häufig waren es Beziehungen von Männern mit sozial tiefer gestellten Frauen. In der römischen Kaiserzeit durften laut den Gesetzen des Augustus Angehörige des Senatorenstandes keine Schauspielerinnen, Freigelassenen und Frauen von zweifelhafter Moral oder von unbekannter Abstammung heiraten. Allerdings lassen sich auch Konkubinate zwischen freien und gleichrangigen Partnern nachweisen. Beziehungen mit Konkubinen besaßen durchaus Stabilität. Im Unterschied zur Ehe gingen aus ihnen jedoch keine legitimen Kinder hervor.

Die Frage der Erbberechtigung war es, die im alten Rom zusätzlich für Konkubinate sprach. Wenn ein (vermögender) Mann eine neue Partnerschaft eingehen wollte, bangte der Nachwuchs aus einer früheren Ehe verständlicherweise um das Erbe. Je mehr erbberechtigte Kinder, desto kleiner fiel das Kuchenstück für den Einzelnen aus. Innerfamiliäre Streitigkeiten ließen sich vermeiden, wenn der Vater nicht zu einer Ehefrau, sondern zu einer Konkubine griff, deren Nachkommen keine Konkurrenz darstellten.

Im römischen Recht war der Begriff des Konkubinats neutral besetzt, es handelte sich um eine anerkannte Alternative zur Ehe. Die Kirche hat diese Beziehungsform zunächst (zwangsläufig) toleriert, blies aber spätestens seit dem 13. Jahrhundert zum Angriff: Die Konkubine wurde in die Rolle der Mätresse gedrängt, ihre Kinder als Bastarde abgestempelt. Während mittelalterliche Stadtrechte das Konkubinat vielerorts als Ehe minderen Rechts anerkannten, ließ die Geistlichkeit nur noch die Vollehe gelten. Je mehr es der Kirche gelang, die Kontrolle über die Ehe zu gewinnen, desto stärker konnte sie ihre Sichtweise durchsetzen; der weltliche Staat übernahm diese und kriminalisierte das Konkubinat.

Im Alten Reich definierte die Reichspolizeiordnung von 1530 das Zusammenleben von Mann und Frau außerhalb einer »von Gott aufgesetzte[n] Ehe«[27] als strafbares Vergehen. Im Bayerischen Polizeistrafgesetzbuch von 1861 hieß es, dass »Personen[,] welche in fortgesetzter außerehelicher Geschlechtsverbindung in einer Wohnung zusammenleben, an Geld bis zu 25 fl [Gulden] und mit Arrest bis zu 8 Tagen zu bestrafen und zu trennen«[28] seien. In den deutschen Territorien war das Konkubinat bis zum neuen Reichsstrafgesetzbuch von 1872 strafbar; danach konnte es unter anderen Straftatbeständen wie der Erregung öffentlichen Ärgernisses weiterhin verfolgt werden. Der in Deutschland 1876 eingeführte »Kuppelei-Paragraf«, der wilde Ehen unterdrücken sollte, wurde erst knapp hundert Jahre später aufgehoben. Bis in die 1970er-Jahre blieb das Zusammenleben ohne Trauschein in vielen europäischen Ländern verboten.

Gesetze hin oder her: »Wilde« Ehen ließen sich nicht unterdrücken, zumal bis weit in das 19. Jahrhundert in vielen europäischen Ländern Heiratsbeschränkungen bestanden oder die ökonomischen Voraussetzungen für eine Heirat fehlten. Was sollte man tun, wenn man wollte, aber nicht durfte oder konnte? Auf eine Zweierbeziehung und Familie verzichten? Nein. Viele Paare lebten ohne Segen von oben zusammen, wobei ihre Partnerschaft meist nicht weniger stabil war als eine reguläre Ehe.

»Eheliche Treue ohne priesterliche Einsegnung. Brünn, den 1. Juni. Wie eheliche Treue auch ohne eine priesterliche Einsegnung, und selbst bei Menschen der niedrigsten Gattung bestehen könne, davon mag folgende Thatsache zum Beweis dienen. – Am 14. Mai wurden an das Gericht der Stadt Nikolsburg zwei Personen abgeliefert, die man als Vagabunden aufgehoben hatte. Und es fand sich beim Verhör, daß sie 24 Jahr, ohne durch einen Priester kopulirt zu seyn, zusammen gelebt, und während dieser Zeit 9 Kinder gezeugt hatten. Sie hatten an drei verschiedenen Orten um die Trauung vergeblich angesucht, weil sie die Gebühren nicht hatten erlegen können. Man konnte nichts Verdächtiges gegen sie aufbringen, sondern sie hatten sich allenthalben, wo sie umhergewandert waren, mit Ziegelstreichen, Ziegelschlagen und dergleichen ehrlich genährt. Sie wurden also nun in der Kirche zu Nikolsburg öffentlich getraut. Die Braut ist ein muntres Weib von 45, der

Bräutigam aber ein gebrechlicher Greis von 81 Jahren. Der dasige Stadtrichter bewirthete sie u. die 3 Kinder, die sie bei sich hatten, in seinem Hause mit einem Hochzeitsmale, u. dieser Vorfall erregte allgemeine Aufmerksamkeit und Theilnehmung.«[29] *Vossische Zeitung* Nr. 69, Berlin 1785

Partnerschaft ja, Trauschein – muss nicht sein. Seit 1945 nahmen im nördlichen Europa die »wilden« Ehen zu, in Südeuropa weniger. Diese können als dauerhafte Form der Zweierbeziehung angelegt sein oder als (langjährige) »Probezeit«, bevor man sich zu heiraten traut. Die katholische Kirche steht dem Konkubinat weiterhin ablehnend gegenüber. »Konkubinat, Ablehnung der Ehe als solcher und Unfähigkeit, sich durch langfristige Verpflichtungen zu binden. Alle diese Situationen verletzen die Würde der Ehe; sie zerstören den Grundgedanken der Familie; sie schwächen den Sinn für Treue.«[30] Allerdings zeigt sich, dass so mancher Geistliche für sich persönlich dem Konkubinat doch etwas abgewinnen konnte. Bis ins hohe Mittelalter hinein waren die meisten Priester, trotz gelegentlich laut werdender Forderungen nach Ehelosigkeit und sexueller Enthaltsamkeit, verheiratet. Auf dem Zweiten Laterankonzil 1139 betonte Papst Innozenz II., dass Ehe und Priestertum einander ausschlossen; auf dem Vierten Laterankonzil 1215 wurden Strafen für jene festgelegt, die nicht enthaltsam lebten. Das Konkubinat blieb neben der heimlichen Ehe eine Möglichkeit, doch noch eine (mehr oder weniger geheime) Zweierbeziehung mit der »Haushälterin« zu führen. Priester sind auch nur Menschen.

Unstandesgemäß

Spätestens in der Neuzeit bildeten sich im Adel verschiedene Formen für unebenbürtige Zweierbeziehungen heraus. Als unebenbürtig galt jede Ehe mit einem nichtadeligen Partner und auch die Verbindung des Hochadels (fürstliche und reichsgräfliche Häuser) mit dem niederen Adel.

Eine standesungleiche Beziehung konnte beispielsweise in Form der morganatischen Ehe (*matrimonium ad morganaticum*) geführt werden. Diese geht auf eine im 13. Jahrhundert entstandene Sammlung zum langobardischen Lehnsrecht zurück. Auffallend ist von der Intention her die Parallele zum antiken Konkubinat: Aus Sicht der Familie wurde die Gefahr gebannt, dass die Nachkommen einer unpassenden Frau Anspruch auf Titel und Erbe erhoben. Wenn ein adeliger Witwer eine (rangniedrigere) Adelige heiratete, erhielten die legitimen Kinder aus der vorhergehenden (standesgemäßen) Ehe hinsichtlich des Erbes keine Konkurrenz. Die morganatische Eheform trennte die kirchenrechtliche Gültigkeit von den zivilrechtlichen Folgen der Ehe. Die Frau erhielt außer der Morgengabe keine finanziellen Leistungen des Mannes und blieb in ihrem sozialen Stand unverändert. Die morganatische Ehe wurde auch Ehe zur linken Hand genannt, da die Braut bei der kirchlichen Zeremonie auf die als weniger ehrenhaft geltende linke Seite des Ehemannes wechselte. In den deutschen Ländern setzte sich diese Form im ausgehenden 16. Jahrhundert durch und wurde vom Hochadel noch im 18. und 19. Jahrhundert praktiziert.

Ehen zwischen Adeligen und Nichtadeligen wurden überwiegend als Missheiraten (Mésalliancen) verurteilt. Über solche rümpfte man in adeligen Kreisen auf dem europäischen Kontinent gerne die Nase, obwohl das Tauschgeschäft Geld gegen blaues Blut alles andere als ungewöhnlich war und so manches Schloss vor dem Verfall gerettet hatte. Nichtsdestotrotz wurde eine vollgültige, aber standesungleiche Heirat – wenn beispielsweise ein Reichsgraf eine Bürgerstochter zur Frau nahm – als Missheirat und Verstoß gegen die dynastischen Interessen der Familie beurteilt. Das preußische Allgemeine Landrecht von 1794 bezog gegen Ehen zwischen Adeligen und »Weibs-personen aus dem Bauern- oder geringen Bürgerstand«[31] Stellung; diese waren bis 1869 verboten.

Anders in England. Dort nahm man die Primogenitur sehr ernst, sodass nur der älteste Sohn den Titel erbte, die Geschwister aber formalrechtlich als Bürgerliche galten. Die Grenze zwischen niederem Adel und wohlhabendem (!) Bürgertum war fließend, gemeinsam bildeten sie eine nicht klar abgrenzbare soziale Schicht (Gentry) zwischen dem Hochadel (Peerage) und den normal-sterblichen Bürgern – was sich auch in den Heiratsgewohnheiten niederschlug.

Man(n) musste die Geliebte aber nicht gleich heiraten: In der Frü-hen Neuzeit leistete sich so mancher Fürst eine Mätresse. Was bei bürgerlichen Personen strafbar gewesen wäre, konnte sich der Adel aufgrund seiner Machtposition erlauben. In manchen Fällen wurde die Geliebte sogar unter einem Dach mit der legitimen Ehefrau un-tergebracht. Gut, Schlösser wie Versailles waren ja groß genug – und die französischen Könige berühmt-berüchtigt für pikante Dreiecks-beziehungen. Allerdings wurde die Kritik an den privilegierten Se-xualpraktiken des Adels im Laufe des 18. Jahrhunderts lauter und die Ära der politisch einflussreichen Mätressen ging ihrem Ende zu. Die Geliebten hochrangiger Fürsten mussten fortan häufig ein Leben im Halb-Verborgenen führen.

Ein Herrscher, dem Leitsätze wie »Der Staat bin ich!« zugeschrieben werden, glänzt auch abseits der großen Politik weder mit Zurückhal-tung noch mit Bescheidenheit. Der französische König Ludwig XIV. wollte in seinem Liebesleben ebenfalls die Sonne sein, um die alle kreisten. Nachdem er seine dynastische Pflicht erfüllt und seine Cousine Maria Theresia von Spanien geheiratet hatte, machte er sich daran, »der untreueste aller Ehemänner und der überheblichste aller Liebhaber zu werden«.[32] Es zählte nur, was er wollte. Die Mätressen gaben sich die Klinke in die Hand; mehr noch: Ludwig fand nichts dabei, Parallelbeziehungen zu führen oder die alte Favoritin als Deckmantel für eine neue Affäre zu benutzen.

Maria Theresia reagierte eifersüchtig auf Mätressen wie Louise de La Vallière, was damit zusammenhängen könnte, dass Ludwig sie ihr direkt vor die Nase setzte – oder genauer gesagt: diese auf der Ehrentribüne neben der Ehefrau platzierte. Louise wurde aber schon bald von Françoise de Rochechouart, der Marquise de Montespan, abgelöst. Die beiden Favoritinnen wurden in angrenzenden Gemächern untergebracht, damit Ludwig die Montespan unbehelligt aufsuchen konnte, während alle glaubten, er wäre bei Louise. Kompliziert. Zumal Ludwig noch zahlreiche weitere Liebschaften pflegte.

Françoise sah ihre glanzvolle Position nach wenigen Jahren ebenfalls von jüngerer Konkurrenz bedroht. »Bei dieser Gelegenheit bewies [die Königin] Maria Theresia unvermutet Sinn für Humor, als sie erklärte, dass ›das Problem nur Madame de Montespan betraf‹.«[33] Stimmt, der Königin konnte es egal sein, mit wem sie betrogen wurde, sie blieb die Königin. Die Marquise de Montespan sah sich gegen eine 18-Jährige ausgetauscht und musste auf Wunsch Ludwigs gute Miene zum bösen Spiel machen. »Der König lebt mit seinen Favoritinnen, und zwar mit jeder gesondert, wie eine rechtmäßige Familie zusammen. Die Königin empfängt die Damen und die natürlichen Kinder des Königs, als wäre sie dazu verpflichtet«[34], stellte Primi Visconti verwundert fest.

Ludwigs letzte Mätresse, die fromme (von Kritikern als scheinheilig beschimpfte) Madame de Maintenon, stieg nach dem Tod von Königin Maria Theresia 1683 zur morganatischen Ehefrau des Sonnenkönigs auf. Dabei bewies der Sonnenkönig, dass er keineswegs nur ein alternder Wüstling auf der Jagd nach blutjungen Gespielinnen war: Madame de Maintenon war sogar ein wenig älter als er.

Dennoch folgten in der Neuzeit und im frühen 20. Jahrhundert manche Angehörige von Fürstenhäusern ihrem Herzen wie Erzherzog Johann, der die Postmeisterstochter Anna Plochl heiratete. In England verzichtete Edward VIII. im Jahr 1936 auf die Krone, um mit der bereits zweimal geschiedenen Amerikanerin Wallis Simpson ein mondänes Jet-Set-Leben führen zu können.

2.

Wer suchet, der findet: Von der Kunst, den richtigen Partner zu erwischen

Wie findet man den perfekten Partner? Darauf weiß sicher jemand die Antwort, nur verrät er sie nicht. Angesichts der Rahmenbedingungen der europäischen Ehe – monogam und lebenslänglich – kam der Partnerwahl größte Bedeutung zu. Fehlentscheidungen erwiesen sich als verhängnisvoll; man hoffte auf einen Glückstreffer.

Nur: Welche Kriterien definieren den richtigen Partner? Ist für den Bräutigam die Attraktivität seiner Zukünftigen ausschlaggebend? Zählt für eine Braut das Geld oder die Liebe? Und was meinen die Eltern, die auch noch ein Wörtchen mitzureden haben? »Die Kombination von intensivierter monogamer Paarbeziehung, ständiger Haushalts- und Arbeitspartnerschaft sowie die Berücksichtigung der sozialstrategischen Funktion der Ehe zur Sicherung von sozialem Status der Familie macht die Partnerwahl in Europa zu einem komplexen Vorgang, bei dem die beteiligten Akteure (Mann, Frau, Familie und Verwandtschaft) sehr unterschiedliche Interessen verfolgen können.«[35]

Der Papa und der Pfarrer:
Wer vor der Hochzeit das (Ja-)Sagen hat

Die Ehe verband mehr als zwei Individuen, sie verknüpfte zwei Familienverbände. Und aus deren Sicht war die Entscheidung für den einen oder anderen Partner viel zu wichtig auch für künftige Generationen, um sie dem Brautpaar – oder noch schlimmer: vagen Faktoren wie Lust und Liebe – zu überlassen. »Man heiratet nicht für sich selbst allein, sondern genau so gut oder noch mehr für die Nachkommen und die Familie«[36], schrieb der französische Philosoph Michel de Montaigne im 16. Jahrhundert. In allen sozialen Schichten der alteuropäischen Gesellschaft zeigte sich die Wahl des Ehepartners stark von der Familie und dem jeweiligen sozialen Umfeld beeinflusst, ja, geradezu kontrolliert.

Welche Überlegungen standen seitens der Sippe im Vordergrund? Egal, in welcher sozialen Schicht man sich befand, ob im Hochadel, im Bürgertum oder in bäuerlichen Kreisen: Man trachtete danach, durch die Heirat eine Verbesserung oder zumindest Beibehaltung der eigenen wirtschaftlichen und sozialen Position zu erreichen und einen »Abstieg« zu vermeiden. Es ging darum, Netzwerke zu bilden, Besitz anzusammeln und an die nächste Generation weiterzugeben und den Status zu bewahren.

Bei den Mächtigen spielte zudem die Bündnispolitik eine dominierende Rolle. Schon adelige Kelten und Germanen heirateten über die Stammesgrenzen hinweg und hatten teilweise mehrere rechtmäßige Ehefrauen, um damit ein regelrechtes Bündnissystem zu errichten. Ebenso nutzten die Römer die Ehe für politische Allianzen. Der Ostgotenkönig Theoderich verfolgte in den 490er-Jahren eine geschickte Heirats- und damit Bündnispolitik. Die eine Tochter vermählte er mit dem westgotischen König Alarich II., eine andere mit dem Sohn des Burgunderkönigs Gundobad. Seine Schwester Amalafrida schickte er zum Vandalenkönig Thrasamund, während er selbst eine Schwester des ehrgeizigen Frankenkönigs Chlodwig I. zur Frau nahm. »Damit war das Ostgotenreich in Italien bestens abgesichert, denn alle benachbarten Könige waren mit Theoderich verwandt oder verschwägert.«[37]

An dieser Bündnispolitik durch Heirat änderte sich im Laufe des Mittelalters und der Neuzeit wenig, wie die zahlreichen dynastischen Ehen quer durch Europa bezeugen. Die Heirat eines Herrschers konnte keine rein persönliche Angelegenheit sein; von ihr hing nichts weniger als die Zukunft des Staates ab. Oft genug führte die Aussöhnung mit einem Feind, der Gewinn eines starken Bündnispartners für einen bevorstehenden Krieg oder der Erhalt des Friedens über das Ehebett. Treffend schrieb der sachsen-merseburgische Landkammerrat Julius Bernhard von Rohr 1733: »Es geschieht nicht selten, daß diejenigen, so sonst Länder und Unterthanen zu beherrschen pflegen, bey ihren Vermählungen ihren eigenen Willen beherrschen, und sich mit einem Ehegatten verbinden müssen, nicht, wie sie ihn sonst nach dem natürlichen und freyen Zuge ihres Hertzens erwehlen würden, sondern, wie sie nach ihren besondern Staats=Absichten hierzu genöthiget werden.«[38]

Aus politischen Überlegungen heraus arrangierte Ehen waren nicht von vornherein zu Unglück und Lieblosigkeit verurteilt. Der spätere Zar Alexander III. heiratete 1866 Prinzessin Dagmar von Dänemark, die zuvor mit seinem älteren Bruder Nikolaus verlobt gewesen war. Als dieser starb, rückte Alexander nicht nur in der Thronfolge nach. Obwohl er zum damaligen Zeitpunkt anscheinend in eine Hofdame seiner Mutter verliebt gewesen war, erfüllte er notgedrungen die familiäre Pflicht. Die Flitterwochen verliefen vermutlich gut, denn wenige Wochen nach der Hochzeit schrieb Alexander begeistert in sein Tagebuch: »*Und dann die erste Zeit meiner*

Ehe. Möge Gott es mir gestatten, dass der Rest meines Lebens ebenso süß wird und dass ich meine reizende Frau mehr und mehr liebe, sie liebt mich von ganzem Herzen«[39]; wer in der Ehe so viel Glück fand, konnte leicht auf eine Geliebte verzichten.

Mit dem Verlust der politischen Macht, den die Fürstenhäuser als solche spätestens im 20. Jahrhundert hinnehmen mussten, gewannen ihre Angehörigen in ihren Zweierbeziehungen an Freiheit. Politisches Kalkül und Staatsräson wurden als bestimmende Faktoren zurückgedrängt; die individuelle Partnerwahl errang im Familienverband die Oberhand und so können die Medien der Gegenwart über Märchenhochzeiten berichten, bei denen der Prinz die Bürgerstochter gefreit hatte.

Ohne Rücksicht auf die Wünsche der Kinder arrangierte Ehen – noch im 21. Jahrhundert sind »Zwangsehe« und »Ehrenmord« auch in Europa ein Thema – gab es in so ziemlich allen Gesellschaftsschichten. Aus der Sicht des Historikers lässt sich im Nachhinein schwer bestimmen, wer tatsächlich das letzte Wort bei der Partnerwahl hatte. Die gesetzlichen Rahmenbedingungen spiegeln nicht immer die Realität wider; wenn sich die Mehrheit auf die eine Art verhält, kann eine Minderheit auf eine andere Weise vorgehen – und sowieso bestimmen Ausnahmen die Regeln.

Bei den Römern hatte der Vater bis zum Ende der Spätantike das letzte Wort: Söhne wie Töchter benötigten seine Zustimmung zur Ehe, sofern er sie noch nicht aus seiner väterlichen Gewalt (*patria potestas*) entlassen hatte. Umgekehrt durfte er seinen Sohn nicht zur Ehe zwingen; auch die Tochter konnte den vom Vater auserwählten Partner verweigern, falls dieser ein unwürdiger oder verdorbener Mann war.

Der spätere preußische König Friedrich II. wollte sich von seinem Junggesellendasein nicht verabschieden; noch im Dezember 1731

40

schrieb er als Neunzehnjähriger, dass er ledig bleiben wollte, »und wenn ich mich verheirate, werde ich gewiß ein sehr schlechter Ehemann sein, denn ich fühle in mir weder genug Beständigkeit noch genug Liebe zum weiblichen Geschlecht, um glauben zu können, ich würde sie in der Ehe in mich aufnehmen«[40]. Im Jahr darauf wehrte er sich mit Zähnen und Klauen und angeblich sogar mit einer Selbstmorddrohung gegen die von seinem Vater auserkorene Braut Elisabeth Christine von Braunschweig-Bevern. Es half nichts, er musste sich beugen. Friedrich schrieb seiner Schwester Wilhelmine, nachdem er Christine kennengelernt hatte: »[S]o hasse ich sie nicht so sehr, wie ich mir den Anschein gebe. Ich tue so, als ob ich sie nicht ausstehen könne, um meinem Gehorsam gegen den König mehr Gewicht zu verleihen. Sie ist hübsch, hat einen Teint wie Milch und Blut, feine Züge und ihr ganzes Äußeres ist das einer schönen Frau«[41]. Allerdings fand nicht nur die künftige Schwiegermutter Sophie Dorothea die Braut »dumm wie Stroh, sie hat gar keine Erziehung«[42].

Während Christine sich um Friedrichs Zuneigung bemühte, konnte er ihre Gefühle nicht erwidern. »Ich war niemals in sie verliebt, aber ich müßte der niedrigste Mensch sein, wenn ich sie nicht aufrichtig schätzen wollte, denn sie hat erstens ein sehr sanftes Gemüt, sie ist zweitens so gelehrig, wie man es mehr nicht wünschen kann und drittens gefällig bis zum Übermaß und tut, was sie mir nur an den Augen absehen kann, um mir eine Freude zu machen«[43], meinte Friedrich 1736. Auch dürfte er in den frühen Ehejahren auf Schloss Rheinsberg durchaus intimes Glück gefunden haben. »Ich teile das Schicksal der Hirsche, die gegenwärtig ihre Brunftzeit haben«, schrieb er einem Freund; und Christine hätte »einen wunderschönen Leib und ein zuckersüßes Vötzchen«[44].

Nach dem Tod seines Vaters Friedrich Wilhelm I. ging der neue König auf Distanz zu seiner Ehefrau. Bei einem kurzen Wiedersehen

1763 nach sieben Jahren Trennung fand der Alte Fritz für seine Ehefrau keine anderen Begrüßungsworte als: »Madame sind korpulenter geworden.«[45]

Nachdem sich der Konsens der Brautleute als unabdingbar für die Ehe etabliert hatte, konnten Eltern ihre Kinder nicht mehr zu einer ungewollten Ehe zwingen, obwohl manche mit allen Mitteln versuchten – von der Überredung über Drohungen bis hin zur nackten Gewalt –, ihren Wunsch durchzusetzen. Im europäischen Adel und in wohlhabenden Familien kam es häufiger vor, dass minderjährige Kinder verlobt oder verheiratet wurden. Verwehrten diese volljährig geworden ihre Zustimmung, konnten sie die Ehe anfechten und vom Papst annullieren lassen, vor allem dann, wenn sie diese noch nicht mit Geschlechtsverkehr vollzogen hatten.

Der Ende des Mittelalters einsetzende Individualisierungsprozess schlug sich auch im Bereich der Ehe nieder. Ab dem 15. Jahrhundert häufen sich Hinweise, dass vorrangig im Bürgertum die Betroffenen stärker an der Partnerwahl beteiligt wurden. Die Reformation, welche den Einfluss weltlicher Obrigkeiten und der Eltern auf die Ehe stärkte, wirkte jedoch der freien Partnerwahl entgegen.

Kam es innerhalb der Familien zu erbitterten Kämpfen zwischen Eltern und angehenden Brautleuten? Manchmal. Aber für die meisten Heiratswilligen war es selbstverständlich, bei der Wahl des Partners auf den Rat der Verwandten und Freunde zu hören. Noch heute wird – schließlich lebt kein Paar isoliert von seinen sozialen Netzwerken – bevorzugt ein Partner gewählt, der vom eigenen Freundeskreis und der Familie akzeptiert wird. Wer sich für eine Ehe entschied, die im Umfeld auf Ablehnung stieß, musste mit Konsequenzen rechnen. Nicht nur die eigene Familie drohte, ihre Unterstützung zu versagen; in der Nachbarschaft war man ebenso auf gegenseitige Hilfe angewiesen, der gesellschaftliche Ausschluss hatte schwerwiegende Folgen.

Deutlich wird in der Praxis daher das Bestreben, einen Ausgleich zwischen Familieninteressen und individuellen Wünschen zu finden. Sofern nicht von vornherein nur ein Kandidat denkbar war – wenn beispielsweise in Herrscherhäusern eine Verbindung zwischen zwei Ländern angestrebt wurde –, war es gar nicht so ungewöhnlich, dass ein Mädchen unter den von den Eltern als passend eingestuften Kandidaten seine Wahl treffen durfte. »Im Hinterland von Marseille soll es [bei den Kelten] Brauch gewesen sein, daß ein Fürst, der seine Tochter verheiraten wollte, die Freier zu einem Fest lud, bei dem das Mädchen dem von ihr Erwählten ein Gefäß mit Wasser reichte.«[46]

In der höheren neuzeitlichen Adelsgesellschaft, wo man in der Saison eine gute Partie zu machen hoffte, und in fürstlichen Häusern war der Kreis angemessener Ehepartner von vornherein beschränkt. »*Ich will nicht behaupten, daß eine Prinzessin gezwungen sei, die erste Werbung anzunehmen. Sie kann ihren zukünftigen Gatten in gewissen Grenzen wählen; aber da die meisten Prinzen und Könige sich im allgemeinen sehr gleichen, so ist eine entscheidende Wahl immerhin nicht schwer*«[47], schrieb Erzherzogin Luise, die 1901 Friedrich August von Sachsen heiratete, ernüchtert. Fast zeitgleich klagte der österreichische Thronfolger Erzherzog Franz Ferdinand, dass es fast unmöglich wäre, eine passende Frau zu finden. »*Es ist ja ein Unglück, dass es gar keine Auswahl unter den heiratsfähigen Prinzessinnen gibt: lauter Kinder, lauter siebzehn- oder achtzehnjährige Piperln, eine schiacher als die andere. Und erst die Erziehung meiner Frau zu besorgen, dazu habe ich weder Zeit noch Lust.*«[48] Da hatte er allerdings schon ein Verhältnis mit einer gewissen böhmischen Gräfin namens Sophie Chotek.

Adelige und bürgerliche Männer hatten bei der Partnerwahl generell einen größeren Handlungsspielraum als Frauen, was sich

auch durch den Altersunterschied von Braut und Bräutigam erklären lässt: Der Mann war oft deutlich älter, denn eine Eheschließung
hing in den meisten Fällen von seiner Hausherrenstellung, also seiner wirtschaftlichen Unabhängigkeit, ab. Männer mussten sich eine
Frau und eine Familie leisten können. Für die römische Ehe galt ein
Mindestalter von 12 Jahren für das Mädchen und von 14 Jahren für
den Jungen. In der Praxis heirateten die Frauen zwar als Teenager,
die Männer aber oft erst mit 30 Jahren. Im Rahmen der mittelalterlichen Grundherrschaft war es üblich, dass der Erbe erst bei der
Übernahme des Gutes – also nach dem Tod des Vaters – eine Ehe
einging. In bildungsbürgerlichen Kreisen des 18. und 19. Jahrhunderts zögerte sich die Eheschließung auf Seiten des Mannes hinaus,
bis er nach dem Studium eine feste und gut dotierte Anstellung, bevorzugt im Staatsdienst, erlangt hatte. Ein Altersunterschied von 10
bis 20 Jahren zwischen den Partnern war in einer bürgerlichen Ehe
nicht ungewöhnlich.

Manche zögerten länger als andere. Dichterfürst Johann Wolfgang von Goethe führte Christiane Vulpius erst nach achtzehn Jahren – und mehreren Geburten – 1806 vor den Traualtar; davor galt
sie in der Weimarer Gesellschaft nur als »*die von Goethesche Haushälterin*«[49], mehr Magd und »Bettschatz«[50], wie Goethes Mutter sie
bezeichnete, denn als geschätzte Lebensgefährtin.

Dienstboten und Lohnarbeiter heirateten aus ökonomischen
Gründen oft in fortgeschrittenem Alter. Durch die zunehmende soziale und räumliche Mobilität und den Aufschwung der Lohnarbeit
erreichten zuerst die jungen Männer, dann die seit Jahren wirtschaftlich vom Elternhaus unabhängigen Frauen größere Autonomie in
der Partnerwahl.

Während sich das nordwesteuropäische Heiratsmuster durch
ein höheres Heiratsalter und eine hohe Zahl Lediger auszeichnete,
ging in Osteuropa und im Mittelmeerraum ein niedriges Heirats-

alter mit einer niedrigen Ledigenquote einher. Hier war die wirtschaftliche Unabhängigkeit der Männer kein zentrales Kriterium für eine Eheschließung. In osteuropäischen Ländern wohnte das frisch vermählte Paar anfangs oft bei Verwandten; ebenso war es im Mittelmeerraum üblich, dass mehrere Generationen unter einem Dach lebten. Allerdings lässt sich bezüglich des europäischen Heiratsmusters keine klare Trennlinie ziehen, sondern es bildeten sich regionale Muster aus.

Als reines Glücksspiel betrachtete ein Pariser die Suche nach seiner besseren Hälfte, wie die *Vossische Zeitung* 1777 berichten konnte: »Ein Herr von gewissen Jahren suchte sich auf eine besondere Art eine Frau. Als er sich in einer zahlreichen Gesellschaft von unverheyratheten Frauenzimmern befand, forderte er einen Hut. Er legte viele weiße und ein schwarzes Zettelchen hinein. Dieses letztere soll gewinnen, sagte er. Man fragte ihn, worinn der Preis bestünde, und, als er nichts darauf antworten wollte, hielte man es für einen Spaß. Die Damen zogen. Endlich kam das schwarze Zettelchen heraus. Meine Herren! rief nun der Lotteriepatron, sehen Sie! diese hier ist meine Frau. Da er ein überaus großes Vermögen besitzt, war die Dame mit dem schwarzen Zettelchen sogleich gefaßt, machte einen Kniks, und antwortete: zu dienen.«[51]

Im weiteren Verlauf des 20. und im 21. Jahrhundert wird die Partnerwahl (nach welchen Kriterien, wird im nächsten Abschnitt behandelt) überwiegend unabhängig von den Eltern getroffen. Man findet sich am Arbeitsplatz, in der Freizeit, im Freundeskreis oder mittlerweile auch über die modernen Kommunikationsmittel wie das Internet. Es ist üblich geworden, den Partner erst weit in oder nach der Aufbauphase einer Beziehung, wenn diese bereits in ihre »Bestandsphase« (Karl Lenz) übergegangen ist, den Eltern vor- und diese damit quasi vor vollendete Tatsachen zu stellen. Wenn der Weg vor das Standesamt und den Traualtar beschritten werden soll, wird der Herr Papa nur noch in seltenen Fällen um die Hand seiner Tochter gebeten. Ein alter Römer würde angesichts dieser Entwicklung wohl entsetzt den Kopf schütteln und über den Verfall der Sitten klagen. *O tempora, o mores!*

Du sollst nicht …

Die Kirche dehnte ihre Oberhoheit über die Ehe auch auf die Partnerwahl aus. Im kanonischen Recht wurden Ausschlusskriterien formuliert, warum dieser oder jener Kandidat tabu war; Konfession und Verwandtschaft standen dabei im Zentrum. In der Frühen Neuzeit sprachen sich katholische und protestantische Theologen gegen konfessionsverschiedene Ehen aus. Bei den Fürstenhäusern lässt sich gut nachvollziehen, wie sich entlang der Religion Heiratskreise ausbildeten. Bei gemischten Ehen konvertierte meist die Frau zum Glauben des Mannes. Unterhalb des (Hoch-)Adels waren konfessionsverschiedene Ehen nicht selten, wobei die Töchter dann oft nach dem Glauben der Mutter, die Söhne nach jenem des Vaters erzogen wurden. Im Deutschen Reich fielen 1875 mit der Einführung der Zivilehe die rechtlichen Hindernisse, die einer Ehe zwischen den Angehörigen verschiedener Konfessionen im Wege gestanden hatten.

Komplexer stellt sich die Situation beim Inzest dar, worunter laut kanonischem Recht jede geschlechtliche Verbindung von zwei im verbotenen Grad miteinander verwandten Personen verstanden wurde. Im Judentum gab es die sogenannte Leviratsehe, wonach ein Mann die Witwe seines söhnelos verstorbenen Bruders heiraten und mit ihr – als Art Stellvertreter für den Bruder – einen Sohn zeugen sollte. Noch im Mittelalter wurde dies von Juden teilweise praktiziert, allerdings konnte man sich durch einen Ritus von dieser Verpflichtung befreien. Ehen zwischen nahen Blutsverwandten waren in der Antike üblich. Im alten Ägypten wurde die Geschwisterehe von Pharaonen wie im gemeinen Volk praktiziert. Auch im antiken Griechenland sah man sich zuerst unter den Verwandten und dann erst bei Freunden nach einem passenden Partner um. Es heirateten Cousin und Cousine, Onkel und Nichte; in Athen war die Ehe zwischen Halbgeschwistern erlaubt.

Hingegen gab es bei den Römern Vorschriften, die sich gegen Verwandtenehen aussprachen. Der römische Kaiser Theodosius I., der das Christentum de facto zur Staatsreligion erhob, erließ bereits im ausgehenden 4. Jahrhundert nach Christus Verordnungen, welche die Ehe zwischen Cousins und Cousinen verbot. Auch die Kirche ging mit Synodalbeschlüssen gegen die Heirat mit der Witwe des Bruders oder der Schwester der eigenen verstorbenen Ehefrau vor. Im Laufe des Mittelalters wurden die Grade der Blutsverwandtschaft, innerhalb derer eine Ehe untersagt war, sogar bis zum 7. Grad ausgedehnt. Allerdings gab es Verbote der Verwandtenheirat nicht nur seitens der römischen Kirche, sondern beispielsweise auch in Byzanz, das heißt, diese Entwicklung lag im Trend der Zeit.

Theologischer Ausgangspunkt für die durch Inzest begründeten Heiratsverbote war, dass das Ehepaar laut Schöpfungsbericht »ein Fleisch« (Gen 2,24) wurde: Damit wurden die angeheirateten Verwandten zu Blutsverwandten; ebenso wurden Adoptionsverhältnisse oder geistige Verwandtschaft, die aus der Taufpatenschaft entstand, dazugerechnet.

Nicht nur die Ehe begründete ein Verwandtschaftsverhältnis, schon Sex reichte aus. Durch die fleischliche Vereinigung würden Mann und Frau zu, nun ja, einem Fleisch. Ehen konnten für ungültig erklärt werden, wenn einer der Partner vor der Hochzeit mit seinem späteren Schwager oder der Schwägerin ins Bett gegangen war. Georg de Burge aus dem Bistum Freising wandte sich Mitte des 15. Jahrhunderts an den Papst, da er in einem Bordell in Padua die Prostituierte Elisabeth kennen- und lieben gelernt hatte. Nach der Hochzeit erfuhr er allerdings, dass auch sein Bruder zuvor ihr Kunde gewesen war. Papst Kalixt III. persönlich gewährte die Dispens, sodass die Ehe weitergeführt werden durfte.

Auf dem 2. Laterankonzil 1215 wurde das kanonische Verbot von Verwandtenehen in den Seitenlinien auf 4 Grade festgelegt; im 20. Jahrhundert hob der *Codex Juris Canonici* den 4. Grad der Blutsverwandtschaft sowie den 3. und 4. Grad der Schwägerschaft als Ehehindernis auf. Seit 1983 können nach katholischem Kirchenrecht Schwager und Schwägerin sowie Cousine und Cousin heiraten. In der direkten Linie – auch in der Schwägerschaft – blieben die Inzestverbote jedoch bestehen. Stiefmutter oder -vater erhalten seitens der Kirche keine Erlaubnis, ihre Stiefkinder zu heiraten, was in den meisten europäischen Ländern aus zivilrechtlicher Sicht jedoch möglich ist. Im Protestantismus stellte sich die Lage etwas anders dar, da Martin Luther die kirchlichen Ehehindernisse auf die allernächsten Verwandtschaftsgrade reduzierte; Ehen zwischen geistlichen Verwandten, Adoptivverwandten und Geschwisterkindern wurden erlaubt.

Es bleibt die Frage, inwieweit sich die kanonischen Heiratsverbote in der Praxis durchsetzen ließen. Wie strikt ging die Geistlichkeit vor, wie reagierten die Betroffenen? Verwandtschaftsehen waren im westlichen Europa weit verbreitet, um Besitz und Herrschaftsrechte in der Familie zu erhalten. Gerade die Ehe mit der Witwe des älteren Bruders oder auch des eigenen Vaters war in adeligen und königlichen Kreisen verbreitet, um auf diese Art die Ansprüche auf das Erbe und den Thron zu unterstreichen. Beispielsweise heiratete die Karolingerin Judith 858 nach dem Tod ihres Gatten Aethelwulf, König von Wessex, ihren Stiefsohn.

Konflikte zwischen lokalen Herrschern und engagierten Missionaren waren damit vorprogrammiert und werden in vielen Heiligenviten überliefert. Dabei zeigten sich die iro-schottischen und angelsächsischen Mönche, die im Frühmittelalter in einer zweiten Welle der Christianisierung auf dem europäischen Festland wirkten, teils päpstlicher als der Papst. Das jeweilige Kirchenoberhaupt in Rom vertrat häufig einen gelassen-pragmatischen Zugang. So sprach sich Papst Gregor der Große in Bezug auf das Eherecht für mehr Toleranz aus, um die frisch bekehrten Christen nicht mit zu vielen »Du sollst nicht«-Vorgaben wieder dem Teufel in die Arme zu treiben. Hingegen neigten manche Missionare vor Ort in ihrem religiösen Eifer »bisweilen zur Gesetzlichkeit«[52], vermutlich aus Angst, gegen kirchenrechtliche Vorschriften zu verstoßen. Gut, es gelang ihnen nicht immer, die kirchlichen Ehegesetze durchzusetzen, doch konnten sie sich in manchen Fällen mit der Krone des Martyriums trösten.

Heilige Männer und erboste (Ehe-)Frauen sind Standardelemente frühmittelalterlicher Heiligenviten. Der heilige Kilian von Würzburg stieß sich im späten 7. Jahrhundert an der Ehe Herzog Gozberts mit der Witwe seines Bruders, aber Kilian wollte, wie es in seiner Vita berichtet wird, »in der Anfangszeit des Glaubens eine solche Ehe nicht verbieten«[53], damit der frisch bekehrte Herzog nicht »zur Reue über seine Glaubensbereitwilligkeit gebracht würde«[54]. Bewusst verschob Kilian seine Ermahnungen auf später. Denn es galt, wie bereits in der Bibel hinsichtlich der schwachen Gemeinde betont wurde (Hebr. 5,12,14), den Neubekehrten zuerst »Milch als Trank« und dann erst »feste Speise«[55] zu reichen. Erst das Zuckerbrot, dann die Peitsche. Laut Überlieferung zeigte sich der Herzog einsichtsvoll und willens, die Ehe aufzulösen; aber dessen Ehefrau Geilana entbrannte »in heftigem Zorn wie eine Löwin«[56]

und plante die Ermordung des Heiligen, der dadurch zum Märtyrer aufstieg.

Der rigide irische Missionar Columban weigerte sich, die unehelichen Söhne Theuderichs II. zu segnen. Er schalt den König von Burgund wegen seines ehebrecherischen Umgangs mit seinen Konkubinen und mahnte ihn zu einer rechtmäßigen Ehefrau. Theuderichs Großmutter Brunichilde sorgte sich verständlicherweise um die Thronfolge – und der Ire wurde auf ihr Drängen zu Beginn des 7. Jahrhunderts aus dem Land verwiesen.

Auf den burgundischen und fränkischen Konzilien des 6. und 7. Jahrhunderts, die auf Kirchenreform und tiefere Christianisierung der Bevölkerung abzielten, wurden die kanonischen Ehegesetze und deren Durchsetzung thematisiert. Der Fokus lag dabei auf dem Verbot der inzestuösen Ehen, vorrangig jener mit der Witwe des Vaters, Bruders, Onkels oder Neffens. Allerdings enthielt das Konzil von Orléans von 511 eine Art »Toleranzklausel« – gerade Getaufte durften eine bestehende inzestuöse Ehe weiterführen – und noch im 10. Jahrhundert wurden Paare, die sich in einer vom Kirchenrecht als inzestuös eingestuften Beziehung befanden, selten zur Auflösung der Ehe gezwungen.

Zu Beginn des 12. Jahrhunderts verfasste der Mönch Honorius Augustodunensis einen Lehrdialog, das *Elucidarium*, in dem rhetorische Fragen zur christlichen Religion beantwortet wurden. In Bezug auf Verwandtenehen unterschied er zwischen der Sünde gegen die Natur und jener wider das Gebot der Kirche: Die Cousine zu heiraten würde seiner Meinung nach nicht gegen das Gesetz der Natur verstoßen, aber es war eine Sünde gegen die Kirche.

Im Alltagsleben war es – wenn man die kirchlichen Vorschriften genau nahm – im Adel und auch in der dörflichen Gemeinschaft, wo jeder mit jedem irgendwie verwandt und verschwägert war, nahezu unmöglich, einen »erlaubten« Partner zu finden. Ein Blick auf den Stammbaum konnte einen hochadeligen Herrscher auf Freiersfüßen zur Verzweiflung treiben, wie Friedrich den Schönen von Österreich. Er bemühte sich zu Beginn des 14. Jahrhunderts um Elisabeth von Aragon und beklagte gegenüber deren Vater, König Jakob II., dass es für ihn unmöglich war, in einem deutschen Fürstenhaus eine Braut zu finden. Friedrich war mit allen verwandt. Der Herzog von Kärnten war der Bruder seiner Mutter, der Herzog von Brandenburg der Sohn seiner Schwester, der Herzog von Lothringen sein Schwager, der Herzog von Bayern sein Onkel, der Herzog von Sachsen der Sohn seiner Tante und so weiter und so fort … Zum Glück für Friedrich stimmte Jakob der Ehe zu.

Innerhalb des Adels kannte man sich mit genealogischen Fragen gut aus; es zeigte sich aber, dass es auch in bäuerlichen Kreisen immer wieder Leute gab, welche die komplexen Verwandtschaftsverhältnisse in ihrem Umfeld durchschauten – und inzestuöse Verhältnisse beim Pfarrer anzeigten.

Gut, dass es einen Ausweg gab: die Dispens. Schon der römische Kaiser Theodosius I. nahm für sich das Recht in Anspruch, die von ihm verbotenen Ehen zwischen Geschwisterkindern in Einzelfällen doch zu erlauben; die Kirche griff auf diese Methode zurück – zumal sich hier ein sehr lukratives Geschäft eröffnete. Unter bestimmten Voraussetzungen und gegen entsprechende Gebühren hob die Kirche ihre eigenen Regeln auf. Damit stellten die entfernteren Verwandtschaftsgrade in der Praxis nicht wirklich ein Hindernis für Heiratswillige dar, weil man vor der Ehe oder rückwirkend um die Dispens ansuchen konnte.

Zuständig dafür war der Papst. Als Nachfolger Petri stand er wie der antike römische Kaiser über dem Recht. Er allein besaß die notwendige Vollgewalt (*plenitudo potestatis*) und die Autorität, in Form der Dispens Ausnahmen von den allgemeinen Vorschriften zu genehmigen oder bei Rechtsverstößen Gnade walten zu lassen und die Absolution zu erteilen. Diese Vollgewalt konnte der Papst auf andere Personen und Institutionen wie ein Konzil übertragen. In der zweiten Hälfte des 15. Jahrhunderts reisten zahlreiche Legaten (in päpstlicher Mission) durch das Gebiet des Alten Reiches. Dabei dürften Hunderte, wenn nicht gar Tausende Absolutionen und Dispense verteilt worden sein – wobei mit den Einkünften die Kosten der Legation größtenteils abgedeckt werden konnten. Die Bittsteller ersparten sich damit den Behördenweg nach Rom. Sofern sie an einen »echten« Bevollmächtigten gerieten. Denn so mancher Betrüger behauptete, vom Papst das Recht zur Gnadenerteilung bekommen zu haben, und machte ein gutes Geschäft mit verzweifelten Gläubigen. In protestantischen Ländern waren hingegen die Landesherren zugleich Oberhaupt der Kirche und übten damit das Dispensrecht aus, von dem sie in eigener Sache oft genug Gebrauch machten.

Im Adel mit seinen weit vorausschauenden Heiratsstrategien und den komplizierten Verwandtschaftsverhältnissen bemühte man sich oft frühzeitig um eine Dispens. Beliebt war die Generaldispens, wie sie beispielsweise Jakob II. von Aragon für seine damals siebenjährige Tochter erbat, da eine solche den Handlungsspielraum für künftige Eheverhandlungen erweiterte.

Es ist hinlänglich bekannt, dass es sich die Großen und Mächtigen dieser Welt richten, wie sie es gerade brauchen. Als der spätere englische König Heinrich VIII. auf Wunsch seines Vaters die ein paar Jahre ältere Katharina von Aragon – die Witwe seines Bruders Arthur – heiratete, musste dafür eine Dispens beim Papst eingeholt werden. Wie sie selbst (und auch Heinrich nach der Hochzeitsnacht) angab, war die Ehe mit Arthur nie vollzogen worden. Katharina gebar Heinrich mehrere Kinder, darunter Maria Tudor, aber ein männlicher Erbe war nicht dabei.

Nachdem Heinrich eine Affäre mit Mary Boleyn hatte, verliebte er sich in deren geistreiche, aber keineswegs standesgemäße Schwester Anne – mit der er laut kanonischem Recht durch den Geschlechtsverkehr mit Mary auch noch verwandt war. Wie weit Anne den verliebten König körperlich an sich heranließ – immerhin dauerte es Jahre bis zu ihrer Eheschließung –, muss offen bleiben.

1527 bemühte Heinrich sich darum, die Ehe mit Katharina annullieren zu lassen: Die Ehe hätte demnach nie existiert, er würde als ledig gelten und frei sein für eine weitere Ehe. Er berief sich darauf, dass seine Ehe nicht rechtmäßig sein konnte, wo Katharina doch die Frau seines Bruders gewesen war … Nein, er hatte Gewissensbisse. Die Gelehrten der Universitäten von Oxford und Cambridge übernahmen die königliche Sichtweise, wonach die Ehe mit der Witwe des Bruders unnatürlich und gegen Gottes Willen wäre; in weiterer Folge wurde argumentiert, dass der Papst in diesem Fall gar kein Recht gehabt hätte, eine Dispens zu erteilen, in Rom also ein Fehler begangen worden war. Allerdings bemühte sich Heinrich 1527 aufgrund seiner Affäre mit Mary Boleyn sehr wohl um eine Dispens – um deren Schwester Anne heiraten zu können, und die er auch erhielt.

Der Papst zögerte, im Falle Heinrich–Katharina eine Entscheidung zu treffen. Der König wurde zunehmend ungeduldig, löste die englische Kirche aus der Abhängigkeit von Rom und setzte 1533 endlich die Auflösung seiner Ehe durch ein Kirchengericht durch.

Nach seiner vierten Ehe mit Anna von Kleve wollte Heinrich dann Katherine Howard heiraten, die eine Cousine Anne Boleyns war. Das wäre schon wieder eine dispenspflichtige Angelegenheit gewesen. Doch mittlerweile war er das Oberhaupt seiner eigenen, anglikanischen Kirche, und so fand Heinrich einen anderen Weg: Er legalisierte die Ehen zwischen Geschwisterkindern.

Wie kam ein durchschnittlicher Gläubiger an die päpstliche Dispens? Ludwig Schmugge hat die Bittschriften deutscher Eheleute aus der zweiten Hälfte des 15. Jahrhunderts erforscht und den komplizierten Behördenweg beschrieben. Im Spätmittelalter etablierte sich die Pönitentiarie (*Paenitentiaria Apostolocia*), der zentrale römisch-katholische Gerichtshof für Buß-, Beicht- und Gnadensachen, als zuständige Behörde mit über 200 Mitarbeitern. Die Bittsteller mussten dabei einen Vermittler, den Prokurator, einschalten. Dieser ließ sich das Anliegen erklären und brachte es in die entsprechende (lateinische) Form. Der Supplikenzettel wurde nun im Amt geprüft. Wenn die Pönitentiarie das Ansuchen positiv aufnahm und die Gnade gewährte, war diese in manchen Fällen mit Auflagen verbunden, zum Beispiel mit einem Verbot der Wiederheirat nach dem Tod eines Partners oder einer befristeten sexuellen Enthaltsamkeit, wenn das Paar vom kirchlichen Ehehindernis gewusst und dennoch geheiratet hatte. Ab Beginn des 15. Jahrhunderts wurde als Strafe für die bewusste Übertretung eines Verbotes gerne eine Komposition (*compositio*) angeordnet, häufig in klingender Münze und als spezielle Einnahmequelle für den Papst eingerichtet. Zu diesen Strafzahlungen kamen noch die Gebühren für die Ausstellung, Besiegelung und den Versand der *littera*. Die Gebühren stiegen stetig an, zumal die kurialen Ämter erkauft wurden; auch das Prokuratorenamt war zu erwerben. Klar, dass ein solches Amt als Investition gesehen wurde, die sich rentieren sollte. Nur zu schnell galt die Kurie als geldgierig.

Wer sich die Gebühren nicht leisten konnte oder einen Armutseid ablegte, der eine momentane Zahlungsunfähigkeit angab, erhielt die *littera* kostenlos. Nichtsdestotrotz waren die Kosten für einen ordnungsgemäßen kanonischen Prozess für den Durchschnittsbürger kaum aufzubringen. Bevor um eine Dispens in Rom angesucht wurde, fand nach der ersten Anfrage beim Ortspfarrer meist schon ein Prozess vor einem bischöflichen Gericht (Offizialat) statt, das für Ehesachen zuständig war und wobei ebenfalls Zahlungen fällig wurden.

Seit dem späteren Mittelalter ist davon auszugehen, dass die meisten Christen zumindest in Grundzügen über die Ehegesetze und Ehemoral der Kirche Bescheid wussten. Rechte und Pflichten von Mann und Frau wurden von der Kanzel gepredigt und bei Hochzeiten ausdrücklich in Erinnerung gerufen.

Wie ernst nahmen die Christen die Vorschriften? Verstöße blieben, wenn sie ans Licht kamen, nicht ungeahndet. Wer wissentlich oder unwissentlich gegen die Heiratsverbote verstieß, wurde exkommuniziert, was vor der Kirchengemeinde nicht verborgen werden konnte: Die Betroffenen waren nicht nur vom Empfang der Sakramente ausgeschlossen, sondern häufig auch sozialer Diskriminierung ausgesetzt.

Das mit dem Konzil von Trient endgültig verpflichtend eingeführte Aufgebot sollte inzestuöse Ehen verhindern. Durch die öffentliche dreimalige Ankündigung der bevorstehenden Hochzeit sollten rechtzeitig Einwände vorgebracht werden können. Ergab sich ein Ehehindernis, musste nicht gleich die Hochzeit abgeblasen werden, sondern das Paar konnte sich, wie gesagt, um eine Dispens bemühen.

Als Argumente wurden die Enge des Ortes (man war mit allen verwandt), eine mangelhafte Mitgift, das fortgeschrittene Alter der Braut und das Fehlen anderer Heiratschancen oder auch, wenn es sich um eine Witwe mit Kindern handelte, der Erhalt des Erbes für die Nachkommen angeführt. Nachgiebig zeigte sich die Kirche, wenn die Gefahr bestand, dass die Bittsteller aus Mangel anderer geeigneter Kandidaten eine religiös gemischte Ehe eingehen müssten; ebenso wurde mit Sitte und Anstand argumentiert, wenn das Paar bereits in einer (skandalösen) Beziehung lebte. In solchen Fällen war die Ehe zwischen Verwandten aus katholischer Sicht das kleinere Übel.

Wollten Cousin und Cousine (Blutsverwandtschaft im 2. Grad) oder eine Witwe / ein Witwer den Bruder oder die Schwester beziehungsweise Cousin oder Cousine des verstorbenen Ehegatten heiraten (1. und 2. Grad der Schwägerschaft), war der Papst für die Dispens zuständig, in weiter entfernten Graden der Bischof.

In der Praxis hielten sich aber viele Paare nicht an die vorgeschriebene Reihenfolge, das heißt, die Ehe wurde nach der Unterzeichnung des Ehevertrages oft schon vollzogen, bevor das Aufgebot bestellt wurde. War es passiert, dass man einen verbotenen Partner geheiratet hatte, konnte man nachträglich um die Dispens ansuchen. Angesichts des öffentlichen Skandals, den die vom bischöflichen Gericht in solchen Fällen ausgesprochene Trennung der Eheleute von Tisch und Bett hervorrief, konnte man in Rom auf Entgegenkommen zählen. Die verhängte Trennung, die oft gar nicht eingehalten wurde, galt nur so lange, bis die päpstliche Dispens eingelangt war.

Das war der korrekte Weg. Allerdings weiß man von anderen kirchlichen Geboten, dass diese von den Gläubigen nicht immer beachtet wurden. In manchen Regionen Europas konnten sich die lokalen Traditionen lange behaupten, Kirchenrecht hin oder her. Papst Alexander III. musste im 12. Jahrhundert erfahren, dass manche Iren ihre Stiefmütter heirateten und mit ihnen Kinder zeugten.

Interessant ist, dass es seit der Mitte des 18. Jahrhunderts – wenngleich nicht überall in Europa – zu einem markanten Anstieg von Ehen in nahen Graden der Verwandtschaft und Schwägerschaft kam, vor allem zwischen Cousins und Cousinen; ein Phänomen, das sich durch das lange 19. Jahrhundert bis in die Zeit nach dem Ersten Weltkrieg zog. Das hängt auch mit der Einführung der Zivilehe zusammen, da der Staat viele kirchenrechtliche Heiratsverbote nicht übernommen hatte. Diese Entwicklung betraf alle sozialen

Schichten vom Adel über das Bürgertum hin zu den Bauern, da so auch der Besitz zusammengehalten werden und man im wahrsten Sinne des Wortes »unter sich« bleiben konnte. Papst Pius VII. klagte im frühen 19. Jahrhundert, als sich die Dispensanträge türmten: »Es scheint, daß es in ›Deutschland für Schwäger […] keine anderen Weiber mehr gäbe, als Schwägerinnen‹.«[57]

Skandal! Wie es scheint, versuchten Bittsteller häufiger mit gezielten Hinweisen auf ihr sündiges Treiben oder eine mögliche Schwangerschaft die Kirche zu ihren Gunsten zu beeinflussen. 1857 wollte Alois Hernegger aus Sillian/Osttirol Rosa Degetz, die Witwe seines Bruders, heiraten. Offen gestand er ein, sich mit ihr schon oft fleischlich versündigt zu haben; schon möglich, dass sie schwanger war. Die Ehe wäre unbedingt notwendig, um dem üblen Ruf zu begegnen …

Im Antwortschreiben der Diözese Brixen hieß es, dass die etwaige Schwangerschaft den Apostolischen Stuhl wohl zum Mitleid bewegen würde, »jedoch *nur*, wenn die *copula* nicht in der Absicht geschehen ist, um leichter die Dispens zu erlangen, und wenn die Bittsteller ihre Sünde wahrhaft bereuen«[58]. Vier Jahre nach der ersten diesbezüglichen Anfrage erhielten Alois und Rosa 1859 die erwünschte Dispens und heirateten eine Woche später. Da war der Ehemann 36 und die Braut 49 Jahre alt; Rosa starb ein Jahr später an Magenkrebs, Alois heiratete noch zweimal.

Österreichische Bischöfe wiesen 1849 darauf hin, dass sich der 3. und 4. Verwandtschaftsgrad als Ehehindernis in Mitteleuropa nicht mehr durchsetzen ließ. Tatsächlich zeigt sich, dass ab dem ausgehenden 18. Jahrhundert gerade bei Schwägerschaft die Einsicht der Gläubigen in die kanonischen Inzestvorschriften schwand. Martin Tschurtschenthaler wollte 1841 die Cousine seiner verstorbenen Frau heiraten und zeigte sich in seinem Ansuchen verwundert über die Steine, die ihm in den Weg gelegt wurden: »Ich meine keine andere als die Maria heurathen zu können, keine ist mir so lieb, ich habe ihr das Heurathen versprochen und früher nicht vermuthet, daß es mit dieser Anverwandtschaft so heiklicht sey«[59]. Die Dispenswerber – oder besser gesagt: deren gewiefte Rechtsvertreter – wiesen auf den großen Logikbruch in der kirchlichen Argumentation hin: »Wenn Eheschließungen in der Seitenverwandtschaft und Schwägerschaft durch ein Sittengesetz verboten wären, dann dürfte es gar nicht die Möglichkeit der Dispense geben.«[60]

Allerdings mehrten sich in der zweiten Hälfte des 19. Jahrhunderts Bedenken bezüglich möglicher genetischer Schäden, die aus allzu naher Blutsverwandtschaft resultieren könnten, und es kam zu einem Rückgang der Verwandtenehen. *Wenn unsereiner jemanden gerne hat, findet sich immer im Stammbaum irgendeine Kleinigkeit, die die Ehe verbietet und so kommt es, daß bei uns immer Mann und Frau zwanzigmal miteinander verwandt sind*«, beklagte der österreichische Thronfolger Erzherzog Franz Ferdinand um 1900 und brachte die Problematik auf den Punkt: »*Das Resultat ist, daß von den Kindern die Hälfte Trottel oder Epileptiker sind!*«[61]

Ehe und Staat

Nicht nur die Kirche, auch der Staat wollte in Heiratssachen mitreden. In der Ehe sah man seit der Antike einen stabilisierenden Faktor für die Gesellschaft, die kleinste Einheit des Staates. Geordnete Verhältnisse waren das große Ziel. In den beiden Jahrhunderten vor und nach Christi Geburt beklagten zahlreiche römische Autoren den Verfall der Sitten und Werte; die Krise der Weltmacht, die sich nicht zuletzt in dem Caesars Ermordung folgenden blutigen Bürgerkrieg niederschlug, wurde darauf zurückgeführt. Untreue Ehefrauen, illegitime Kinder und Männer, die ihr Geld für ihr Lotterleben mit Mätressen ausgaben, waren fixe Bestandteile der zeitgenössischen Kritik. Kaiser Augustus, der als Alleinherrscher aus den inneren Machtkämpfen hervorgegangen war, wollte eine grundlegende Reform der Gesellschaft, bei der er sich an althergebrachten Traditionen orientierte. Seine Ehegesetze (*Lex Iulia de maritandis ordinibus, Lex Papia Poppaea*) enthielten beispielsweise Einschränkungen bei der Wahl des Ehepartners, eine Quasi-Verpflichtung der Bürger zur Heirat sowie ein System von Privilegien und Sanktionen, um die Geburtenrate zu erhöhen. Männer des Senatorenstandes fühlten sich zunehmend bereit, schon im Alter von 22 bis 24 Jahren zu heiraten, wenn sie am Beginn ihrer politischen Laufbahn standen; »denn seit der augusteischen Ehegesetzgebung waren Unverheiratete nämlich in der Ämterkarriere benachteiligt«.[62] Entsprechend dem hohen Stellenwert der Ehe und Familie wurden Ausbrüche mit dem Gesetz über die Verfolgung des Ehebruches (*Lex Iulia de adulteriis coercendis*) scharf verfolgt.

Doch schon um das Jahr 0 zeigte sich: Gebote und Verbote zur Ehe und zur Sexualität haben nicht immer den gewünschten Erfolg. Denn erstaunlicherweise halten sich keineswegs alle Leute daran. Das hielt wiederum die Obrigkeiten nicht davon ab, es in den nachfolgenden Jahrhunderten stets aufs Neue zu versuchen.

Auf der Ebene der mittelalterlichen und neuzeitlichen Grundherrschaften waren Unfreie, wenn sie heiraten wollten, auf die Zustimmung der Grundherren angewiesen. Diese wollten »ungenossame Ehen« verhindern, also eine Heirat mit Leibeigenen aus einer anderen Grundherrschaft. Grund- und (östlich der Elbe) Gutsherren hatten prinzipiell ein ökonomisches Interesse daran, dass »ihre« Bauern verheiratet waren, da Mann und Frau eine Wirtschaftseinheit bildeten. Aber sie wollten mitreden, wer wen heiratete, zumal sich das gut zur Disziplinierung der Abhängigen eignete; beliebt war zudem die Variante, dass der Bauer einen gewissen Betrag bezahlte, um sich dafür selbstständig seine Braut aussuchen zu können.

In der Habsburgermonarchie bestimmte Kaiser Joseph II. mit der Aufhebung der Leibeigenschaft, dass Grundherren nur noch beim Vorliegen besonderer Gründe eine Heirat verweigern durften. Die Mehrheit der Landbewohner der östlichen Provinzen Preußens unterlag bis zu den Agrarreformen von 1807 der Gutsuntertänigkeit – wer heiraten wollte, musste, wie gesagt, den Gutsherrn fragen und meist dafür eine Zahlung leisten.

In den mittelalterlichen Stadtordnungen waren ebenfalls Regelungen zur Ehe enthalten, wobei die Ratsherren vor allem darauf achteten, dass die einflussreichen und wohlhabenden Familien untereinander heirateten. Unliebsamen Verbindungen begegnete man mit Drohgebärden und handfesten Strafen. Im Vergleich zum kanonischen Recht wurde den bürgerlichen Interessen folgend vor allem das Mitspracherecht der Eltern betont. 1327 wurde »Cunrad der paderin sun«[63] vom Nürnberger Rat zu zehn Jahren Turmhaft verurteilt, weil er die Tochter des Hermann von dem Steine ohne Zustimmung der Eltern geheiratet hatte. In den Städten mischten zudem die Zünfte mit eigenen Verordnungen eifrig mit und versuchten, Einfluss auf die Partnerwahl zu nehmen. Ebenso wurden in vielen dörflichen Gemeinderechten Kinder mit der Enterbung bedroht, sollten sie ohne Ja-Wort der Eltern heiraten.

Besonders rigide gingen die Obrigkeiten in der Frühen Neuzeit gegen Ehen der unteren sozialen Schichten vor, da man befürchtete, dass sich durch uneingeschränkte Heiraten die Probleme und die Belastung der Armenkassen vermehrten. »Die Politik, das Heiraten der Dienstboten und Tagwerker zu beschränken, geht bis auf das 16. Jahrhundert zurück. So verboten die Weistumsrechte vieler Tiroler Gemeinden dem Pfarrer, vermögenslose Personen ohne Heiratserlaubnis der Gerichtsherrschaft oder der Gemeinde zu trauen.«[64]

In Bayern sollten laut Landes- und Polizeiordnung von 1553 Gesindepersonen, die ihren Herren entliefen, um trotz bestehenden Verbotes zu heiraten, zurückgebracht werden.

Nur jene, die es sich wirtschaftlich leisten und dies nachweisen konnten, durften heiraten. Waren die geforderten ökonomischen Voraussetzungen zur Familiengründung nicht gegeben, konnten Eltern und Gemeinden Einspruch erheben. Das preußische Allgemeine Landrecht von 1794 hielt fest, dass selbst erwachsene Kinder die Zustimmung des Vaters einholen müssten und man die Ehe verwehren sollte, »wenn den künftigen Eheleuten das nötige Auskommen fehlen würde«[65].

Studenten, Gesellen, Dienstboten und Soldaten sahen sich besonders restriktiven Bestimmungen ausgesetzt. Die Soldaten des zunehmend stehenden und kasernierten Heeres benötigten die Zustimmung des Pfarrers und ihres Regimentschefs. Dem Vorgesetzten oblag die Prüfung der moralischen Qualitäten der Braut und ihrer materiellen Verhältnisse. Die Ausgaben für das Heer machten ohnehin einen großen Teil des neuzeitlichen Staatsbudgets aus – da wollte man nicht auch noch Ehefrauen durchfüttern und einquartieren müssen. Unteroffiziere hatten eine bessere Chance auf eine Heiratserlaubnis als Gemeine. Allerdings bestand das Risiko, dass sich heiratswillige Soldaten aus dem Staub machten, um dem zivilen Eheleben frönen zu können – wie auch umgekehrt so mancher Mann aus der Ehe zu Marine oder Heer entfloh.

Interessant ist, wie der absolutistische Staat in der Öffentlichkeit Eheverbote für zivile Beamte wie auch Militärangehörige begründete. Ganz nach dem Motto »Alles für das Volk« sollte diesem das Sparen beigebracht werden. Dass sich der Staat dadurch auch einiges spart, wurde ausgespart. »Aus Österreich den 30. July. Da das weibliche Geschlecht oft die Ursach eines unnöthigen Aufwandes für manche

Männer ist, die blos von Besoldungen leben und kein eigenes Vermögen haben, so soll auch hierinn eine Art von Abhülfe dadurch geschehen, daß künftig keinem Civilbeamten das Heyrathen verstattet seyn soll, wenn er nicht, wie die vom Militairstande, ein Capital deponirt, und auf eine künftige Pension für seine Gemahlin Verzicht thut. Hierdurch werden viele genöthigt werden bey Lebzeiten zu sparen, und der Frau werden die Augen geöfnet, ihr Vermögen zu sparen, welches in der sichern Hofnung einer Pension sonst sehr oft verschwendet worden.«[66] *Vossische Zeitung* Nr. 96, Berlin 1783

In Tirol und Vorarlberg wurde 1820 ein »politischer Ehekonsens« – das ist die Erlaubnis zur Eheschließung durch die Gemeinde – eingeführt und erst rund 100 Jahre später aufgehoben; die Obrigkeiten durften bettelnden und erwerbslosen Leuten die Eheschließung verwehren; auch Dienstboten, Gesellen, Tagelöhner und Inwohner waren der staatlichen Kontrolle unterworfen. Es existierten also abgesehen vom Kirchenrecht zahlreiche obrigkeitliche und berufsständische Heiratsbeschränkungen, sodass de facto immer nur ein Teil der Bevölkerung tatsächlich heiraten durfte. Aber Exkommunikation hin, Turmstrafen her: Viele Paare lebten in Zweierbeziehungen zusammen und gründeten auch ohne Segen eine Familie.

Im ausgehenden 19. Jahrhundert fielen in den meisten Ländern – in Deutschland nach der Reichsgründung 1871 – die staatlichen Heiratsverbote. Auch in wirtschaftlicher Hinsicht verbesserten sich um 1900 die Voraussetzungen für Ehe und Familie: »Durch die ökonomische und soziale Aufwertung von Lohnarbeit und den Aufstieg des modernen Wohlfahrtsstaates erhielten nun praktisch erstmals in der Geschichte alle erwachsenen Personen die faktische und rechtliche Möglichkeit zur Eheschließung und Familiengründung.«[67]

Im Dritten Reich wurde vom nationalsozialistischen Regime in Anlehnung an die Darwinsche Evolutionslehre »die möglichst lückenlose ›Reinigung‹ des deutschen ›Volkskörpers‹ von all jenen Elementen, die aufgrund ihrer ›anlagebedingten‹ und daher nicht ›besserungsfähigen Minderwertigkeit‹ einer ›rassenhygienischen Sonderbehandlung‹ zugeführt werden sollten, da sie als ›gemeinschaftsunfähige Individuen‹ den ›Mindestanforderungen der Volksgemeinschaft‹ nicht genügten«[68], angestrebt. Bereits im Mai 1935 war arischen Wehrmachtsangehörigen die Ehe mit Jüdinnen verboten worden; es folgte am 15. September das »Gesetz zum Schutz des deutschen Blutes und der deutschen Ehre«. Dieses untersagte die Ehe und den außerehelichen Verkehr zwischen Volljuden und »Staatsangehörigen deutschen oder artverwandten Blutes«[69].

Dennoch hielten viele Ehepartner in bestehenden Mischehen dem Druck der Nationalsozialisten stand; andere ließen sich von den Verboten nicht abschrecken, sondern umgingen diese. Beispielsweise verließen Anton und Klara Rihanek im September 1938 die »Ostmark« und heirateten in Brüssel. Anton wurde 1940 von den Deutschen verhaftet und es wurde ihm, der eine Jüdin geehelicht hatte, der Prozess wegen ›Rassenschande‹ gemacht.

Wo die Tür versperrt ist

… geht manchmal ein Fenster auf. Gerade im ländlichen Bereich entwickelten Jugendliche organisierte Formen des Kennenlernens, sei es bei Dorftänzen oder in Lichtstuben, wo sich die Mädchen zur gemeinsamen Handarbeit versammelten. In Österreich und Bayern stiegen Verehrer, wenn ihnen die Haustür verschlossen wurde, beim Fenster herein. Allerdings waren Bräuche wie das Fensterln meist genau reglementiert, es sollte nicht zu grenzüberschreitenden sexuellen Kontakten kommen.

»Das voreheliche Soziosexual-System des Dorfes wurde dabei durch eine breite Palette von Sitten und Gebräuchen für präsum-

ptive Ehepartner bestimmt. Am bekanntesten ist die Institution des
›Kiltgangs‹ (auch ›Gasslgehen‹, ›Nachtfreien‹, ›Fensterln‹ etc.), die
in Österreich und in Teilen Deutschlands verbreitet war. Diese meist
nächtlichen Aktionen männlicher Peergroups reichten vom Vor-
sprechen am Fenster eines Mädchens bis zum gemeinsamen Besuch
in deren Schlafkammer. Je nach dem Alter der Beteiligten führten
die zumeist nach strengen Regeln ablaufenden und von der Gruppe
überwachten Gebräuche zu verbalen Annäherungen oder sogar zu
einem ersten Austausch von Zärtlichkeiten.«[70]

Beim schwedischen Kiltgang gab es beispielsweise eine Staffelung
nach dem Alter: Mit 16 durften die Jungen voll bekleidet auf der
Bettdecke des Mädchens liegen, mit 17 immerhin schon die Jacke
ausziehen oder mit 18 angezogen (!) unter die Bettdecke schlüpfen.
Beischlaf war tabu, bis nicht mindestens das Versprechen zur Ehe
abgegeben wurde.

Innerhalb der Dorfgemeinschaft hatten Jugendliche beider Geschlechter so die Möglichkeit, Kontakte zu knüpfen und Gleich-
altrige kennenzulernen. Allerdings bemühten sich die Burschen
darum, Konkurrenten von außerhalb des Ortes daran zu hindern, im
eigenen Revier zu wildern. Innerhalb der Peergroup wurden zudem
jene, die gegen die ungeschriebenen Gesetze verstießen und sich zu
viele sexuelle Freiheiten herausnahmen, mit Rügebräuchen bestraft.

Gleich und gleich gesellt sich gern: Das Prinzip Endogamie

Die Frage, nach welchen Kriterien und Gesetzmäßigkeiten Partner
ausgewählt werden, beschäftigt Experten vorrangig aus den Fach-
gebieten der Soziologie und Sozialpsychologie. Diskutiert werden

zwei Grundvarianten: Der sogenannten Ähnlichkeits-Hypothese (»Gleich und gleich gesellt sich gern«) steht die Komplementaritäts-Hypothese (»Gegensätze ziehen sich an«) gegenüber. Die aktuelle sozialwissenschaftliche Partnerwahlforschung rückt die Ähnlichkeits-Hypothese in den Fokus, »wonach bevorzugt solche Personen als Partner und Partnerin gewählt werden, die einander – bezogen auf bestimmte Merkmale – ähnlich sind«[71]. Als solche kommen beispielsweise die soziale Herkunft, Konfession oder Bildung und Beruf infrage.

Gleich und gleich: In der Phase der Anbahnung wurde seitens der künftigen Brautleute und ihrer Familien verglichen, was man selbst und was der andere zu bieten hatte. Die Ehen sollten möglichst standesgemäß und ebenbürtig, das ökonomische, kulturelle und soziale Kapital – dazu im nächsten Kapitel mehr – ausgewogen sein. Wie im Adel achtete man im Bürgertum darauf, innerhalb der eigenen Schicht zu heiraten, möglichst auf-, aber ja nicht abzusteigen. Ebenso fanden in der Oberschicht der bäuerlichen Gesellschaft Ehen vorwiegend innerhalb der Land besitzenden Familien statt. Dahinter standen auch lebensweltliche Überlegungen: Bauern heirateten bevorzugt Bauerstöchter, da diese mit den Anforderungen und Arbeiten auf einem Hof vertraut waren. Für Gewerbetreibende konnte es nur von Vorteil sein, wenn die Zukünftige aus der gleichen Branche kam und tatkräftig mithelfen konnte.

Da man sich in allen sozialen Schichten beruflich wie privat häufig unter seinesgleichen bewegte, stieg die Wahrscheinlichkeit, den künftigen Partner im eigenen Umfeld kennenzulernen. Hofbälle, bäuerliche Spinnstuben, Jahrmärkte, Universitäten oder der Arbeitsplatz sind nur einige Beispiele möglicher Treffpunkte. »Die Orte des Kennenlernens waren vielfältig, aber beinahe immer bestimmten sozial und kulturell distinkten Gruppen vorbehalten. Das engte den Kreis der Heiratskandidaten von vornherein ein.«[72]

Schon mittelalterliche Theologen plädierten dafür, dass Mann und Frau sich hinsichtlich ihrer sozialen Herkunft, aber auch in Bezug auf Alter und Schönheit möglichst gleichen sollten. Denn Ungleichheit würde, wie der Prediger Berthold von Regensburg im 13. Jahrhundert meinte, nur Probleme schaffen. In der Frühen Neuzeit ging man davon aus, dass Ähnlichkeit im Charakter, Temperament oder in der Arbeitsethik eine solide Grundlage für die Ehe schuf.

Was für mittelalterliche Adelsgeschlechter oder das neuzeitliche Bürgertum zutraf, hat noch heute Gültigkeit: Ehen durchbrechen auch im ausgehenden 20. und beginnenden 21. Jahrhundert nur selten die Grenzen des sozialen Herkunftsmilieus beziehungsweise die beruflichen Klassenschranken. »Angehörige der white-collar-Berufe heiraten ebenso wie Angehörige der blue-collar-Berufe weitgehend untereinander.«[73]

Ausnahmen

Hochzeiten innerhalb der eigenen sozialen Gruppe (Endogamie) waren die Norm; Ausnahmen bestätigen die Regel. Manche merowingischen Könige erwählten nicht Königstöchter, sondern Frauen aus dem Gesinde oder gar Sklavenstand. Theudebert II. heiratete um 600 Bilichild, die seine Mutter von Händlern gekauft hatte; Chlodwig II. ehelichte im 7. Jahrhundert die angelsächsische Sklavin Balthild.

Wer außerhalb seiner Schicht heiraten wollte, sah sich aber in vielen Fällen Druck seitens der Familie und des Umfeldes ausgesetzt. Aus dem Rahmen des Üblichen fallende Ehen wurden mit Spott bedacht, die Eheleute sozial isoliert. Hämisch berichtete der *Sonntagische Postilion* 1681 von einer reichen Römerin, die »sich in einen schlechten Diener des Pabsts verliebet« hatte und »sich wider ihrer Freunde Rath und Willen mit ihm trauen lassen«[74] wollte; besonders kurios wäre, dass er seine Anstellung behalten sollte, sodass sie tagsüber in der Kutsche ausfährt und er »mit der Levree unter den Sackträgern«[75] läuft.

Eltern konnten mit Sanktionen wie Enterbung drohen oder in Einzelfällen zu handfesteren Maßnahmen greifen. Natürlich zum Schutz ihrer Kinder, die sie vor dem tiefen Fall bewahren wollten. »Eine junge Gräfin, die Lust bekommen, sich mit einer Mannsperson ungleichen Standes zu vermählen, und dieserwegen unsichtbar zu werden, ist zum Unglück [!] vor der Verwandlung festgehalten, und in ein Kloster, die Mannsperson als der hertzlich Geliebte aber ins Gefängnis gebracht worden«[76], lautete 1751 eine Nachricht aus Wien.

Mit nahezu allen lauteren und unlauteren Mitteln versuchten Eltern, gegen Missheiraten vorzugehen. Der Sohn von Marquis Androsilla sorgte für Aufsehen, da er – so die Meldung aus Rom in der *Vossischen Zeitung* 1750 – eine Neigung für eine Goldschmiedstochter entwickelt hatte, »so daß er seinen Stand in Vergessenheit setzte, und dieselbe heyrathen wolte. Seine Familie, die eine solche ungleiche Verbindung nicht erdulden konte, erhielt vom Pabste die Erlaubnis, ihn auf einige Zeit in die Engelsburg setzen zu lassen; nach Verlauf von einigen Monaten ließ ihn dieselbe wiederum von seinem Arrest befreyen, in der Hofnung es würden ihm nunmehro alle Liebes- und Heyrathsgedanken vergangen seyn; allein seine Neigung gegen die Goldschmiedstochter hatte nur desto mehr zugenommen, so, daß er alle Betrachtungen, die er dieserwegen hätte anstellen sollen, außer acht gelassen, und bloß der Liebe folgende dieses Mädgen geheyrathet hat. Der Marquis sein Vater und seine ganze Familie haben sich dieserhalb sogleich an den Pabst gewendet, um diese Heyrath vor ungültig erklären zu lassen; der junge Marquis von seiner Seite hingegen giebt sich alle Mühe, es dahin zu bringen, daß sie bestehen soll, indem er sich mit gewissen Aussprüchen der Concilien schützen will.«[77]

Geld oder Liebe? Beides!

Wie man sich bettet, so liegt man. Federbett oder Strohsack. Die Wahl des einen oder anderen Partners war entscheidend für den Verlauf des weiteren Lebens. Daher musste gut überlegt werden, wem man die Hand reichte. »Wer aus Liebe heiratet ohne Geld, hat gute Nächte, aber schlechte Morgen«[78], lautete eine weit verbreitete, auf Plinius den Jüngeren zurückgehende Weisheit. Am Heiratsmarkt zählte das Kapital. Dabei waren mehrere Währungen im Umlauf. Neben dem ökonomischen Kapital (Besitz und Einkommen) stellten das kulturelle (Bildungsstand, Umgang mit Kulturgütern) und soziale (Herkunft, soziales Netzwerk) Kapital wichtige Faktoren dar. In allen Schichten bildeten sich Heiratskreise heraus und es kam zu einer Abschottung nach unten. »Im Interesse der eigenen materiellen Sicherheit durfte niemand nach unten heiraten, denn das hätte ein Mehr an Not, an Hunger, an Arbeit, ein kürzeres Leben und mehr Unsicherheit für die Zukunft der Kinder bedeutet. Da aber niemand nach unten wollte, konnte auch niemand nach oben.«[79] Die Familien – aber auch die Brautleute selbst – hatten größtes Interesse daran, über die Partnerwahl Kapital aller Art anzusammeln und Besitz sowie Status an die nächste Generation weiterzugeben.

»Möglich erscheint es, dass Defizite in einer Kapitalsorte in einem gewissen Umfang durch eine andere kompensiert werden können (z. B. Geld ersetzt Schönheit). Aber je mehr Ressourcen eine Person – relativ zu anderen Konkurrenten und Konkurrentinnen – besitzt, desto höher ist ihr ›Marktwert‹, desto günstiger sind ihre Chancen, desto stärker hat sie die Wahlmöglichkeit.«[80] Das Tauschgeschäft Geld gegen Adelstitel war über Jahrhunderte beliebt; angesichts einer famosen Mitgift war so mancher Blaublütige bereit, einen Kaufmann als Schwiegerpapa zu akzeptieren. Der Habsburger Maximilian I., König und später Kaiser des Heiligen Römischen Reiches, nahm in zweiter Ehe Maria Bianca Sforza zur Frau, eine der reichsten Bräute des damaligen Europas. Umgekehrt heirateten bürgerliche Ehemänner adelige Frauen, um aufzusteigen und an Ansehen zu gewinnen. Das wichtigste Kapital der Damen »war ihre Fähigkeit, Männer zu ›bessern‹, das heißt ganz konkret: sie zu adeln«.[81] Das ließen sie sich laut Eheverträgen beispielsweise mit einer üppigen Morgengabe aufwiegen. Selbst mittellos konnte man einen Traumprinzen für sich gewinnen, wenn man zumindest über kulturelles und soziales Kapital verfügte. Mit guter Abstammung, tadellosem Benehmen und außergewöhnlicher Schönheit stach Aschenputtel ihre bösen Stiefschwestern aus.

Die familiären Netzwerke der Brautleute fallen unter die Rubrik des sozialen Kapitals. Nicht nur der Adel und das gehobene Bürgertum achteten auf vorteilhafte Beziehungen, die man zu gegebener Zeit spielen lassen konnte. »Vitamin B« war bis in die unteren Schichten hinab begehrt. Was dem Herzog die persönliche Bekanntschaft mit dem Kaiser, war dem Kaufmann vielleicht die über drei Ecken verlaufende Verwandtschaft mit einem Bischof.

Um den besten Partner zu finden, wurden zu allen Zeiten Mittelsmänner, öfter noch Mittelsfrauen, tätig. In der griechischen und römischen Antike griffen Eltern gerne auf professionelle oder semi-professionelle Heiratsvermittlerinnen zurück. Im Mittelalter und der Neuzeit wurden Verwandte und Freunde eingespannt, um bei der Suche nach geeigneten Partnern behilflich zu sein und auf mögliche Kandidaten hinzuweisen. Im jüdischen Lebensbereich wurden die Ehevermittler »Schadchen« genannt und genossen hohes Ansehen; sie stellten den Kontakt zwischen den Eltern her, damit diese die ökonomischen und sozialen Voraussetzungen des meist sehr jung heiratenden künftigen Paares abgleichen konnten. Aus dem bäuerlichen Milieu Bayerns um 1900 ist die sogenannte »Hochzeiterin« überliefert, die für ihre Vermittlung ein »Schmusergeld«[82] erhielt.

In der Neuzeit etablierten sich Heiratsinstitute, die ihre Tätigkeit in den letzten Jahren mehr und mehr in die virtuelle Welt verlagerten, wobei die ersten Anbieter noch mit großem Argwohn betrachtet wurden. Die *Vossische Zeitung* berichtete 1776, dass in England »ein Mann ein Comptoir eröffnet [hat], wo er das Amt eines Unterhändlers um Heyrathen zu machen treibt, oder vielmehr treiben will. Er biethet im dienstfertigsten Mäcklerstyl seine Dienste in den öffentlichen Blättern Jedermann nach Stand und Würden an, unter Verheissung aller menschenmöglichen Treue, Verschwiegenheit und Fleisses, dem Verlangen seiner Kunden beyderley Geschlechts nachzukommen und auszuführen. Ein breitschulteriger Irrländer machte gleich einen Weg von zweyhundert und funfzig Meilen hierher, bat ihn, ihm als einen rüstigen Mann eine Lady von neunzig Jahren, die aber hundert tausend Pfund Sterling Vermögen haben muß, zu verschaffen.«[83]

Plinius der Jüngere fungierte für Iunius Mauricus als Heiratsvermittler, und die Beschreibung eines Kandidaten zeigt gut, worauf es den Römern im 1./2. Jahrhundert nach Christus bei der Partnerwahl ankam. »Du bittest mich, für die Tochter deines Bruders einen Mann auszusuchen, und mit Recht hast du dich mit diesem Auftrage vorzüglich an mich gewendet. [...] Er ist aus Brixia gebürtig, also aus einer Gegend Italiens, wo sich noch die meisten Überreste von jener alten Sittsamkeit, Wirtschaftlichkeit, und selbst ländlichen Einfalt, erhalten haben. Sein Vater […] ist gegenwärtig der erste im Ritterstande, weil er nichts Höheres sein wollte. Acilianus selbst aber ist ein äußerst lebhafter, tätiger, aber dabei eben so bescheidener Mann. Er hat die Quästur, die Tribunwürde und Prätur kurz nach einander mit Ruhm und Ehre bekleidet, und dir also die Notwendigkeit erspart, dich für ihn erst darum zu bewerben. Er hat eine edle Gesichtsbildung, eine hohe, feurige Farbe. Seine ganze Figur hat eine Schönheit, die den Mann von Geburt, und einen gewissen Adel, der den Mann von Stande ankündigt; Vorzüge, gegen die man, wie ich glaube, eben nicht so ganz gleichgültig sein darf. […] Ich weiß nicht, ob ich hinzusetzen darf, dass sein Vater ein Mann von einem ansehnlichen Vermögen ist. Denn, wann ich mir euch denke, für die ich einen Tochtermann suche, so glaube ich vom Vermögen schweigen zu dürfen; betrachte ich hingegen den Geist unserer Zeit und die Gesetze unserer Stadt, welche das Vermögen der Bürger zum vorzüglichsten Augenmerke empfehlen, so sehe ich, dass ich auch diesen Umstand berühren müsse. Und in der Tat, wenn man an Nachkommenschaft und noch dazu an eine zahlreiche Nachkommenschaft denkt, so ist es Pflicht, bei der Wahl einer Heirat auch dieses mit in Anschlag zu bringen.«[84]

Bis in die Gegenwart zeigt sich trotz größerer Freiheit bei der Partnerwahl, dass die Entscheidung für die bessere Hälfte »nicht der idealistischen Vorstellung einer von allen ›sachfremden‹ Kriterien freien Wahl nur nach den ›inneren‹ Werten des Partners oder Partnerin [entspricht]. Schicht- oder Klassenzugehörigkeit, Besitz von ›kulturellem Kapital‹ wie Bildung oder Umgangsformen beeinflussen gerade diese freieren Formen der Wahl besonders stark. Es gibt auch klare Erwartungshaltungen auf der Seite der jeweiligen Herkunftsfamilien.«[85]

Ökonomisches Kapital

Vom Tellerwäscher zum Millionär klingt zwar gut; in der Praxis zeigt sich aber, dass man gar nicht so viel Vermögen erarbeiten wie ererben und erheiraten kann. Bereits im Mittelalter wiesen Theologen darauf hin, dass bei der Partnerwahl oft weniger ehrenhafte Motive zum Tragen kommen und Ehen »eher aus Liebe zum Geld als aus Liebe zur Person geschlossen«[86] würden. Der Prior der recht armen französischen Pfarrei Sennely-en-Sologne äußerte sich 1700 zur Partnerwahl seiner Schäfchen: »Sie heiraten eher aus finanziellem Interesse denn aus Neigung. Die meisten von ihnen fragen, wenn sie auf Brautschau sind, nur danach, wie viele Schafe die Braut in die Ehe einbringen kann.«[87]

Mit der Eheschließung ging in den meisten Fällen ein Besitztransfer einher, der die ökonomische Grundlage für die neue Ehe bilden und im Fall der Witwenschaft die überlebende Ehefrau materiell absichern sollte. Im antiken Griechenland und im Römischen Reich war es für eine Frau nahezu unmöglich, ohne eine Mitgift – und sei sie noch so gering – einen Ehemann zu finden. Diese war ihr Beitrag zur Begründung und Bestreitung des gemeinsamen Haushaltes und sollte in Relation zum Vermögen des Mannes stehen. Die Mitgift bestand meist aus beweglichen Gütern und Geld und musste im Falle der Scheidung an die Frau zurückgegeben werden, damit sie ihren Lebensunterhalt bestreiten oder eine neue Ehe eingehen konnte.

Bei den Kelten wurde die Ehefrau dadurch abgesichert, dass der Mann einen Betrag in Höhe der Mitgift aufbrachte; dieses Vermögen wurde gemeinsam verwaltet und fiel nach dem Tod eines Ehepartners dem Überlebenden zu. Die Brautgabe (*dos*), in den Quellen unter anderem auch als Wittum oder *donatio propter nuptias* bezeichnet, war ein wesentliches Element der germanischen Muntehe.

Diese Schenkung erfolgte ursprünglich vermutlich vom Bräutigam an die Brauteltern, das heißt, die Braut wurde ihren Eltern »abgekauft«, aber bereits im frühen Mittelalter wurde die *dos* zunehmend für die Braut bestimmt und als Witwenversorgung verwendet. Die Mitgift der Frau trat in den Hintergrund. Am Morgen nach der Hochzeit war die sogenannte Morgengabe durch den Ehemann üblich, oft in Form von Geld oder Schmuck. Allerdings lassen sich die einzelnen Begriffe nicht ganz einfach erfassen; so werden Morgengabe, Widerlegung, Heim- oder Ehesteuer in lateinischen Quellen allesamt als *dos* bezeichnet.

Im späten Mittelalter setzte sich das in der griechisch-römischen Antike dominierende Dotalsystem durch, bei dem die Mitgift der Frau im Sinne einer Gütergemeinschaft ihren ökonomischen Beitrag darstellte. Zudem brachte die Braut meist die sogenannte Aussteuer mit in die Ehe ein, worunter Hausrat und persönlicher Besitz wie Kleidung verstanden wurden. In manchen Gegenden, so im bäuerlichen Yorkshire oder in protestantischen deutschen Ländern, war im Mittelalter und in der Frühen Neuzeit beispielsweise ein Brautwagen üblich, der durch den Ort gezogen wurde und in den Freunde und Nachbarn Geschenke legten.

Bei den Verhandlungen zur Ehe, die meist durch die Familienoberhäupter geführt wurden, wurde in allen sozialen Schichten gefeilscht wie auf dem Markt. Bei diesen Eheberedungen wurde bis ins Detail festgelegt, welche Partei was in die Ehe einbrachte. Blöd war nur, wenn man auf einen Schwindler hereinfiel wie jener französische Prokurator, der »gleichsam bezaubert [war] über die schöne Aufführung des fremden Freyers, den er beständig als einen Herrn aus fremder und reicher Familie angesehen«; der gutgläubige vermeintliche Schwiegervater händigte, wie die *Vossische Zeitung* 1732 schadenfroh berichtete, dem Bewerber bei der Vertragsunterzeichnung 45 000 Livres an Heiratsgeldern aus. »Des folgenden Tags nach der Unterschrift und Zahlung ware die Einsegnung der Hochzeit angestellet, die intereßirten Partheyen bereits in der Kirchen, da dann der Hochzeiter sich anstellete, als ob er wichtige Zeugnisse, die dem Pfarrer vorgewiesen werden müßten, vergessen hätte, lieffe deswegen zur Kirchen heraus, setzte sich auf ein vorhero bestelltes Post-Pferd, und ritte mit dem Heyraths-Geld davon, da dann die Braut, nachdeme sie in der Kirchen lang gewartet, ohngeheyrathet und ohngetröstet nach Hause gehen mußte.«[88]

Felix Platter, der im 16. Jahrhundert Magdalena Jeckelmann heiraten wollte, berichtete in seiner Autobiografie, wie die durch die beiden Väter geführten Verhandlungen beinahe gescheitert wären, da sich die beiden über die finanziellen Angelegenheiten nicht gleich zu einigen vermochten. Magdalenas Vater zeigte sich ohnehin etwas skeptisch gegenüber seinem künftigen Schwiegersohn: Er band seine Ehezusage an die Bedingung, dass Felix zuerst sein Medizinstudium in Montpellier abschloss …

Wer von seiner Familie keine Mitgift erhoffen konnte, hatte die Möglichkeit, sich die materiellen Voraussetzungen für eine Ehe zu erarbeiten. Das betraf nicht nur Dienstboten und Lohnarbeiter. Auch manche Töchter verarmter Aristokraten gingen in der Neuzeit einige Jahre als Gouvernante bei vornehmen Familien in den Dienst, um so eine Mitgift anzusparen. In der zweiten Hälfte des 20. Jahrhunderts verloren die von den Eltern aufgebrachte Mitgift und Aussteuer ihre frühere Bedeutung.

Liebe

Nicht aus Liebe zu heiraten, sondern des Geldes wegen oder um den eigenen sozialen Status zu verbessern, indem man am Standesamt promoviert, gilt den meisten Leuten heutzutage als moralisch verwerflich. Doch wann hat sich Liebe als *die* Voraussetzung für die Hochzeit etabliert? Hatten Emotionen in Ehen der Vormoderne tatsächlich keinen Platz? Und spielen im 21. Jahrhundert neben Zuneigung und sexueller Anziehungskraft nicht vielleicht doch auch (bewusst oder unbewusst) »traditionelle« Motive eine Rolle? Auf diese Fragen liefern jüngere Forschungsergebnisse interessante Antworten.

Über Jahrhunderte wurde die Familie weitgehend nüchtern als eine ökonomische Einheit, als Wirtschaftsbetrieb gesehen. »Bei Partnerwahl und Ehe standen daher nicht emotional-affektive Beziehungen im Vordergrund, sondern soziale und ökonomische Motive, die sich aus den Erfordernissen der materiellen Versorgung der Angehörigen und der Weiterführung der Wirtschaft oder des Geschlechts ergaben.«[89] Aber selbstverständlich gab es auch Zuneigung und Liebe in Partnerschaften. Im 4. Jahrhundert vor Christus forderte der griechische Philosoph Platon ganz im Widerspruch zu seiner männlich dominierten Zeit, nicht nur aus materiellen Gründen eine Zweckehe einzugehen, sondern wichtig wären auch »das rechte Gleichgewicht (*harmonia*) und die gegenseitige Zuneigung«[90]. Ebenso kannte man im Mittelalter den Begriff der ehelichen Liebe (*amor coniugalis*). Im Rahmen der Partnerwahl wurde der Zuneigung jedoch bis weit in die Neuzeit hinein ein anderer Stellenwert eingeräumt: Man ging davon aus, dass in einer guten Ehe, in der sich Mann und Frau ihren Rollen entsprechend korrekt verhielten, eine verlässliche Liebe heranwuchs und sich durch Fürsorge, gegenseitige Unterstützung sowie einen liebevollen, respektvollen Umgang miteinander äußerte. Liebesheiraten waren aber keineswegs ausgeschlossen. »Liebe als emotionales Kriterium der Partnerwahl findet sich sicher nicht erst seit dem ausgehenden 17. Jahrhundert. Je mehr die Ehe als eine Verbindung zwischen zwei Personen und nicht zwischen zwei Familien begriffen wurde, desto stärker konnten und mussten sich auch die Kriterien der Partnerwahl individualisieren.«[91]

In der Mitte des 18. Jahrhunderts verliebte sich Prinzessin Sophie Elisabeth von Waldeck in den Niederadeligen Friedrich August von Vogelsang. Bei ihrer Familie fragte sie gar nicht erst nach, ob diese eine so unebenbürtige Ehe akzeptieren würden. Im vierten Monat schwanger floh sie mit dem Geliebten aus dem Schloss. Ihrer Mutter erklärte sie in einem Brief: »Ich nehme den allerwißenden Gott zum Zeugen, dass meine Abraise nicht aus Trieb einer Liederlichkeit, sondern aus einer rechtmäßigen und wie ich versichert bin, Gott gefälligen Ursach herrühret, denn mein Gewissen gibt mir Zeugniß, dass ich alles mit Gott angefangen«; sie hatte den Herrgott um Beistand angefleht, sie den richtigen Weg erkennen zu lassen, »worauff ich dann meinen Trieb in mir verspühret von dem ich sonst nicht gewust, nemlich diesen Menschen zu heyraten und mich von hier zu entfernen.«[92] Sophies Handlungsweise entzweite sie nicht nur von ihrer Familie, sondern sorgte für einen reichsweiten Skandal.

Seit dem Ende des 17. Jahrhunderts wurden in der Frühaufklärung erste Forderungen laut, die Institution Ehe von ökonomischen und sozialen Überlegungen zu trennen und moralischen Kriterien wie der Tugend den Vorrang einzuräumen. Die Liebesheirat stieg sukzessive zum bürgerlichen Ideal auf und wurde in der Literatur und Publizistik propagiert. Allerdings handelte es sich hierbei nicht um die romantisch-schwärmerische, sondern um eine »vernünftige« Liebe. Der wesentliche Unterschied lag in den Maßstäben, nach denen der künftige Partner bewertet werden sollte; statt materiellen Ressourcen sollten die inneren Werte den Ausschlag geben: »Kriterien der Vernunft sollten nicht der Besitz, sondern die moralischen Qualitäten der Partner sein. Zur Vernunft in der Liebe gehörte zudem das Respektieren von Standesgrenzen.«[93] Erotik und Sinneslust spielten noch keine vorrangige Rolle.

Heiraten wegen Geld? Wie vulgär! Mitte des 18. Jahrhunderts warben Moralische Wochenschriften wie *Die Vernünftigen Tadlerinnen* bei ihren bildungsbürgerlichen Lesern darum, die Seelenverwandtschaft höher zu bewerten als Materielles, um eheliches Glück zu finden; denn »hat nicht die schädliche Gewohnheit überhand genommen, daß ein Wohlhabender keine andere heyraten will, als die zum wenigsten eben so reich und begütert ist, als er selbst? … Daher kommt es ja, daß mancher eine Parthey thut, die ihm bey allem Gelde keine vergnügte Stunde läßt. … Ja wie mancher ansehnliche Mann, der sich ietzo mit seinem Gelde eine reiche Furie an den Hals gekauffet, würde ein himmlisches Leben geführet haben, wenn er sich eine arme Gratie zur Ehegattin erwehlet hätte.«[94]

Der englische Schriftsteller Daniel Defoe prägte 1727 den Ausdruck der »legale[n] Prostitution«[95]; Mitte des 19. Jahrhunderts schockierte der Journalist W. R. Greg die Leser der *Westminster Review*, da er Ehefrauen mit Prostituierten gleichsetzte; die einen wie die anderen verkauften sich an Männer. »The barter is as naked and as cold in the one case as the other; the thing bartered is the same; the difference between the two transactions lies in the price that is paid down.«[96]

Auch die pietistische Reformbewegung des 18. und 19. Jahrhunderts, die sich in den protestantischen Gebieten Europas ausbreitete, wollte das gesamte Leben dem Ziel der Bekehrung und der Erreichung des Seelenheils unterwerfen. An die Ehe wurden neue, spirituelle Anforderungen gestellt. »Rein auf Befriedigung der körperlichen Bedürfnisse, der Erzeugung von Nachkommen oder die gemeinsame Bewirtschaftung von Gütern ausgerichtete Ehen konnten kein Ebenbild der Verbindung Christi mit der Kirche sein. Das Band zwischen den Partnern musste ein geistliches sein.«[97]

Dem Konzept der romantischen Liebe – eng verknüpft mit der literarischen Epoche der Romantik um 1800 – wurde solcherart der Boden bereitet. Romantiker wie Friedrich Schlegel, der mit seinem autobiografisch angehauchten Roman *Lucinde* für Aufregung sorgte, »feierten die Freigabe der Eheschließung aus gesellschaftlichen und familialen Zwängen als ersten großen Sieg«[98]; Sinnlichkeit und eheliche Sexualität erhielten nunmehr einen großen Stellenwert. Skandalös!

»Die Ehe zukünftig auf einer erotisch-empfindsamen Intimbeziehung aufzubauen, muß als eine wahrhaft revolutionäre Forderung verstanden werden, als ein radikaler Bruch des allgemeinen Eheverständnisses. Das Schema von sexuell unterbauter Intimität als Basis der Ehe sprengte die Moral und die Norm Alteuropas.«[99] Doch Zeitschriften und Romane verbreiteten das neue Modell der romantischen Liebe.

Viele Zeitgenossen der Romantiker waren bereit, Emotionen im Hinblick auf die Ehe einen größeren Stellenwert einzuräumen, vertreten wurde »das bürgerliche Ideal einer Seelenverwandtschaft, die auf Zuneigung, Geistesbildung und ›Gefährtenschaft‹ beruhte«[100]; aber Leidenschaft und Schwärmerei schienen allzu vergänglich. Kritiker wiesen darauf hin, dass Liebe nicht von ewiger Dauer wäre; sie taugte nicht zur Basis einer Ehe, nur rationale Gründe schufen ein solides Fundament.

Liebe unter Eheleuten sollte vor allem eines sein: vernünftig. Solide wirtschaftliche Verhältnisse sowie »die Selbstbeschränkung bei der Partnerwahl auf das eigene Herkunfts- und Sozialmilieu in der Absicht, die materiellen Ressourcen zu stabilisieren«[101], galten weiterhin als zuverlässige Grundlagen einer guten Ehe, nur dass um 1800 »das Element der Zuneigung als gesellschaftlich akzeptiertes Kriterium«[102] hinzukam.

Wie sich zeigt, wandelten sich die Vorstellungen über die Ehe und darüber, aus welchen Motiven man eine solche eingehen sollte. Aber wie sah es in der Realität aus? War die romantische Liebesehe alltagstauglich oder lebensfremd? Wie Studien zeigen, wurde zwar vor allem in gehobenen bürgerlichen Kreisen die romantische Liebe diskutiert; die Partnerwahl erfolgte aber weiterhin überwiegend nach ökonomischen und sozialen Gesichtspunkten. »Die ausschlaggebende Bedeutung sachlicher Kriterien bei der Partnerwahl hielt über das gesamte 19. Jahrhundert an.«[103]

Denn Liebe ist zwar schön und gut, aber satt wird man von ihr nicht. Auch im württembergischen Nürtingen, das der Historiker Peter Borscheid für seine Untersuchungen heranzog, heiratete man möglichst einen finanziell und sozial ebenbürtigen Partner. Ausnahmen fielen auf. »Als im Jahre 1844 ein Landarbeiter vor dem württembergischen Amtsgericht Neresheim seine Lebensgeschichte erzählte und dabei erwähnte, er habe ein Vermögen von 300 Gulden mit in die Ehe gebracht, seine Frau sei dagegen ganz vermögenslos gewesen, meinten die Richter während der Beratungen, dies deute ja wohl darauf hin, daß dieser Mann in hohem Grade einfältig und nicht ganz richtig im Kopfe sei.«[104]

Das Ideal der romantischen Liebe, das in der Literatur angepriesen wurde, erlangte keine Breitenwirksamkeit, da es an den alltäglichen Bedürfnissen der Mehrheit der Bevölkerung schlichtweg vorbeiging. »Die Masse des Volkes war angesichts der steten Sorge um ausreichende Nahrung fast das gesamte 19. Jahrhundert über kaum jemals auf den Gedanken gekommen, die Prioritäten bei der Gattenwahl neu zu mischen. [...] Und so wurde im 19. Jahrhundert weiterhin nicht aus Liebe geheiratet, wenn auch parallel zur Hebung des Lebensstandards zunehmend mit Liebe. Zuerst kam immer noch das Geld, und dann mit Abstand, und je nach Temperament und Schicht verschieden, unter Umständen auch die Liebe, öfters jedoch lediglich Sympathie.«[105]

Wie man es von jungen österreichischen Komtessen um die Jahrhundertwende erwartete, wollte auch die spätere Friedensnobel-

preisträgerin Bertha von Suttner auf dem Wiener Heiratsmarkt eine
»gute Partie« machen. Doch das war einfacher gesagt als getan. Ihr
Vater Franz Joseph Graf Kinsky (er starb im Alter von 75 Jahren kurz
vor ihrer Geburt) war mit ihrer Mutter Sophie eine unebenbürtige
Ehe eingegangen. Da Bertha zudem über keine nennenswerte Mitgift verfügte, war eine Einheirat in die ersten Kreise der österreichischen Aristokratie ausgeschlossen.

Sie beschloss, den Antrag des 52-jährigen, überaus reichen Barons Gustav von Heine-Geldern anzunehmen. »Es ist eine häßliche
Tatsache, wenn ein achtzehnjähriges Mädchen einem ungeliebten,
so viel älteren Mann die Hand reichen will, nur weil er Millionär ist!
Es heißt – um es bei seinem wahren Namen zu nennen – sich verkaufen«[106], urteilte sie in ihren Memoiren selbstkritisch. Er überschüt-
tete sie mit Geschenken, aber als er das erste Alleinsein ausnützte
und sie küsste, wurde ihr bewusst: »Ein alter Mann, ein ungeliebter
Mann. – Mit einem unterdrückten Ekelschrei reiße ich mich los, und
in mir steigt ein leidenschaftlicher Protest auf – Nein, niemals.«[107]
Am nächsten Tag löste sie die Verlobung.

Es folgten noch weitere Anträge reiferer Herren, aber Bertha
konnte sich zu keiner Heirat überwinden. Im fortgeschrittenen Alter
von 30 Jahren trat sie als Gouvernante in die Dienste des Barons
Carl von Suttner – und verliebte sich prompt in den Sohn des Hauses, Arthur, der sieben Jahre jünger war als sie selbst. Die Affäre
dauerte drei Jahre, bevor seine Mutter sie entdeckte. »Mit eisiger
Kälte, aber mit großer Zartheit gab sie es mir zu verstehen. Daß auf
eine Heiratseinwilligung von dieser Seite nicht zu hoffen war, hatte
ich ja immer gewußt.«[108]

Bertha fand mithilfe der Baronin über eine Zeitungsannonce einen
neuen Job bei einem gewissen Alfred Nobel, der in Paris lebte.
Doch wenig später traf eine Nachricht von Arthur ein: »Kann ohne
dich nicht leben!«[109] Tatkräftig, wie sie Zeit ihres Lebens sein sollte,

reiste Bertha nach Wien; die beiden heirateten heimlich, zogen in den Kaukasus und lebten dort »arm wie die Kirchenmäuse«[110], aber laut ihrer Schilderung glücklich. Beide versuchten sich an der Schriftstellerei, engagierten sich für die Friedensbewegung und im Kampf gegen den Antisemitismus.

Für Arthur war die kinderlose Ehe mit seiner weit erfolgreicheren Frau nicht leicht; auch der Altersunterschied machte sich bemerkbar. Die sinnliche Leidenschaft der Zeit ihrer Affäre war, wie Bertha meinte, bald dem trauten, ruhigen Glück von »älteren Eheleuten«[111] gewichen. Anfang 40 verliebte sich Arthur in seine weit jüngere Nichte Marie Louise Suttner; Bertha wurde von Eifersucht geplagt. »Wäre ich tot, würden sie wohl heiraten.«[112] Als Arthur schwer erkrankte, übernahm Marie Louise seine Pflege; er starb 1902 im Alter von 52 Jahren. Nach seinem Tod söhnte sich Bertha mit Mizzi aus: »Er hat sie sehr geliebt, und sie ihn: Das muß ich mir vorhalten [...]«[113], schrieb sie in ihr Tagebuch. »Wie sie betrauert ihn außer mir niemand.«[114]

Geld oder Liebe? Das muss keine Entweder-oder-Frage sein. Weder fehlten Emotionen in bäuerlichen Ehen der Vormoderne noch werden heutzutage, wo Liebe als alleinig anerkannte Legitimationsbasis einer Zweierbeziehung gilt, materielle Aspekte gänzlich außer Acht gelassen. Liebe auf den ersten Blick, »[d]as Verlieben als ein plötzliches Ereignis, das ohne eigenes Dazutun passiert, als ein Gefühl, von dem man willkürlich, unkontrollierbar und zufällig überwältigt wird«, ist zwar eine weit verbreitete Vorstellung, aber weit häufiger stellt sich »das Verliebtsein erst allmählich«[115] ein. Mit dem Fortschreiten der Aufbauphase einer Beziehung lernt man den anderen immer besser kennen – und erfährt selbstverständlich mehr über ihn, seine Herkunft, seine Familie und über die finanziellen Verhältnisse. »Emotionen und materielle Interessen müssen keinen Gegensatz darstellen.«[116]

Schöne Beine, starke Arme

Und was ist mit dem Kapital »Körper«? Das äußere Erscheinungsbild einer Person spielt bei der Partnerwahl ebenfalls eine Rolle. Ob jetzt mehr *die* Männer oder *die* Frauen auf das Aussehen des Gegenübers Wert legen, soll hier nicht diskutiert werden. Auch wenn der gelehrte Isidor von Sevilla im frühen Mittelalter beklagte, dass Männer bei ihren künftigen Ehefrauen zuerst auf die Schönheit achteten und erst dann die Kriterien Herkunft, Vermögen sowie Sitten und Lebenswandel berücksichtigten; wo doch das Letztere seiner Meinung nach das Wichtigste wäre.

Attraktivität im Sinne sexueller Anziehungskraft spielt heutzutage eine sehr große Rolle bei der Partnerwahl. In früheren Zeiten war man zwar ebenfalls nicht blind, aber der Körper des potenziellen Partners wurde vor allem danach bewertet, ob er gesund und für die jeweiligen Aufgaben in Ehe und Alltagsleben geeignet war. Im bäuerlichen Milieu und in der Arbeiterschaft zählten ein starker Rücken und Muskeln mehr als blaue Augen.

Geschmäcker waren und sind verschieden. In den 1920er-Jahren schwärmte der Osttiroler Bauernsohn Oswald Sint von seiner Braut: »Außergewöhnliche Schönheit war sie keine […], es gab Schönere, Reichere und Angesehenere; […] Mir war sie hübsch genug, und schön war sie auch, besonders ihre braunen, ehrlichen Augen gefielen mir. Die Haare waren auch braun. Sie war mittelmäßig groß, kräftig, arbeitsam, freundlich mit jedermann und im Hauswesen sehr tüchtig. Auch war sie friedsam, brav und fromm, auch nicht stolz, sondern bescheiden.«[117]

Die erste Aufgabe adeliger Frauen war es, Nachkommen in die Welt zu setzen. Daher wurde bei Bräuten auf ein gebärfreudiges Becken geachtet und genau geschaut, ob sie nicht unter Missbildungen litten oder ob es in der Familie Krankheiten gab, die sich auf die Kinder vererben könnten. In manchem Ehevertrag ist die Zusicherung der Brauteltern enthalten, dass die junge Frau weder hüftlahm noch buckelig war. Gerade in fürstlichen Kreisen war der Austausch von Porträts üblich, um sich trotz der Entfernung vorab ein Bild vom Aussehen des potenziellen Ehepartners machen zu können. Zudem wurden Gesandte ausgeschickt, welche die infrage kommenden Frauen auf Herz und Nieren prüfen sollten. Das rief in den Familien der Braut manches Mal Irritationen hervor. Die Markgräfin Barbara von Mantua lehnte das Ansinnen des Herzogs von Mailand empört ab, ihre Tochter nackt vor Ärzten paradieren zu lassen. Francis Marsin sollte für den englischen König Heinrich VII. die Prinzessin von Neapel in Augenschein nehmen. Er informierte sich über ihre Ernährungsgewohnheiten und dokumentierte ihre Sprachkenntnisse; bedauerlicherweise gelang es ihm aber nicht, einen etwaigen Mundgeruch festzustellen – dazu kam er nicht nahe genug an sie heran.

Riskant blieb es trotzdem. Kaiser Friedrich III. zeigte sich bei seinem ersten Treffen mit seiner Braut Eleonore von Portugal, wie der Augenzeuge Enea Silvio Piccolomini überlieferte, hocherfreut, »daß er eine schöne Gattin gefunden, die weit schöner war, als ihr Ruf besagte, daß er sich nicht durch die Schilderungen getäuscht sah, wie es Fürsten zu geschehen pflegt, die durch Stellvertreter Ehen schließen«.[118] Während sich die meist weit voneinander entfernt lebenden adeligen Brautleute vor der Ehe kaum zu Gesicht bekamen, war es im städtischen und dörflichen Milieu eher möglich, den anvisierten Partner zumindest vom Sehen her zu kennen.

1438 begann Heinrich VIII., sich nach Ehefrau Nummer 5 umzusehen. Er sandte den Hofmaler Hans Holbein den Jüngeren aus, um die infrage kommenden Prinzessinnen zu porträtieren. Nicht zuletzt aufgrund des schmeichelhaften Gemäldes entschied sich Heinrich für Anna von Kleve. Wie Heinrich es schilderte, entdeckte er anscheinend Jahrhunderte vor dem Computerzeitalter den aus aktuellen Hochglanzmagazinen bekannten Photoshop-Effekt: Denn seinem Empfinden nach sah Anna von Kleve ihrem Bild keineswegs ähnlich, sondern war im Gegenteil hässlich, so hässlich, dass es ihm nicht und wieder nicht gelingen wollte, die Ehe mit ihr zu vollziehen. (Dass Heinrich im Alter von fast 50 Jahren auch nicht mehr der jugendlich-strahlende Recke von einst war, blieb unerwähnt.)

Gut, der englische König übertrieb gewaltig, und zwar aus ganz und gar egoistischen Gründen. Es war sein Lordkanzler Thomas Cromwell gewesen, der sich für die Ehe mit Anna ausgesprochen hatte, um so eine Verbindung zu den protestantischen deutschen Herrschern auf dem Festland herzustellen. Das erschien umso drängender, als in England der Eindruck entstanden war, dass sich der traditionelle Gegner Frankreich an Karl V., der sowohl über Spanien herrschte wie auch Kaiser im Heiligen Römischen Reich war, annäherte; selbst eine Invasion des Inselreiches rückte in den Bereich des Denkbaren. Über das Herzogtum Kleve-Jülich-Berg hoffte Cromwell, sich dem Schmalkaldischen Bund annähern zu können; es handelte sich bei dem Heiratsprojekt demnach um ein militärisch und politisch wichtiges Bündnis.

Heinrich, der zwei seiner letzten drei Frauen aus romantischen Gründen selbst gewählt hatte, beugte sich der Staatsräson. Als er Anna am Neujahrstag 1540 traf, war er enttäuscht. Sie konnten sich nur über Dolmetscher unterhalten und Annas Auftreten wie ihr Aussehen entsprachen nicht seinen Vorstellungen. Schon am 2. Januar erklärte er Cromwell, sie unmöglich heiraten zu können. Doch es gab kein Zurück. Man konnte Annas Familie schließlich nicht brüskieren, Vertrag war Vertrag. Wie seine Berater dem König klarmachten, war er gefangen. Am 6. Januar fand die Trauung statt.

Heinrich wäre aber nicht Heinrich gewesen, wenn er sich einfach so geschlagen gegeben hätte. Er war schon mehr als eine Ehefrau losgeworden, also würde es ihm auch bei Anna gelingen. Nach der Hochzeitsnacht behauptete er gegenüber Cromwell und seinen Leibärzten, dass er sich von Anna körperlich so abgestoßen gefühlt hätte, dass die Ehe nicht konsumiert werden konnte. Seiner Aussage nach war Anna »not as she was reported, but had breasts so slack and other parts of body in such sort that [he] somewhat suspected her virginity«[119], es wäre so schlimm, »he could never in her company be provoked and steered to know her carnally«[120]; seinen Leibärzten erklärte Heinrich, Annas Körper könnte keinesfalls Lust in ihm erwecken. Zwar hätte der König, wie er sagte, es noch mehrere Male bei Anna versucht – vergebens; an ihm konnte es nicht liegen, denn seine Männlichkeit stellte er bei anderen Frauen unter Beweis.

Schlimmer als Annas angebliche Hässlichkeit wog vermutlich die Tatsache, dass er das Opfer ganz umsonst erbringen sollte: Ein Bündnis mit den protestantischen Fürsten war, wie sich zeigte, nicht zu erwarten; dafür erschien die zuvor gefürchtete Invasion unwahrscheinlich. In seinem Frust suchte Heinrich Trost bei seiner neuen Geliebten, Katherine Howard.

Bevor diese Ehefrau Nummer 5 werden konnte, galt es, Anna loszuwerden. Am 7. Juli traten die Bischöfe der Kirchenprovinzen Canterbury und York als Provinzialsynode zusammen, sie prüften Heinrichs eidesstattliche Aussage und erklärten die Ehe schließlich auch aufgrund des fehlenden Vollzuges für null und nichtig. Dass das Parlament das Urteil kurz darauf bestätigte, war eher eine Formsache.

Anna war mehr als überrumpelt, aber klug genug, nicht zu protestieren. Sie erhielt eine großzügige Abfertigung, durfte den Titel »Schwester des Königs« tragen, musste aber in England bleiben. Sie hätte es bedeutend schlechter treffen können.

Nicht Anna, sondern Lordkanzler Cromwell wurde am 28. Juli 1540 im Tower von London geköpft; am selben Tag ehelichte Heinrich Katherine Howard, die zwei Jahre später wegen Hochverrats – sprich: Ehebruchs – ihren Kopf verlor. Anna hingegen überlebte Heinrich um rund 10 Jahre.

Im 19. Jahrhundert etablierte sich die Norm, dass der Bräutigam ein paar Jahre älter als die Braut sein sollte. Im Bürgertum betrug der Altersunterschied oft mehr als 10 Jahre; in der Arbeiterschaft und in den Unterschichten war er geringer. Davor war die Kombination junger Mann–ältere Frau gar nicht so selten, vor allem dann, wenn der Mann eine wohlhabende oder einen Betrieb besitzende Witwe heiratete; Gesellen taten sich beruflich sehr viel leichter, wenn sie die Meisterswitwe vor den Altar führten.

Allerdings bissen auch Könige schon mal in den (über)reifen Apfel, wenn sie dadurch Herrschaftsrechte erwerben konnten. Nach dem Tod des letzten Babenbergers, Friedrich II. von Österreich, schielte 1246 der angehende böhmische König Přemysl Ottokar II. auf das Erbe. Der 19-Jährige umwarb daher die Schwester Friedrichs, Margarethe von Österreich, die Witwe des römisch-deutschen Königs Heinrich VII. Ihr Geburtsjahr wird mit 1204/05 (oder erst 1210/11) angenommen, während Ottokar 1232/33 das Licht der Welt erblickte. Da liegen doch einige Jährchen dazwischen. Mit der Hochzeit im Jahr 1252 konnte Ottokar seine Ansprüche auf Österreich unterstreichen und seine Herrschaft in den folgenden Jahren festigen. 1256 zeigten sich auf seiner Seite erste Trennungsabsichten; 1261 verstieß er Margarethe und heiratete eine Woche später die sehr viel jüngere Kunigunde, eine Enkelin des ungarischen Königs. Die Scheidung ließ er vom Papst sanktionieren, wobei er unter anderem die Kinderlosigkeit seiner Ehe mit Margarethe – wen verwundert diese? – geltend machte.

Die Kombination (sehr) reife Männer und blutjunge Frauen ist noch heute häufiger anzutreffen beziehungsweise wird ein solches

Paar von seinem sozialen Umfeld eher akzeptiert, als wenn die Rollen vertauscht sind. Wenn eine (nicht zwangsläufig blonde) Mitzwanzigerin mit einem über Achtzigjährigen vor den Traualtar tritt, dann tut sie das natürlich nur wegen seiner schönen Augen …

Böser Wolf sucht Rotkäppchen: Partnersuche per Inserat

Ob im Königsschloss oder auf dem Bauernhof: Bei den durch Familienoberhäupter arrangierten Ehen dominierten politisches Kalkül und wirtschaftliche Aspekte. Doch welche Kriterien zählten für Heiratswillige, die sich auf eigene Faust auf die Suche nach ihrer besseren Hälfte machten und selbst entscheiden durften, was sie von einem künftigen Partner forderten und umgekehrt zu bieten hatten? Heiratsannoncen erweisen sich als aufschlussreiche Quellen, um Wünsche und Vorstellungen zu erfassen.

Da Zeitungsinserate anfangs recht teuer waren, galt es, sich knapp zu fassen und auf den Punkt zu bringen, was einem am wichtigsten war. Auf diversen Partnerbörsen im Internet findet man heute hingegen mehr Raum, um sich selbst zu präsentieren und die Vorstellungen vom Idealpartner zu formulieren. Ob bei Zeitungsinseraten des 18. bis frühen 20. Jahrhunderts oder beim Online-Dating der Gegenwart: Bei der aktiven, zielgerichteten und systematischen Partnersuche werden bereits vor dem ersten Treffen mit geäußerten Wünschen und dezidierten Ausschlusskriterien (beispielsweise »Nichtraucher«) die Rahmenbedingungen abgesteckt und die Kandidaten vorsortiert.

Voraussetzung für die Partnersuche über Massenmedien ist, dass es Medien für die Masse gibt. Die Anfänge der Heiratsinserate in der Neuzeit sind eng mit dem Aufstieg des Pressewesens und dem Buchdruck mit beweglichen Lettern verknüpft. Mit diesem wurde im 15. Jahrhundert die »Medienrevolution« eingeläutet. Die ersten Zeitungen waren unregelmäßig erscheinende Einblattdrucke; um 1600 setzten sich zunehmend die periodischen Zeitungen durch, bis die Zeitung im 18. Jahrhundert ihre Position als das zentrale Informationsmedium erreichte und beibehielt. Trotz Konkurrenz durch Radio, Fernsehen und Internet gelten Printmedien nach wie vor als wichtige und zuverlässige Informationsquellen.

Was den Leserkreis betraf, geht man von rund zehn Lesern pro Zeitungsexemplar aus. Wie eine Zeitung im Barockzeitalter ihren Weg die soziale Stufenleiter hinab finden konnte, skizzierte Helmut W. Lang: »Nachdem der Abonnent – der Adelige, der Abt, der höhere Beamte oder Offizier, der Handelsherr oder sonst eine Person von Stand – seine Zeitung gelesen hatte, ging das Exemplar von Hand zu Hand und landete in den meisten Fällen bei den Dienstboten.«[121] Auch die Alphabetisierungsrate wird von der jüngeren Forschung weit höher eingestuft als zuvor: Laut Detailstudien konnte die Lesefähigkeit selbst in ländlichen Gebieten – die Stadtbewohner waren in der Regel stärker alphabetisiert – bis zu 80 Prozent erreichen. Sichere Angaben zur Lesefähigkeit in früheren Jahrhunderten können nicht erfolgen, zumal die Schulpflicht (wie wir auch im 21. Jahrhundert dank PISA & Co. immer wieder feststellen dürfen) nicht automatisch zu Lesekompetenz führt. Die wichtigsten in den Zeitungen verbreiteten Neuigkeiten erfuhren auch Analphabeten über die traditionellen mündlichen Kommunikationswege, sei es, dass die Zeitungen vorgelesen wurden, sei es, dass deren Inhalte – »Hast du schon gehört?« – weitergesagt wurden.

Während Angehörige von Adel und Großbürgertum weiterhin traditionelle Wege der Eheanbahnung in ihren Kreisen bevorzugten, lassen sich die Inserenten von Heiratsanzeigen bis weit in das

19. Jahrhundert hinein vorwiegend dem bürgerlichen Mittelstand zuordnen, bevor eine soziale Öffnung nach unten feststellbar ist und auch Dienstmädchen wie Tagelöhner per Annonce einen Partner suchten.

Von Blondinen, Charakter und messbaren Werten

Das Ursprungsland des Heiratsinserates dürfte England sein, wo John Houghton im Juli 1695 in seiner *Collection for the Improvement of Husbandry and Trade* erste Anzeigen der anderen Art publizierte. »A Young Man about 25 Years of Age, in a very good Trade, and whose Father will make him worth £ 1000, would willingly embrace a suitable Match«[122], hieß es hier, oder: »A Gentleman about 30 Years of Age, that says he has a Very Good Estate, would willingly Match Himself to some Young Gentlewoman that has a Fortune of £ 3000 or thereabout.«[123] Bei der Leserschaft stießen solche Inserate noch auf größtes Misstrauen und Houghton beeilte sich zu erklären, dass diese Angebote ehrlich gemeint waren. Wie so viele Neuerungen benötigten auch die Heiratsanzeigen noch einige Jahrzehnte, bevor sie sich in der Mitte des 18. Jahrhunderts in der englischen Medienlandschaft durchsetzen konnten.

Very british, urteilte man kopfschüttelnd am europäischen Kontinent. Die ersten Heiratsannoncen wurden als Kuriosum betrachtet, als ausländische Eigenart. Noch 1769 unterhielt die Berliner *Vossische Zeitung* ihre Leser mit der belustigenden Nachricht, dass in London »eine Lady von mittelmäßigem Vermögen«[124] per Inserat nach einem Mann suchte – und nicht weniger als 279 Zuschriften erhalten hätte.

In den deutschsprachigen Ländern war diese Art der Partnersuche noch ungewöhnlich, aber nicht ausgeschlossen, wie folgende Anzeige vom Juli 1738 in den Frankfurter *Frag- und Anzeigen-Nach-*

richten belegt: »Ein honettes Frauenzimmer ledigen Standes, guter Gestalt, sucht … einen guten Doctor oder Advocaten ledigen Standes …, so groß und wohl aussieht.«[125] Ende des 18. Jahrhunderts waren Heiratsanzeigen auf dem Festland keine Seltenheit mehr.

Ein »junger Mann von dreyßig Jahren, in der vollen Blüthe des männlichen Alters, bürgerlichen Standes«[126] suchte 1792 im *Hamburgischen Correspondenten* nach einer passenden Ehefrau. Obgleich schuldenfrei und mit einer Erbschaft in Aussicht, gab er doch offen zu, dass ihm zur Zeit die Mittel fehlten, um »eine Frau, mit Rücksicht auf den Cirkel, worinn ich lebe, anständig zu versorgen«[127], weshalb es ihm »die strengste Pflicht [wäre], eine Person zur Ehe zu suchen, die beträchtliche Mittel hat, und kein wohldenkender Mann kann mir dies je zur Last legen. Mit Rücksicht auf das Kapital und Alter der Schönen setze ich hier indessen nichts vest, da ich unter mehr und minder vermögenden, jüngern und ältern zu wählen wünsche.«[128] Er forderte – die »heiligste Verschwiegenheit«[129] wurde zugesichert – auch Eltern und Vormünder auf, ihm zu schreiben und »das Kapital der vorgeschlagenen Schönheit bestimmt anzugeben«. Da Geld bekanntlich nicht alles ist, fügte er hinzu: »Sehr angenehm würde es mir seyn, wenn ich zugleich von dem Alter, Stand, den körperlichen Eigenschaften, Talenten und sonstigen Verbindungen der Schönen umständliche und zuverläßige Nachricht erhalten könnte.«[130]

Da er selbst nur eine heiraten konnte, die übrigen Damen jedoch »nicht alle leer ausgehen«[131] sollten, wies er darauf hin, dass er würdige Freunde hätte, »die sich um ihre Herzen und Hände bewerben werden«.[132]

Wie bei den englischen standen bei den deutschen Heiratsinseraten konkret messbare Werte und wirtschaftliche Überlegungen im Vordergrund. Im August 1793 suchte ein 30-jähriger Mann in der *Wie-*

ner Zeitung nach einer Gattin, »die wenigstens 1500 Gulden haben sollte«[133]; im selben Jahr wünschte sich ein vermögender Hamburger »von gutem Stande und von bester Gesundheit«[134] eine Frau »nicht über 30 Jahr«[135] mit einem Barvermögen von mindestens 16.000 Thalern. Geeignete Kandidatinnen sollten »An den Mann von 40 Jahren«[136] schreiben. Das sind klare Ansagen, oder?

Vier Frauenzimmer, die exakt in sein Beuteschema passten und die sich selbst als »bemittelt, sehr gesund und sämmtlich unter 30 Jahren« beschrieben, antworteten ihm in einem offenen Brief in der *Vossischen Zeitung*. Sie empörten sich darüber, »daß der süßeste, heiligste aller Verträge, die Ehe, bis zum spekulativen Handlungszweige herabgesunken ist«[137]. Natürlich wäre die Frage wichtig, wovon ein Ehepaar leben sollte; aber diese wäre nur dann nötig, wenn Mann und Frau unbemittelt wären. »Ein reicher Mann muß ein armes Mädchen glücklich machen, und ein bemitteltes Mädchen einen Mann ohne Vermögen wählen. Wird immer zum Gelde Geld gesucht, so muß der arme Theil der Menschheit, der doch bei weitem der größere ist, ehelos bleiben«[138]. Es wäre interessant zu wissen, wen diese Damen geheiratet haben; ob sie versucht haben, sich gegen Väter und Vormünder durchzusetzen mit dem Risiko, ihr soziales Umfeld vor den Kopf zu stoßen und sich selbst in eine Außenseiterrolle zu begeben. Denn ihr sozialkritischer Vorschlag widersprach den ungeschriebenen Regeln gerade auch der (gut-)bürgerlichen Schichten, denen sie selbst mit höchster Wahrscheinlichkeit angehörten: Geld heiratet zu Geld, Besitz zu Besitz. Oder, wie es in bäuerlichen Kreisen treffend heißt: Liebe vergeht, Hektar besteht.

Obwohl um 1800 materielle Eheschließungsgründe zunehmend kritisiert wurden, zeigt sich, dass in den Annoncen ab dem 19. Jahrhundert zwar vorgeblich nach der (großen) Liebe gesucht wurde, doch »hielt man primär nach Partnern Ausschau, deren reales und symbolisches Kapital die eigene soziale Stellung festigte«[139]. Wie bei den ersten britischen Anzeigen standen bis weit in das 20. Jahrhundert hinein finanzielle Erwägungen offen im Mittelpunkt; schließlich war die Ehe eine wirtschaftliche Partnerschaft. Man gab ungeniert an, was man selbst an Vermögenswerten zu bieten hatte und was man als handfeste Gegenleistung erwartete. Im Vergleich zu Aussagen zu Charakter oder Schönheit haben materielle Aspekte zudem den Vorteil, objektiv messbar zu sein. Schönheit liegt im Auge des Betrachters, aber 3.000 Mark waren 3.000 Mark. Punkt.

In der Selbstpräsentation der Männer dominierten die Angaben Beruf, Alter und Einkommen, während Frauen neben der Mitgift und Aussteuer auch ihre Schönheit und hausfraulichen Qualitäten ins Feld führten. Was sich in den Heiratsannoncen des späteren 19. und frühen 20. Jahrhunderts deutlich abzeichnete, war der zunehmende Wunsch nach einer Neigungsheirat, Harmonie und ehelichem Glück. Zu Beginn des 20. Jahrhunderts wurden Zuschriften mit Fotos üblich, Aussehen und Charakter wurden weit ausführlicher als zuvor beschrieben – Frauen bezeichneten sich selbst gerne als anschmiegsam, häuslich oder natürlich – und auch auf Hobbys und Interessen ging man bei der Suche nach dem Lebenspartner verstärkt ein.

Aussagekräftige Beispiele finden sich in der von 1928 bis 1939 erschienenen österreichischen Wochenzeitung *Illustrierte Wochenpost – Unterhaltungsblatt für Jedermann*, welche die Rubrik »Unsere Heiratspost« enthielt. Um die Zahl der Inserenten zu erhöhen, wurden Coupons für vergünstigte Inserate abgedruckt und die Chancen auf eheliches Glück betont. Bereits am 20. Juli 1928 wurde stolz von der ersten Hochzeit aufgrund einer Heiratsanzeige in der *Illustrierten Wochenpost* berichtet; ein größerer Artikel widmete sich am 4. Juni 1937 dem US-Präsidenten Ulysses Grant, der seine Frau auch über ein Inserat gefunden haben soll. Na also!

Sicherangestellte und Beamte, Unternehmer und Akademiker, wenn möglich mit Pensionsberechtigung, standen hoch im Kurs, wie Angebot und Nachfrage zeigen. »Kaufmann, akademisch gebildet, stattliche Erscheinung, wünscht Ehe mit hübscher, intelligenter Dame, etwas Vermögen, unter 30 Jahren.«[140] Hier wäre vielleicht das passende Gegenstück: »Arme, schöne, große, 27jährige Blondine, tüchtig im Geschäft und Haushalt, sucht Heirat mit Geschäftsmann oder Beamten.«[141]

Das traditionelle Modell der Ehe als Arbeitsgemeinschaft hatte ebenfalls noch nicht ausgedient. »29jähriger Herren- und Damenfriseur, Wohnung, 3500 Schilling Ersparnisse, wünscht baldige Ehe mit hübschem Fräulein mit gutem Beruf oder Ersparnissen zwecks Geschäftsgründung.«[142] Ein Provinzkaufmann »sucht zwecks Übernahme eines zweiten gutgehenden Geschäftes ehrbarst ernst geschäftstüchtige Lebensgefährtin mit zirka 5000 Schilling Barvermögen als gleichberechtigte Mitbesitzerin. Unter ›Notarielle Sicherstellung‹«.[143]

Die Einheirat in ein bestehendes Unternehmen wurde von Frauen angeboten und von Männern aktiv nachgefragt, zumal viele Ehemänner aus den Weltkriegen des 20. Jahrhunderts nicht mehr heimkehrten. Ein tüchtiger Buchhalter wünschte sich die Einheirat in ein Baugeschäft, wobei er eine Dachdeckerei bevorzugen würde,[144] ein »31jähriger Herren- und Damenschneider sucht Einheirat oder Ehe mit Geld«[145]. Die Ehe mit einer wohlhabenden oder einflussreichen Dame schien für manchen der Ausweg aus Arbeitslosigkeit und Not. »37jähriger Kaufmann, ledig, katholisch, heiratet jene Dame, die ihm Autotaxi mit Lizenz zur Existenz kauft.«[146] Man bewegte sich auch bei der Partnersuche per Annonce vorrangig in den eigenen Kreisen. »32jähr. Schneidermeister […] sucht mangels an gesellschaftlichem Anschluß Berufskollegin, nicht über 30 Jahre, zwecks Ehe kennenzulernen.«[147]

Ansonsten spiegelt sich in den Inseraten die Regel wider, dass jemand mit Vermögen – und sei es noch so klein – einen Partner mit entsprechenden Gegenwerten wünschte. »Hausbesitzer, 32 J., Beruf, sucht mittelgroßes, liebes, wirtschaftl. Fräulein mit kompletter Ausstattung oder Bargeld zwecks Ehe«[148], und ein »37jähr. fescher Witwer, jünger aussehend […], mit zwei Kindern, […] neues Eigenheim mit Zinseinnahme und sicherem Verdienst sucht zwecks baldiger Ehe Fräulein oder Witwe, ohne Anhang, mit Ersparnissen«[149].

Inwieweit Blondinen von Männern bevorzugt wurden, muss dahingestellt bleiben. Es zeigt sich jedoch bei der Durchsicht der Heiratsannoncen, dass die Selbstangabe »Blondine«[150] oder die männliche Nachfrage nach blonden Frauen[151] doch recht häufig aufscheinen und in keiner Relation zu schwarzhaarigen oder brünetten Frauen stehen. »Bin 28 Jahre, sehr hübsch, blond, schlank, leider unbemittelt, wünsche ehrbare Bekanntschaft eines gutsituierten Herrn«[152], hieß es unter anderem. Ein »Akademiker, 25 Jahre alt, wünscht ehrbare Bekanntschaft eines blonden, herzigen Wiener Mädels. Besitzt Motorrad mit Beiwagen«[153].

Motorrad mit Beiwagen? Wären nicht Angaben zu seinem Aussehen oder Charakter oder zu seinen Wohnverhältnissen sinnvoller? Nein, wie es scheint, wusste der junge Akademiker genau, was seine Zielgruppe erhoffte. Ob er folgende Inserate gefunden hat? »Suche für hübsche, junge Blondine (Naturfreundin) ehrbare Bekanntschaft eines Akademikers, um Ausflüge zu machen. Inhaber eines Motorrades mit Beiwagen bevorzugt.«[154] Oder: »Junge, hübsche, blonde Dame sucht prachtvolle Beiwagenmaschine mit ebensolchem Besitzer.«[155] Das nennt man Prioritäten setzen.

Die Freizeitgestaltung nahm im 20. Jahrhundert einen höheren Stellenwert ein als zuvor, ob es nun darum ging, eine flotte Ausfahrt zu unternehmen oder hohe Gipfel zu erklimmen. In zahlreichen Inseraten wurde ein Freizeitpartner – spätere Ehe nicht ausgeschlossen – für Tanz und Kino, Theater und Ausflüge gesucht. Sportskanonen fürchteten Stubenhocker und hielten daher explizit nach einer »Sportskameradin«[156] Ausschau. Zumindest wusste jede Frau, wie ihre künftigen freien Stunden aussehen würden, wenn sie sich für den »Rapidanhänger« entschied, der »zwecks Sportplatzbesuches«[157] ein junges Wiener Mädel suchte. Dass der Alpinist seine Anzeige unter der Chiffre »Schwindelfrei«[158] aufgab, war da nur logisch.

Die Wünsche zur äußeren Erscheinung und zum Charakter der besseren Hälfte nahmen oft mehr Raum ein als die entsprechende Selbstbeschreibung. »Finanzbeamter, 38, ohne Anhang, 171 groß, kein Trinker, sucht passende, bescheidene Ehekameradin. Ersehnt wird sanftes, gutmütiges Wesen, welches sich gern führen läßt, mit Naturliebe und Sinn für Häuslichkeit, möglichst alleinstehend, schöne zarte Figur. Nur wer sich berufen fühlt, einen vom Schicksal hart Getroffenen wieder aufzurichten, möchte nichtanonym und ausführlich schreiben.«[159] Neben Wünschen wurde zum Teil klar formuliert, was man nicht haben wollte: »Herziges Naschkätzchen sucht passenden Kater ehrbar kennen zu lernen. Bier- und Weinkater verbeten.«[160] Ein Mann betonte, dass er »keine Modepuppe«[161] haben wollte, andere Herren bezeichneten sich selbst als »kein Raucher, Trinker, Spieler«.[162]

Schwierig war und ist die Beschreibung des eigenen Aussehens. Bei der Partnersuche heißt es, nach den Regeln der Werbung vorzugehen, seine Vorzüge anzupreisen und Schwächen zu relativieren. Nur: Wer sich selbst als hübsch oder schön bezeichnet, gerät leicht in den Verdacht selbstgefälliger Eitelkeit. Hier behilft man sich gerne mit leichtem Understatement (nicht hässlich, schlägt keinen in die Flucht) oder man verweist auf die Aussage Dritter. »19jähriges Mädel, brünett (man sagt, sie sei hübsch), ist jedoch arm und einsam und sucht daher einen wirklich aufrichtigen Freund.«[163] Andere setzten auf pure Ehrlichkeit wie jene Heiratswillige, die sich selbst als »intelligentes, jedoch wenig hübsches Mädchen mit Beruf«[164] bezeichnete.

Manche Männer wie Frauen äußerten ihre Sehnsucht nach einer auf Liebe basierenden Ehe und stellten innere Werte in den Vordergrund. »32jähr. gut aussehendes Mädel der dienenden Klasse sucht ernsten, braven, besseren Arbeiter zwecks Ehe kennenzulernen, der gleich mir ruhige Häuslichkeit und gute treue Kameradschaft ersehnt. Bin arm, jedoch volles Verstehen hat höheren Wert.«[165] Seinen Wunsch nach Harmonie drückte der Fußballer aus, der »des Alleinseins müde« nach einem hübschen Fräulein suchte, »welches Sonnenschein in mein Leben bringt«.[166] Ein bisschen mehr als nur Sonnenschein sollte seine Zukünftige schon mitbringen, fand der Lehrer, der hoffte, ein »liebes Mädchen zwecks baldiger Neigungsehe kennenzulernen. Geschirr- und Wäscheaussteuer erwünscht«.[167]

»Ein Mann ohne Frau, ist wie ein Frühling ohne Tau, drum such ich eine Frau.«[168] Inspiriert von Frühlingsgefühlen, versuchte so mancher, der vielleicht nicht mit materiellen Ressourcen punkten konnte, mit Kreativität aufzufallen. »Junger Mann, hübsch und allein, möchte gern ein Mägdelein! Nur zum Spazieren-, Kino- oder Theatergehen? O nein! Fürs ganze Leben soll es sein. D'rum Mägdlein, so ihr les't diese Zeilen. Nehmt euch ein Herzchen und tut mir schreiben mit frohem Sinn unter der Devise ›Sommer in Wien‹«.[169]

Es könnte unter Umständen eventuell möglich sein, dass der eine oder die andere zwar eine Bekanntschaft, nicht aber die Ehe gesucht hat. Eine Frau stellte die Frage: »Wer ist gleich mir gebunden und doch seelisch vereinsamt?«[170], fast wortident beschrieb sich ein oberösterreichischer Beamter als »gebunden und doch vereinsamt«[171]. Statt des Gangs zum Traualtar wünschte sich ein »30jähriger, gebildeter Herr, monatlich einmal in Wien« eine »diskrete, ehrbare Freundschaft mit temperamentvoller, uneigennütziger, hübscher Dame von üppigschöner Gestalt, wenn möglich mit Eigenheim«.[172]

Ein »30jähriger Beamter, gebunden, doch ohne wirkliche Frauen-
liebe durchs Leben gehend, ersehnt sich ehrbare, streng diskrete
Freundschaft einer hübschen, molligen Frau oder eines Fräuleins,
am liebsten mit Eigenheim. Bin eigentlich ein Stubenhocker, der am
liebsten im gemütlichen Heim heiteres Geplauder mit verstehendem
Weibe liebt. Diskretion Ehrensache.«[173] Dass solche Angebote mehr
von materiellen Interessen geleitet sein konnten, ist nicht auszu-
schließen: »Junges, hübsches Wienermädel sucht lieben Onkel, der
ihre kleinen Sorgen abnimmt«[174].

Allzu selten waren anrüchige Angebote nicht, sodass ab August
1931 in der *Illustrierten Wochenpost* darauf hingewiesen wurde, dass
die »Heiratspost« ausschließlich der Anbahnung von Ehen diente.
Nur ehrbare Inserate sollten, so die Erläuterung im Januar 1932, erlaubt sein, wobei unter diesem Begriff »nur solche Bekanntschaften
verstanden [wurden], die mit einer Eheabsicht verbunden sind«.[175]
Der »Anschluss« Österreichs an das nationalsozialistische
Deutschland im März 1938 hinterließ seine Spuren in der *Illustrierten Wochenpost*. Bislang inserierten vereinzelt Israeliten, aber bereits
am 1. April 1938 wurde groß verkündet, dass nur noch »Heiratsinserate von Ariern veröffentlicht werden«. Auch in den Anzeigen
tauchte nun häufig der Begriff Arier / Arierin auf. »Gibt es eine treue,
vielleicht auch leidverwandte Seele, die einem 30jähr. Mädchen mit
kl. Körperleid Gefährte und Führer durchs Eheleben sein will? Unter
›Nur arisch‹«.[176] Ein vor Jahren enttäuschter, 38jähriger Beamter
»mit gutem Benehmen, angenehmem Äußeren, festem Charakter«
suchte »jenes fesche, vollschlanke und brave Mädel, das mit aufrich-
tigem Ernst und steter Treue Freuden und Leiden einer Ehe teilen
kann. Natürliche Voraussetzung, wie Intelligenz, arbeitsfreudige
Mitarbeit, Liebe zu Heim und Herd, gutes Vorleben, vorstige materielle Unabhängigkeit, erbeten. Wohnung vorhanden. Nur jenes
Mädel schreibe, das bereit ist und die Möglichkeit hat, in gemein-

samem Schaffen den Kampf nach einem guten Leben aufzunehmen, unter ›Deutscharier‹«.[177]

Nur vereinzelt zeigte sich in den – immerhin veröffentlichten und damit einem weiten Kreis ersichtlichen – Anzeigen eine gegenteilige Geisteshaltung. »Ruhiger, ernster, charaktervoller Mann sucht reifere Dame zwecks Ehe ehrbar kennenzulernen. Ich stamme aus guter Familie, bin 46 Jahre alt, ledig, r.-k., mittelgroß, kaufm. u. allgemein gebildet, Privatbeamter. Ich bin des Großstadtlebens müde und möchte an der Seite einer verständigen Frau mein Leben in einem kleinen Ort unserer Heimat verbringen. Sehnsucht nach einem Menschen, dem ich gut sein kann, dem ich in gleichmäßiger Güte und Treue alles sein möchte, veranlaßt mich, die Zeitung als Vermittlerin meines Herzenswunsches zu benützen. Jene Dame, die ein kleines Geschäft in einem kleinen Ort besitzt und die sich nicht nur fürs Geschäft, sondern fürs ganze Leben einen Mann mit Vorkriegscharakter wünscht«.[178]

Die politische Gesinnung als Kriterium bei der Partnerwahl war nicht neu. Ein Anhänger der Französischen Revolution suchte im März 1791 nach einer passenden Partnerin: »Ein junger Mann, der im Begriff steht, die Laufbahn eines Pflichtverteidigers bei den Pariser Gerichten einzuschlagen, und über ein teils ererbtes, teils erspartes Vermögen von rund 40 000 Livres verfügt, sucht eine Partnerin zwischen 20 und 22 Jahren, welcher er ein Einkommen von 3000 Livres bieten kann. Seine Gesichtszüge sind etwas unregelmäßig, aber er ist gut gebaut, kerngesund, hat strahlende Augen, fröhliche Miene und hält alles, was er verspricht. […] Da er ein überzeugter Anhänger der Revolution ist […], möchte er auf gar keinen Fall eine jener Frauen ehelichen, die es für schicklich halten, auf alle eingetretenen Veränderungen zu schimpfen.«[179] Andere Heiratswillige wünschten sich 1928 in Anzeigen in der *Illustrierten Wochenpost* ausdrücklich eine »Sozialistin«[180] beziehungsweise eine »sozialistisch denkende

Arbeiterin als Kameradin«[181]. In der *Neuen Gartenlaube* sucht 1940 ein Ingenieur »eine gesunde Lebenskameradin von wirklich angenehmem Aeußeren, mit Charm [!], Herzenstakt und zeitnaher Einstellung«[182]; ein Arbeiter der Reichsbahn sehnte sich nach einer »gleichgesinnte[n] Lebenskameradin mit völkischer Gesinnung und echt deutscher Wesensart«[183].

Mit einem Klick zum Liebesglück

Das Image der Kontaktanzeigen hat sich gewandelt: Wurde Partnersuche per Inserat früher verschämt entschuldigt oder verheimlicht, ist sie heutzutage gang und gäbe, und viele Paare stehen offen dazu, sich über Kontaktanzeigen kennengelernt zu haben. Das Internet eröffnete im Vergleich zu den Printmedien neue Möglichkeiten. Man muss sich nicht länger mit wenigen, teuren Zeilen begnügen, sondern hat eine Vielzahl von häufig kostenlosen Partnerbörsen zur Auswahl, deren Funktionen die zielgerichtete Suche nach dem richtigen Lebenspartner erleichtern sollen. Wohnort, Bildungsgrad oder Alter – ein paar Klicks genügen, um eine Vorauswahl präsentiert zu bekommen. Nach der (meist anonymen) Kontaktaufnahme hat man die Möglichkeit, potenzielle Kandidaten noch vor einem ersten persönlichen Treffen per Mailaustausch näher kennenzulernen, im sicheren Rahmen zu flirten und sich gegenseitig »abzutasten«, was beispielsweise wichtige Fragen einer künftigen Partnerschaft betreffen kann (z. B. Kinderwunsch); ebenso kann man sein Profil nach Bedarf nachjustieren.

Im Unterschied zur Arbeitsweise klassischer Partnervermittlungsinstitute werden Onlineanzeigen selbst verfasst. Man klickt sich durch das Angebot interessant erscheinender Profile und nimmt ohne Aufwand (und ohne sich in Schale werfen zu müssen) Kontakt auf. Ein Vorteil bei Online-Dating-Plattformen ist die große Anzeigenmenge, die aber auch schnell zur Überforderung führen kann, wenn man an einem Tag fünfzig Zuschriften erhält …

»Das Kennenlernen via Internet schafft die Möglichkeit, dass Paare mit großer räumlicher und auch sozialer Distanz zustande kommen können.«[184] Man kann, muss aber kein Foto von sich bereitstellen. Der erste Eindruck kommt durch Faktoren wie Schreibstil, Originalität und Witz zustande. Erfahrene Online-Dater wissen, dass es wahre Flirtkiller wie »Fußball« gibt, man(n) aber mit Kunst und Kultur punkten kann.

Ganz im Sinne der romantischen, leidenschaftlichen Liebe steht seit dem ausgehenden 20. Jahrhundert der Wunsch, sich zu verlieben, an oberster Stelle. Moderne Bezugssysteme wie Urlaub, Freizeit, gemeinsame Interessen oder Lifestyle dominieren; neben Attraktivität und erotischer Anziehungskraft zählen Charaktereigenschaften wie Humor. Nichtsdestotrotz werden in Kontaktanzeigen weiterhin Informationen zum sozialen Status, Bildungsgrad und zu materiellen Ressourcen angeboten und nachgefragt. »Wo ist der Chefarzt, Jurist, Manager oder Unternehmer mit Niveau? Der gute Liebhaber mit Freude an klassischer Musik und Literatur, gerne Segler, aus dem Grenzgebiet D/CH? Gebildete, charmante, junge Dame (34) mit interessantem Beruf in den Medien, Akademikerin, mit einer Schwäche für den Eidgenossen, freut sich auf Deine Antwort.«[185]

Auch im 21. Jahrhundert hat das ökonomische, kulturelle und soziale Kapital in der Partnerwahl nicht an Bedeutung verloren. Im Vergleich zu früheren Zeiten wird aber meist vermieden, konkrete Vermögenswerte zu nennen. Gäbe jemand in einem Inserat oder einem Online-Profil einer Internet-Partnerbörse seinen Kontostand preis, würde er vermutlich für Verwunderung sorgen. Allerdings lassen vage Begrifflichkeiten wie »gut situiert«, die Nennung des Berufes sowie Hinweise auf ein Eigenheim oder teure Hobbys ganz bewusst Rückschlüsse auf die finanziellen Verhältnisse zu. Angebot und Nachfrage.

Das nicht-ökonomische Kapital stellt ebenso einen wesentlichen Selektionsfaktor dar, mit dem jedoch sehr viel offener umgegangen wird. »Kulturelles und symbolisches Kapital stellen wichtige Ressourcen bei den Profilen dar. Anhand der Informationen über Geschmack und Lebensstil, die von den Profilen vermittelt werden, treffen Online-Dater Auswahlen, mit wem sie in Kontakt treten möchten.«[186] Es macht einen Unterschied, ob sich jemand als begeisterter Kinobesucher oder als »leidenschaftliche Cineastin«[187] beschreibt.

Akademiker sind weiterhin besonders beliebt, sodass diese Angabe in der Selbstdarstellung dominiert beziehungsweise im ausdrücklichen Wunsch nach einem »gebildeten Partner« nachgefragt wird. Universitätsabsolventen verfügen aufgrund ihres Bildungsgrades über das begehrte kulturelle Kapital, zudem werden ein höheres berufliches Einkommen und ein dazu passender Lebensstil erwartet. Deutlich wird dies beispielsweise bei der kostenpflichtigen Partnerbörse »ElitePartner – Akademiker & Singles mit Niveau«, die mit einem besonders hohen Akademikeranteil lockt. »ElitePartner ist die richtige Adresse für Akademiker und besonders gebildete Singles. Hier geht es nicht um Affären, Flirts oder flüchtige Kontakte, sondern den richtigen Partner für eine dauerhafte, feste und glückliche Partnerschaft.«[188] Man wirbt mit der besonderen Zielgruppe, der Elite, die sich, so ist es auf Homepage nachzulesen, »nicht einfach nur durch Abgrenzung [definiert]. Ein Akademiker zeichnet sich nicht durch sein Diplom oder Examen aus, sondern durch seine Lebensart. […] Akademiker haben oft andere Hobbys als Nicht-Akademiker, und der meist höhere Verdienst ermöglicht natürlich ein größeres Spektrum an Freizeitmöglichkeiten. Daher gehen Akademiker so häufig eine Partnerschaft mit anderen Akademikern ein.«[189]

Worin unterscheiden sich Heiratsinserate der jüngeren Vergangenheit und Gegenwart von Annoncen des späten 18. oder frühen 20. Jahrhunderts? Aussehen und Charaktereigenschaften werden noch stärker betont als vor knapp hundert Jahren und man hat den Eindruck, dass moderne Inserate vor allem individuell und kreativ erscheinen möchten. Auch wenn früher schon ein Naschkätzchen nach ihrem Kater suchte – wer heutzutage Kontaktanzeigen liest, glaubt sich im Tiergarten verlaufen zu haben. Liebesbrummbären und Honigbienen, Häschen und Mäuschen, Frösche und was es sonst noch alles an sympathisch anmutenden Tieren gibt – (nicht nur) im verflixten 7. Ehejahr bevölkern dann oft andere Tiere die Kommunikation des Paares.

Besonders beliebt erscheinen Anklänge an Märchen. »Welcher liebevolle, zärtliche, intelligente Frosch mit Herzensbildung und Humor (ein paar Talern in der Krone und einem Schloss hinterm Brunnen) möchte von einer liebebedürftigen, kleinen, kosmopolitischen Fee […] mit Herz und Verstand den Prinzen in sich wachküssen lassen?«[190] – »Einsamer Wolf, 31 Jahre, sucht neugieriges Rotkäppchen bis 34 Jahre, für fesselnde Leidenschaften«[191] oder »Rotkäppchen […] sucht ehrlichen, grauen, einsamen Wolf, der mich zum Fressen lieb haben will für den Rest des Lebens«[192]. Was der einsame, nette Wolf mit dem gesuchten »Schaf im Wolfsfell«[193] will, ist jedoch nicht klar ersichtlich.

Kapital und Unternehmergeist spielen in der Partnersuche der Gegenwart selbstverständlich keine Rolle mehr, oder doch? »Österreicher, 31 J. in Wien lebend, Tabakhändler, eigenes Geschäft, sucht nette, nicht ortsgebundene Lebenskameradin, die ihm auch im Geschäft hilft und gut Kopfrechnen kann.«[194] Das hätte auch in den 20er-Jahren in der *Illustrierten Wochenpost* stehen können. Die Verbindung von privatem Glück und beruflicher Partnerschaft hat also noch nicht ausgedient.

Wer mit seinen Vermögenswerten hausieren geht, der tut es heutzutage nach dem Motto »Nicht kleckern, sondern klotzen«: »Millionär sucht Frau fürs Leben. Ich, Privatier, 55, attraktiv und voller Energie, suche attraktive, schlanke und selbstbewusste Frau zwischen 35 und 40 für langfristige Partnerschaft. […] Ich möchte mit dir die Welt bereisen, toll essen und viel Schönes erleben. Mein Hauptwohnsitz ist an der Côte d'Azur.«[195] Wer meint, dass solche Männer als antiquierte Auslaufmodelle gelten, irrt, denn es gibt sehr wohl auch Anzeigen von Frauen, die nach gut situierten Männern suchen: »Wo ist der großzügige, vermögende Herr, der mir (groß, schlank, attraktiv, 31 J.) ein sorgenfreies Leben bieten kann? Habe Herz und Verstand!«[196]

3.

Windeln, Sex und Ohrfeigen: Realitäten des ehelichen Alltags

Hatte die Partnerwahl schon ihre Tücken, wurde es mit der Hochzeit keineswegs einfacher: Jetzt musste man in der Partnerschaft aushandeln, wie man diese gestalten wollte. Wer bringt das Geld nach Hause? Wer macht den Haushalt? Innere Machtkämpfe und von außen in die Beziehung getragene Konflikte führten zu manchen Ehekrisen – und vor Gericht.

Der schönste Tag des Lebens: Hochzeiten (und Fehlversuche)

Kam endlich der Märchenprinz angeritten, stand der Hochzeit nichts mehr im Wege. Der spätere Kaiser Maximilian I., der sich selbst als der »letzte Ritter« inszenierte, wusste: Auf den ersten Eindruck kommt es an! Sein Treffen mit der reichen Erbin Maria von Burgund wurde 1477 gekonnt in Szene gesetzt. Der Habsburger zog in silberner Rüstung an der Spitze von mehreren Hundert schwarz gekleideten Rittern in Brüssel ein und erschien den Zuschauern wie der Erzengel Michael persönlich. Die Ehe der beiden jungen Leute soll übrigens sehr glücklich gewesen sein, bevor Maria an den Folgen eines Reitunfalls starb.

Die Ausgestaltung der Hochzeit verlief in den verschiedenen Epochen unterschiedlich; sie hing zudem von Stand und Vermögen der Brautleute ab, Sitten und Gebräuche unterlagen wie die Mode dem Wandel der Zeit und konnten von Land zu Land differieren. Apropos Brautmode: Im alten Rom trugen die Bräute über der weißen Tunika einen orangefarbenen Schleier. Im 15. Jahrhundert war die Farbe Grün sehr beliebt, da sie Jugend und Reinheit symbolisierte; das Blau des Unterkleides stand für Treue, allerdings waren auch rote Brautkleider häufig anzutreffen. Ende des 16. Jahrhunderts galt die dunkle spanische Mode mit der typischen weißen Halskrause als besonders elegant, im Laufe des 17. Jahrhunderts kam es zu einem Trendwechsel. Zuerst setzten sich im Hochadel silberne oder weiße Brautkleider durch, das Bürgertum folgte. Mitte des 17. Jahrhunderts war dies in den deutschen Ländern weitgehend üblich, sodass die Formulierung »nach deutscher Mode«[197] ein helles Brautkleid bedeutete. Frankreich löste als modischer Trendsetter Spanien ab, wobei im 18. Jahrhundert Brautkleider in Weiß oder zarten Pastellfarben gehalten waren.

Überraschung! »Paris, den 7. Aug. [1730] Nachdem dieser Tagen eine junge Tochter mit ihrem Liebsten in der Margarethen-Pfarr-Kirche ehelich eingesegnet worden, so hat sie in währender Ceremonie einige Leibes-Schmertzen empfunden, welche so hefftig überhand genommen, daß die junge Braut genöthiget worden, vor Endigung der Meß zur Kirchen hinaus zu gehen, und sich nach ihrer Kammer führen zu lassen, worin dann die Leibes-Schmertzen in wenig Stunden hernach durch die Geburt eines jungen Kindes ihre Endschafft genommen; der Bräutigam aber hat sich wegen dieser lebendigen und unvermutheten Hochzeits-Gabe bedanket, und seithero weder die Braut noch ihr junges Kindlein mehr ansehen wollen.«[198]

Wie konnten Hochzeiten in unterschiedlichen Epochen ablaufen? In der griechischen und römischen Antike war die Ehe zwar ein privater Vertrag, die Hochzeit wurde aber dennoch von Kulthandlungen wie Opfergaben im neuen Heim begleitet. Bei den Römern erhielt die Braut anlässlich der Verlobung meist einen eisernen Ring. Bei der eigentlichen Hochzeit, wobei deren Öffentlichkeit die rechtmäßige Ehe für alle sichtbar vom Konkubinat abgrenzen sollte, spielte eine reifere Frau (*pronuba*), die selbst nicht mehr als einmal verheiratet sein durfte, eine wichtige Rolle. Sie führte Braut und Bräutigam vor den Altar und legte deren rechte Hände ineinander. Der Hochzeitsfeier folgte eine fingierte Entführung der Braut; am Haus des Ehemannes angekommen, bestrich sie die Pfosten des Eingangstores mit Fett und umwickelte sie mit Wollbinden, damit böse Geister ferngehalten wurden. Dann stellten sich die Eheleute gegenseitig die Frage, ob sie einander zum Mann beziehungsweise zur Frau nehmen wollten, wobei die Antwort dem heutigen Ja-Wort entsprach. Der Mann hob (manchmal unterstützt von seinen Freunden) die Braut über die Schwelle. Nach der Hochzeitsnacht brachte die frischgebackene Ehefrau erstmals den Hausgöttern ein Opfer dar und erhielt zudem vom Mann ein Geschenk. Am Abend fand meist noch ein Gelage statt – schließlich war und ist eine Hochzeit ein günstiger Anlass, um ausgiebig zu zechen.

Im Mittelalter gab es vorerst keine vorgeschriebene Trauungszeremonie. Der Vergabeakt zwischen Brautvater, Braut und Bräutigam war ehebegründend. Seit dem Hochmittelalter rückten der Priester und die Gemeinde immer näher an das Brautpaar heran; die Trauung fand öffentlich und nach und nach erst vor und dann in der Kirche statt. Zu den üblichen rituellen Handlungen zählte in der

Regel die Ringübergabe bei der Verlobung, bei der Trauung gehörten das Ineinanderlegen der Hände und die vor Zeugen gesprochene Willenserklärung von Braut und Bräutigam – »Ich nehme dich zum Mann / zur Frau«[199] – dazu. Vor dem Konzil von Trient 1563 war die kirchliche Einsegnung der Ehe (*sollemnisatio*) nicht zwingend vorgeschrieben; diese entschied auch nicht, ob die Ehe gültig war oder nicht. Die Einsegnung wurde erst nach dem Aufgebot und dem Eheversprechen, oft erst nach der vollzogenen Ehe vorgenommen. Manche Paare verschoben die *sollemnisatio* um Jahre oder bemühten sich erst auf Druck kirchlicher Instanzen darum.

Die Hochzeiten waren nicht nur im Adel sehr aufwendig. Auch das Bürgertum versuchte, anlässlich von Eheschließungen mit seinem Vermögen zu protzen; ausufernde Bauernhochzeiten, bei denen das gesamte Dorf zusammenkam, trieben so manchen Landwirt an den Rand des Ruins. In der Neuzeit versuchten die Obrigkeiten, mit Verordnungen dagegen vorzugehen, da sie die gemeinen Leute vor der Verschuldung schützen wollten. Quer durch Europa lassen sich Luxusordnungen nachweisen, die Dauer und Aufwand der Feiern einschränkten. In Dänemark war im 16. Jahrhundert die Hochzeit am Sonntag vorgesehen, spätestens am Montagabend sollten die Feiern ihr Ende finden. Die Stadthagener Ordnung von 1615 begrenzte die Gästeliste streng nach Status der Brautleute und drohte mit Strafzahlungen.

Sehr viel stiller und bescheidener verliefen in der Regel Hochzeiten, bei denen die Braut bekanntermaßen keine Jungfrau mehr war oder schwanger. In manchen Fällen musste sie als Zeichen ihrer Schande einen kürzeren Rock oder eine Schandkrone aus Stroh tragen.

La Révellière-Lepeaux schilderte die wenig stimmungsvolle Massenabfertigung im revolutionären Frankreich der frühen 1790er-Jahre: »Der Zugang zu jenem Raum, in dem der Standesbeamte saß, wurde von unzähligen grobschlächtigen Personen blockiert, deren abstoßende Äußerungen und zynische Gesten selbst hartgesottene Zeitgenossen entsetzten. Dann gelangten wir schließlich in einen völlig verdreckten, schmucklosen Raum, in dem ein chaotisches Durcheinander herrschte und sich infolge qualvoller Enge alles auf Wirtshausbänken stapelte: Brautpaare, Trauzeugen, ein Standesbeamter mit Lockenwicklern in den Haaren und einem schäbigen Morgenrock, eine häßliche allegorische Darstellung der Ehe, zwei völlig verbleichte Kränze aus Trockenblumen in den Händen, und ein paar Schreiber zur Führung der Register. All diese Menschen drängten sich auf einer uralten Tribüne aus rauchgeschwärztem Holz; jedes Paar wurde einzeln aufgerufen, eine völlig unverständliche und auffallend kurze Formel gemurmelt, das Brautpaar samt der Trauzeugen um eine Unterschrift gebeten und schon waren zwanzig, ja dreißig Trauungen vollzogen.«[200]

Die französischen Revolutionäre brachen mit Religion und Traditionen; anstelle der kirchlichen Zeremonie wurde die zivile Trauung eingeführt. Vor dem staatlichen Standesbeamten erklärten die Brautleute vor ihren Trauzeugen: »Hiermit heirate ich X.«[201] Dann wurde die Heiratsurkunde ausgestellt und unterzeichnet. Das war's. Den kirchlichen Segen konnte sich das Brautpaar, wenn es denn wollte, zusätzlich einholen. Bereits Zeitgenossen kritisierten den Mangel an Feierlichkeit und es wurden Vorschläge eingebracht, die Hochzeiten künftig vor dem Altar des Vaterlandes zu zelebrieren. Die innenpolitischen Umstürze und die Revolutionskriege verhinderten allerdings die Umsetzung.

Im Dritten Reich stand das Regime vor dem Problem, dass es zwar Ehen und »arische« Nachkommenschaft fördern wollte, aber sehr viele junge Männer im Krieg waren – und nie mehr heimkommen sollten. Bereits in den ersten Kriegstagen wurden viele Soldaten im Polenfeldzug getötet; oft genug blieben schwangere Freundinnen zurück, die sich nun mit dem Makel eines unehelichen Kindes konfrontiert sahen. Das war, wie das Nazi-Regime befand, nicht gut für die Moral. Im November 1939 wurde für Soldaten die Institution der Ferntrauung eingeführt. Der Einberufungsbefehl sollte einer geplanten Trauung nicht entgegenwirken; allerdings wurde die Hochzeit auch dann durchgezogen, wenn der Bräutigam bereits vor dem Zeitpunkt derselben gefallen war. Man datierte die Eheschließung auf jenen Tag zurück, an dem der Soldat sein Ansuchen um Genehmigung der Ferntrauung gestellt hatte.

Anfang 1941 erteilte Adolf Hitler Reichsinnenminister Frick die geheime Ermächtigung, »die nachträgliche Eheschließung von Frauen mit gefallenen oder im Felde verstorbenen Wehrmachtsangehörigen anzuordnen, sofern nur nachweislich die ernstliche Absicht, die Ehe einzugehen, bestanden hat und keine Anhaltspunkte dafür vorliegen, daß die Absicht vor dem Tode aufgegeben ist. [...] Eine Veröffentlichung dieser Anordnung hat zu unterbleiben.«[202] Im Volksmund wurde diese Form der Eheschließung »Leichentrauung«[203] genannt.

1943 lagen dem Innenministerium etwa 25 000 Fälle zur Bearbeitung vor. Kritiker äußerten Bedenken, dass sich manche Frauen nur eine materielle Versorgung vom Staat erschleichen wollten und immerhin das Risiko bestand, dass das Kind gar nicht von dem gefallenen Soldaten war. Dennoch hielt das Regime an dieser Form der Totenehe fest. Dahinter steckte auch eine rechnerische Überlegung: Angesichts der vielen gefallenen Männer im heiratsfähigen Alter hatte gar nicht jedes »deutsche Mädel« die Chance auf einen Ehemann. »Die Möglichkeit der Totenehe sollte zur Aufrechterhaltung der Stimmung und Haltung deutscher Frauen beitragen – schließlich war und blieb lange noch der gesellschaftliche Status einer Witwe allemal besser als der einer ledigen Frau oder gar ledigen Mutter.«[204]

Mit Furcht und Tadel

Alle Handlungen im kirchlichen Umfeld, ob bei der Eheschließung oder bei der Ablegung eines Ordensgelübdes, mussten nach Kirchenrecht aus freiem Willen erfolgen. Was durch Gewalt und Furcht (*vis et metus*) erzwungen wurde, galt nicht. Auf diesen Grundsatz hatte bereits Papst Alexander III. im 12. Jahrhundert angesichts von Zwangseinweisungen in Klöster hingewiesen. Der Staat übernahm dieses Prinzip für die Zivilehe, beispielsweise unter Joseph II. in der Habsburgermonarchie: Die Gültigkeit einer Ehe war anfechtbar, wenn man sie aufgrund eines Irrtums oder aus Furcht eingegangen war.

In der Praxis versuchten Verwandte und Freunde häufiger, einen der Partner zum Ja-Wort zu »überreden«. Aus erzwungenen Ehen konnten die Betroffenen aber entkommen, wenn sie nachweisen konnten, dass sie durch Gewalt und Furcht zur Ehe gedrängt worden waren. Dabei galten Frauen als das schwächere Geschlecht, das heißt, man nahm an, dass bei ihnen weniger Druck als bei einem Mann genügte, um sie zur Ehe zu zwingen. Das Kirchenrecht war eindeutig: Eine solche Ehe war null und nichtig.

Es soll einst vor langer, langer Zeit Männer gegeben haben, die anständige Mädchen mit leeren Versprechen auf (sexuelle) Abwege geleitet haben – und die nicht im Traum daran dachten, tatsächlich vor den Traualtar zu treten. Nicht nur die Familien »gefallener« Mädchen (im kurialen Sprachgebrauch als *corrupta* bezeichnet), sondern auch kirchliche Instanzen und weltliche Obrigkeiten waren in solchen Fällen darum bemüht, geordnete Verhältnisse herzustellen und den Schurken zur Ehe zu ermuntern. Vor allem dann, wenn es für das Verfehlen kleine Beweise mit Hand und Fuß gab.

Die verführte Adelheid Veydulden wandte sich Mitte des 15. Jahrhunderts Hilfe suchend an das städtische Gericht, das nach der Beweisaufnahme den Angeklagten Lotze Wagener in Beugehaft nahm. Nach wenigen Tagen wurden die beiden vor das Brauttor einer Mainzer Kirche geführt: Lotze blieb standhaft. Allerdings gaben ihm der Richter und weitere Anwesende diskret zu verstehen, dass die Ehe gesünder für ihn wäre; weigerte er sich, würde man ihn aufhängen. Zumindest schilderte Lotze den Vorgang so in seiner Supplik an Papst Pius II., um zu zeigen, dass er nur unter Furcht und Androhung von Gewalt der Eheschließung zugestimmt hatte (nach der er sich übrigens schleunigst aus dem Staub machte).

Ein wichtiges Detail war die Frage des Beischlafs: Egal, wie oft ein Mann mit einer Frau geschlafen hatte – aus Sex erwuchs keine Verpflichtung zur Ehe. Ebenfalls im 15. Jahrhundert hatte Johannes Eysselin aus Augsburg ein sexuelles Verhältnis mit Anna Burglin. Dann aber drangen bei einem Schäferstündchen plötzlich ihre Verwandten mit Waffen auf ihn ein, packten ihn »beim Kragen«[205] und stellten ihn vor die Wahl: Heirat oder Tod! Gerissen wie er war, hob er beim Schwur nur zwei anstatt drei Finger; zudem erhielt er von einem rechtskundigen Freund den Tipp, nur ja nicht mit Anna die Ehe zu vollziehen. Ein willkommenes juristisches Schlupfloch, das ihm zusammen mit dem Hinweis auf Furcht und Zwang den Ausweg bot. Allerdings dürfte ihn das Augsburger Gericht zumindest zur Zahlung des Kranzgeldes verdonnert haben, also einer Entschädigungszahlung für Annas Jungfräulichkeit.

Ebenso konnte der Papst eine Verlobung oder Ehe auflösen, wenn ein Irrtum in der Person des Partners (*error in persona*) glaubhaft gemacht wurde. Gertrud von Lakendorff, eine Konstanzer Adelige, war auf einen Betrüger hereingefallen, der sich als reicher Adeliger aus dem Baltikum ausgegeben hatte. Sie heiratete ihn, bekam Kinder – und erfuhr erst dann, dass er ein Hochstapler war. 1470 wandte sie sich an den Papst, um die Ehe für nichtig erklären zu lassen und eine neue Verbindung eingehen zu können.

Raus aus den Wolken: Der Ehealltag

Nach der Hochzeit musste sich das Paar in der neuen Situation »Ehe« zurechtfinden. Auf Fürstentöchtern, die in die Ferne vermählt wurden, lastete ein enormer »Anpassungsdruck«[206] in der fremden Hofgesellschaft, mit oft fremder Sprache und fremden Sitten. Obwohl die jungen Ehefrauen häufig von Vertrauten begleitet wurden, sah man diese am Hof des Ehemannes manchmal als unnötige Ausgabe und schickte sie nach Hause. Im Alltag hatten die Männer prinzipiell einen größeren (außerehelichen) Handlungsspielraum, sie waren mit Geschäften eingedeckt oder fanden als (Schürzen-)Jäger Zerstreuung. Ihre Ehefrauen liefen hingegen Gefahr zu vereinsamen – zumal dann, wenn sich die Ehe als alles andere als glücklich erwies. Die in Mantua geborene Barbara Gonzaga litt im 15. Jahrhundert im fernen deutschen Lande anscheinend unter heftigem Heimweh und kompensierte ihren Kummer mit Essen; auch bei Bianca Sforza, der reichen Braut Maximilians I., zeigte sich eine depressive Verstimmung; sie naschte Delikatessen, bis ihr schlecht wurde.

Glück oder Unglück einer Ehe hing in allen Schichten davon ab, wie gut sich die Ehepartner verstanden. Im besten Fall entwickelten sie kameradschaftliche Gefühle oder gar Liebe für einander, was von der Umwelt teils erstaunt zur Kenntnis genommen wurde. In der Neuzeit gehörte es in den adeligen Kreisen zum guten Ton, sich in der Öffentlichkeit nicht allzu vernarrt in den eigenen Ehepartner zu zeigen, sondern noble Reserviertheit an den Tag zu legen. 1762 schrieb Geneviève de Malboissière an Adelaide Malboissière über eine gemeinsame Bekannte: »Stell dir vor, Monsieur de Flavigny ist immer noch in seine Frau verliebt. Welch eine andauernde Leidenschaft nach zehn Monaten Ehe in engstem Zusammenleben! Sie werden der Nachwelt ein Beispiel sein.«[207]

Richard Jones, der im späten 18. Jahrhundert in Ruthin in Wales aufwuchs, schrieb Erfahrungen seiner Kindheit nieder. Nach einer schlechten Ernte unterbreitete seine Mutter dem Vater einen Vorschlag, wie sie ihr Einkommen aufbessern könnten: »›Ich möchte dir einen Handel vorschlagen; ich werde den ganzen Winter hindurch das Essen für uns und die beiden Kinder beschaffen, wenn du zusätzlich zur Versorgung des Pferdes, des Viehs und der Schweine das Buttern übernimmst, abwäschst, die Betten machst und das Haus säuberst. Ich forme die Butter selbst.‹ ›Wie willst du das schaffen?‹ fragte mein Vater. ›Ich werde stricken‹, sagte sie. ›Wir haben Wolle, wenn du sie krempelst, werde ich sie spinnen.‹ Der Handel galt; mein Vater erledigte die Hausarbeit zusätzlich zu der Arbeit auf dem Hof, und meine Mutter strickte … und auf diese Weise hielt sie uns am Leben bis zur nächsten Ernte.«[208]

Mit der Eheschließung wurde aus Mann und Frau ein Ehepaar, eine Einheit in sozialer wie in wirtschaftlicher Hinsicht. In guten wie in schlechten Zeiten galt es, zusammen den oft sehr harten Lebensalltag zu meistern. Das »Ehe- und Arbeitspaar«[209] (Heide Wunder) war der harte Kern der Bürger- und Bauernhaushalte, die wiederum die Basis der seit dem 11. Jahrhundert entstandenen städtischen und bäuerlichen Gemeinden bildeten. So wie die Bauersfrau kräftig mit anpacken musste, war die Gattin eines Handwerkers oder Kaufmannes häufig im Geschäft tätig und übernahm durchaus verantwortungsvolle Positionen, beispielsweise als Stellvertreterin des Mannes, wenn dieser auf Reisen war. Im Adel war die Frau Hausherrin und hatte zudem wichtige repräsentative Pflichten zu erfüllen.

»Der gemeinsam zu führende Haushalt war eine ökonomisch begründete ›Überlebensgemeinschaft‹«[210], die nur durch ein konstruktives Miteinander funktionieren konnte. Noch heute ist eine Ehe eine Wirtschaftsgemeinschaft, in der Fragen des Haushaltens oder des Sparens für Ziele wie ein neues Auto oder ein Eigenheim zur Sprache kommen.

Erweiterte sich die Ehe zur Familie, sprich, wurden Kinder geboren, kam zur Rolle des Ehepaares zusätzlich die Elternrolle mit all ihren Herausforderungen, Konfliktstoffen, Freuden und Sorgen. Darauf kann aber im Rahmen dieses Buches nicht näher eingegangen werden.

Gleich und gleicher

Die Frage nach dem Stellenwert von Mann und Frau in der Ehe ist nicht einfach zu beantworten. In den unterschiedlichen Epochen versuchten Theologen und Philosophen, Antworten zu finden, wobei es meist auf die Unterordnung der Frau hinauslief.

Bei den Kelten bestand eine patriarchalische Struktur der Gesellschaft; die Männer hatten – so Caesar – volle Gewalt über Leben und Tod ihrer Frauen. Dennoch kannten sie auch die Möglichkeit der weiblichen Herrschaftsfolge bei Töchtern und Witwen von Fürsten. Laut Ammianus Marcellinus sollen Gallierinnen (nicht nur in jenem kleinen, berühmten Dorf voller unbeugsamer Bewohner) sogar ihre Männer verprügelt und, wenn Not am Manne war, sich an Kämpfen beteiligt haben. In irischen Sagen wird von saufenden und streitbaren Frauen berichtet. Wie Plutarch überliefert, hätten weise, keltische Frauen vor der Auswanderung nach Italien mitgeholfen, innere Kämpfe zu überwinden, und durften seitdem gemeinsam mit den Männern über Krieg und Frieden beraten.

Antike Autoren gingen generell von der Inferiorität des weiblichen Geschlechtes aus, die Frau würde dem Ehemann Gehorsam schulden; andererseits wurde sehr wohl anerkannt, dass Mann und Frau ihr Leben miteinander teilten und möglichst eine enge Einheit bilden sollten. In Griechenland unterstanden Frauen ihrem Ehemann oder einem männlichen Verwandten; in Quellen scheinen sie daher meist als »Frau des X« oder »Schwester des Y«[211] auf. Was Geselligkeiten und Freizeitgestaltung betraf, hing es von den Normen der jeweiligen Gesellschaft ab, inwieweit das Ehepaar gemeinsam an Veranstaltungen teilnehmen konnte oder ob ihnen getrennte gesellschaftliche Sphären zugewiesen wurden. In Athen war es undenkbar, anständige Ehefrauen zu Gastmählern zuzulassen; nur Hetären, also Damen von zweifelhaftem Ruf, hatten Zutritt. Auf der Apenninhalbinsel nahmen die Frauen stärker am öffentlichen Leben teil. Bei den Etruskern war es üblich, dass Frauen wie Männer Wein tranken. Obwohl über die Ehe und die rechtliche Ehestellung der Frauen bei den Etruskern wenig bekannt ist, zeigt sich bei der Grabkunst, dass Paare auf Augenhöhe miteinander gezeigt werden; daher wird eine hohe rechtliche Stellung der Frau vermutet.

Bereits antike Autoren wiesen auf die starken Gegensätze zwischen der Stellung der Frau in Griechenland und im Römischen Reich hin. Römerinnen konnten öffentliche Schauspiele, Gladiatorenkämpfe oder das Theater besuchen, auch an Gastmählern nahmen Ehefrauen selbstverständlich teil – unvorstellbar für die meisten Griechen. Aber auch in Griechenland bestand im 7. und 6. Jahrhundert vor Christus ein »ausgesprochen differenziertes Frauenbild«[212], wobei auf den Unterschied zwischen Athen und Sparta verwiesen wird: »Von Unterdrückung der Frau hören wir hier [in Sparta] nämlich wenig. Ganz im Gegenteil nehmen die Mädchen an sportlichen und kriegerischen Wettkämpfen teil. Frauen bewegen sich frei in der Öffentlichkeit und unter Männern, verwalten das Grundeigentum, das ihnen zum Gutteil auch rechtlich gehört, und schalten und walten überhaupt nach ihrem Dafürhalten. [...] Spartanerinnen gingen auch nicht im Kindes- oder Jugendalter die Ehe ein, sondern als voll erblühte und sportgestählte Zwanzigerinnen. Das Gebären – mit seiner häufigen Todesfolge – wurde dem männlichen Todesmut in der Schlacht gleichgesetzt und entsprechend hoch bewertet und geehrt.«[213] Mit der Abwertung der Frau stand das klassische Athen, so Michael Weithmann, in der griechisch-römischen Antike »ziemlich einzigartig da«.[214]

Wer ist der Herr im Haus? Aus (Bad) Radkersburg in der unteren Steiermark berichtete die *Vossische Zeitung* 1785: »Hier lebt ein Weber und Herr seines Hauses, nicht aber seines Weibes, sonst ein witziger Kopf. Sein Weib prügelt ihn aus, so oft und wie sie es nur immer für gut befindet. Es geschah nun, daß sie sich wieder [nicht] vertrugen, und die Frau ergriff ihre theure Hälfte, und warf den armen Tropf ohne alle Umstände gerade unter den Tisch, als eben der Nachbar ins Zimmer trat. Was ist das, Herr Nachbar, warum denn heute unter dem Tische? Der Weber wußte sich gleich zu fassen, und sprach: Was geht das dem Herrn Nachbar an? Ich bin Herr im Hause und kann sitzen wo ich will.«[215]

Die christlichen Gelehrten der Spätantike und des Mittelalters griffen sowohl auf die Heilige Schrift und die Literatur der Kirchenväter wie auch auf die griechisch-römischen Traditionen mit ihrer tendenziellen Abwertung der Frau zurück. »Undenkbar war den Griechen ebenso wie den Römern das für Jesus und die frühen Christen gleichermaßen Selbstverständliche: daß Frauen ›Prophetinnen, karitativ Tätige, theologische Lehrer, Förderer und führende Persönlichkeiten der Kirche‹ werden konnten. Stattdessen sahen sie die Frau gegenüber dem Mann als ein ›sekundäres Geschöpf‹, als ›das schwache Geschlecht in des Wortes eigentlicher Bedeutung‹, als ›nicht richtig fertig gewordener Mann‹.«[216] Die im Schöpfungsbericht angesprochene Ebenbildlichkeit von Mann und Frau – »Und Gott der Herr sprach: Es ist nicht gut, dass der Mensch alleine ist, wir wollen ihm eine Hilfe machen, die ihm ähnlich ist.«[217] (Gen 2,18) – wurde zwar

117

im Laufe des Mittelalters zugunsten einer Unterordnung der Frau zurückgedrängt, dennoch brachte die christliche Position der Frau im Vergleich zum archaischen und germanischen Recht »eine erhebliche Aufwertung«[218].

Übrigens versuchten einzelne Übersetzer durchaus, eine andere Gewichtung anzubringen. In der Fassung des Calvinisten Sebastian Castellion im 16. Jahrhundert hieß es an der entsprechenden Stelle: »Ich erschaffe ihm eine Hilfe, die ihm eigen ist«[219]. Das klingt etwas anders, oder?

Gabriela Signori hat die Aussagen mittelalterlicher Theologen zur Ehe gekonnt zusammengefasst und zeigt, dass die frauen- und ehefeindlichen Stimmen »Meinungen in einem an sich bemerkenswert breiten Meinungsspektrum«[220] waren – es gab auch ganz andere Äußerungen. Im 12. Jahrhundert schrieb Gratian in seinem *Decretum Gratiani* von der Unterordnung der Frau und dem Herrschaftsrecht des Mannes. Aber bereits Ende des 11. Jahrhunderts findet sich beispielsweise bei Marbod, dem Bischof von Rennes, die Ansicht von der Gleichheit der Geschlechter: »Denn wir sind gleich, leben unter derselben Bedingung und es gibt nichts, was wir nicht teilten.«[221] Der Theologe Hugo von Sankt Viktor leitete im 12. Jahrhundert die Gleichrangigkeit von Mann und Frau aus dem Schöpfungsbericht ab: »Aus der Seite des Mannes aber ist die Frau erschaffen worden, damit offenbar wird, dass sie für das Miteinandersein in Freundschaft und Zuneigung (*consortium dilectionis*) erschaffen worden ist. Wäre sie nämlich aus seinem Haupt entsprungen, hätte es den Anschein erweckt, sie wäre zur Herrschaft bestimmt. Wäre sie aber den Füßen entnommen, hätte es den Anschein gehabt, sie wäre zur Knechtschaft bestimmt [und dem Manne] unterworfen.«[222]

Die Rippenmetapher wurde von zahlreichen Theologen aufgegriffen, um das von Gott gewollte Verhältnis zwischen Mann und

Frau zu deuten. Der Dominikaner Wilhelm Peraldus wurde im 13. Jahrhundert anatomisch noch genauer: »Auch wurde diese Rippe von einer Stelle in der Nähe von Adams Herzen genommen, damit ihr Mann sie lieb habe und weswegen auch die Frau ihren Mann herzlich lieb haben soll.«[223]

In seinem bis in die Frühe Neuzeit hinein weiter verbreiteten *Fürstenspiegel* (*De Regimine principum*) vertrat der Augustiner-Eremit Ägidius Romanus um 1300 die Auffassung, dass es keinen Unterschied zwischen den Geschlechtern gäbe. Der Mann stünde zwar der Frau vor, weil er mehr Vernunft besäße als sie; aber er dürfe sie nicht wie eine Magd behandeln, sondern sie sei seine Gefährtin. Konrad von Megenberg, der in Paris studiert hatte und den *Fürstenspiegel* kannte, vertrat in seinem in der Mitte des 14. Jahrhunderts entstandenen Werk *Ökonomik* eine gegensätzliche Meinung. Gleichheit von Mann und Frau? Niemals! Für ihn war der Hausvater der Herr des Hauses; die Ehefrau war Konrads Ansicht nach »die *prothoserva*, die Protomagd, die Erzmagd […] des Hauses bzw. des Mannes«.[224] Hingegen stellte der Pariser Magister Nicole Oresme ebenfalls im 14. Jahrhundert klar: »Wer seine Frau wie seine Magd (*serve*) oder seine Untermagd (*garde*) behandelt, tut ihr Unrecht. […] Nach der Heiligen Schrift und nach Aristoteles ist die Frau die Gefährtin des Mannes und nicht seine Dienerin.«[225]

Rechtsgelehrte der Frühen Neuzeit konnten sich hinsichtlich der Ehe und der Stellung von Mann und Frau auf eine Fülle christlicher und antiker Überlieferungen mit widersprüchlichen Ansichten stützen – und auch sie fanden nicht zu einer einhelligen Meinung. In ihrem Anfang des 15. Jahrhunderts verfassten *Buch von der Stadt der Frauen* nahm die französische Autorin Christine de Pizan ihr Geschlecht gegen frauenfeindliche Angriffe männlicher Schriftsteller in Schutz und löste damit einen literarischen Disput aus, der als *querelle des femmes* oder *querelle des dames* [in etwa Streit der Geschlechter] bekannt ist – für die rechtliche Position der Frau aber folgenlos blieb.

In der sogenannten Hausväterliteratur, die zwischen 1600 und 1750 aufblühte, wurde der Mann als Steuermann des ehelichen Schiffes betrachtet. Trotz der angenommenen Unterlegenheit der Frau forderten die Autoren aber Einigkeit und Zusammenarbeit der Eheleute, gerade auch in wirtschaftlicher Hinsicht. Mann und Frau sollten sich ergänzen und respektvoll miteinander umgehen.

Im Zeitalter der Aufklärung wurde die Debatte zunehmend im Zeichen der Vernunft geführt und die Ehe als bürgerlicher Vertrag in die Diskussion über den allgemeinen Gesellschaftsvertrag, der sich in den Staatslehren des 16. bis 18. Jahrhunderts nur auf Männer bezog, eingebunden. In der Naturrechtslehre war die Unterordnung der Frau unter den Mann so gut wie unbestritten; nur sah man Erklärungsbedarf: Mit der Eheschließung würde sich die Frau freiwillig unter die Herrschaft des Mannes begeben. »Es ist also keine Verbindung des Weibes zum Gehorsam zugegen, bevoren sie mit ihrer Einwilligung sich dem Manne unterworfen hat«[226], so der Naturrechtsphilosoph Samuel Pufendorf im 17. Jahrhundert. Auch für Johann Gottlieb Fichte stand die freiwillige Unterwerfung der Gattin außer Zweifel, »weil die Frau ›der Natureinrichtung‹ der Ehe nach ›um eine Stufe tiefer [steht] als der Mann‹«.[227]

Durch die Revolutionen in Amerika und in Frankreich im ausgehenden 18. Jahrhundert wurde die Diskussion um Freiheit und Gleichheit angeheizt – und von manchen Frauen dazu genutzt, die traditionelle Rolle des weiblichen Geschlechts kritisch zu hinterfragen. Die englische Schriftstellerin Mary Wollstonecraft trat in den frühen 1790er-Jahren entschieden für die Gleichberechtigung der Frauen ein. 1791 verfasste im revolutionären Frankreich Olympe de Gouges, ausgehend von der Erklärung der Menschen- und Bürgerrechte, eine *Erklärung der Rechte der Frau und Bürgerin*, die auch einen »Entwurf eines Gesellschaftsvertrages für Mann und Frau« enthielt.[228] Dieser hielt Rechte und Pflichten einer Paarbeziehung fest, wobei auch die Stellung der Kinder berücksichtigt wurde, und sollte die herkömmliche Ehe ersetzen.

Die vom Naturrecht geprägten Gesetzeswerke um 1800, nämlich das preußische Allgemeine Landrecht (1794), Napoleons Code civil (1804) und das österreichische Allgemeine Bürgerliche Gesetzbuch (1811), gingen weiterhin davon aus, dass der Ehevertrag zugleich ein Herrschaftsverhältnis begründete, in dem der Mann das Haupt und Inhaber der eheherrlichen Gewalt war, während die Frau zu Gehorsam und persönlicher Dienstleistung verpflichtet wurde. Trotz der bürgerlichen und sozialistischen Frauenbewegung des 19. Jahrhunderts wurden noch 1900 im Bürgerlichen Gesetzbuch für das Deutsche Reich dem Mann weitreichende Entscheidungsbefugnisse zugesprochen. Mit der Gesetzgebung der Weimarer Republik erhielten die Frauen ihre volle Rechtsfähigkeit und politische Mündigkeit. Im Dritten Reich sollte der Mann »als *Führer* der Familie verantwortungsbewußt […] handeln und seine Frau als Beraterin […] akzeptieren«.[229]

Die Schriftstellerin, Philosophin und Feministin Simone de Beauvoir veröffentlichte 1949 ihr Buch *Das andere Geschlecht*, in dem sie die Geschlechterrollen auch hinsichtlich der Ehe kritisch hinterfragte: »Das Schicksal, das die Gesellschaft herkömmlicherweise für die Frau bereit hält, ist die Ehe. Auch heute noch sind die meisten Frauen verheiratet, sie waren es, sie bereiten sich auf die Ehe vor, oder sie leiden darunter, daß sie nicht verheiratet sind. […] Die wirtschaftliche Entwicklung der weiblichen Lebensbedingungen ist dabei, die Einrichtung der Ehe umzustürzen: Sie wird zu einer frei eingegangenen Vereinigung zweier autonomer Eigenpersönlichkeiten. Die Gatten verpflichten sich persönlich und gegenseitig. Der

Ehebruch ist für beide Teile eine Aufkündigung des Vertrages. Die Scheidung ist dem einen wie dem andern unter gleichen Bedingungen zugänglich. [...] Auf jeden Fall ist die Bevormundung durch den Mann im Verschwinden begriffen. Jedoch ist die Zeit, in der wir heute leben, vom Standpunkt der Frauenfrage aus noch eine Zeit des Übergangs. [...] Die Ehe bietet sich dem Mann und der Frau stets grundverschieden dar. Die beiden Geschlechter sind aufeinander angewiesen, aber diese Notwendigkeit hat nie zwischen ihnen zur Gegenseitigkeit geführt.«[230]

In der BRD trat 1958 das Gleichberechtigungsgesetz in Kraft; in Österreich wurde 1975 der Gleichheitsgrundsatz im Eherecht eingeführt: »Die persönlichen Rechte und Pflichten der Ehegatten im Verhältnis zueinander sind, soweit in diesem Hauptstück nicht anders bestimmt ist, gleich.«[231] Doch »Verallgemeinerungen über die Qualität der Ehe quer durch alle Kulturen und Klassen, durch Zeit und Raum strapazieren die Möglichkeiten eines jeden Historikers«[232]; zwischen festgeschriebener Theorie und lebensweltlicher Praxis konnte ein himmelweiter Unterschied bestehen. »Das ausgeprägt patriarchalische Modell, wie es die Ratgeberliteratur staatlicher und kirchlicher Provenienz vertrat, stellt sich möglicherweise etwas anders dar, wenn man es am tatsächlichen Erleben konkreter Paare mißt, an der ›Ehe in Aktion‹.«[233]

Im Mittelalter kam eine Frau beispielsweise als Herrscherin im Namen eines unmündigen Sohnes an die Macht wie zahlreiche Merowingerköniginnen, beispielsweise Chrodechilde nach dem Tod Chlodwigs I. im Jahr 511, oder die berühmte Byzantinerin Theophano, die Witwe Ottos II. In England regierte Elisabeth I. ohne einen Mann an ihrer Seite. Andere Fürstinnen waren zwar verheiratet, aber keineswegs bereit, das Zepter aus der Hand zu geben. In der Habsburgermonarchie war es Maria Theresia, in England die Königin Victoria, die ihre Männer – nein, das ist jetzt keine böse Anspielung auf ihre Leibesfülle, oder zumindest nur eine kleine ... – in den Schatten stellten. Obwohl Franz Stephan Kaiser des Heiligen Römischen Reiches war, hatte er bei der Regierung der Habsburgermonarchie wenig mitzureden; Mutti macht's. Nicht einmal bei der Ausgestaltung der Innenräume von Schloss Schönbrunn wurde er miteinbezogen. Er konzentrierte sich darauf, als »Wirtschaftsmagnat«[234] Reichtümer anzusammeln, auf die Maria Theresia angesichts leer geräumter Staatskassen immer wieder gerne zurückgriff. Trotz seiner notorischen Untreue zeugte er mit seiner Frau 16 Kinder. Die Eifersucht der ersten Ehejahre legte Maria Theresia wohl notgedrungen ab; nach 30 Ehejahren riet sie ihrer Tochter Maria Amalia: »Je mehr du deinem Manne Freiheit lässest, desto liebenswürdiger wirst du ihm sein und um so mehr wird er dich suchen. [...] Alles Glück der Ehe besteht in Vertrauen und beständigen Gefälligkeiten. Die törichte Liebe vergeht bald; aber man muß sich achten, sich gegenseitig, wo immer nur möglich, nützlich sein.«[235]

Prinz Albert, der zweite Sohn von Herzog Ernst I. von Sachsen-Coburg, tat sich anscheinend schwer damit, in England nur die zweite Geige zu spielen. Wie so vielen Männern bereitete es ihm Probleme, die traditionelle Geschlechterordnung mit dem Mann als Oberhaupt der Familie mit seiner Lebensrealität in Einklang zu bringen. Im Mai 1840 schrieb er bekümmert: »*Die Schwierigkeit, meinen Platz mit voller Würde auszufüllen, liegt darin, daß ich nur der Mann, aber nicht der Herr im Hause bin.*«[236] Doch als er seine Position bei Hofe festigen konnte und zum Berater seiner Frau aufstieg, zeigte er sich zufrieden, denn er wurde seiner Ansicht nach »*das natürliche Familienoberhaupt, Oberinspektor des königlichen Haushalts, Manager der Privatangelegenheiten der Königin, einziger vertrauter Berater in politischen Fragen, einziger Gehilfe in ihren Beziehungen zu den Mit-*

gliedern der Regierung, außerdem ihr Ehemann, Erzieher der Kinder, Privatsekretär der Königin und ihr ständiger Minister«.[237]

Martin Luther tat mit der aus dem Kloster entlaufenen Nonne Katharina von Bora einen Glücksgriff: Nur zu gerne überließ er ihr die Position einer »Managerin«; wirtschaftlich begabt und selbstbewusst, besserte sie das Familieneinkommen auf und investierte geschickt in Immobilien. Gehässige Zungen nannten sie »Herr im Haus«[238], aber Luther war mehr als zufrieden, zumal er von finanziellen Belangen wenig verstand. Unter Käthes Haushaltsführung wurde der lutherische Haushalt bald zu einem der wohlhabendsten Wittenbergs. Zudem war sie auch in die reformatorische Arbeit eingebunden und eine wertvolle Mitarbeiterin, die beispielsweise die Drucklegung der Schriften beaufsichtigte. Das Lutherhaus wurde solcherart zum Vorbild für das evangelische Pfarrhaus.

Manche Ratgeber aus der Mitte des 20. Jahrhunderts empfahlen, allen gesellschaftlichen Veränderungen der Zeit zum Trotz, das traditionelle Rollenmuster zwischen Mann und Frau aufrechtzuerhalten. Um des lieben Friedens – und einer harmonischen Ehe – willen sollten die Gattinnen den Mann als Hausherrn anerkennen und ihm den Rücken stärken (oder den Bauch pinseln). Ein bisschen schwindeln war dabei ausdrücklich erlaubt. Der US-amerikanische Psychologe Clifford Adams lehrte in seiner »Making Marriage Work«-Kolumne, die im *Ladies' Home Journal* erschien, wie Frauen Männer glücklich machen konnten. Er berichtete von einer Frau, die ihre Ehe folgendermaßen rettete: »She encouraged him to try a new card game, then played poorly herself so his score would look good.«[239] Gut, sie stellte sich auch noch bei anderen Aufgaben bewusst dämlich an, damit ihr Mann herrlich mit seiner Überlegenheit glänzen konnte …

Auch der Familientherapeut Paul Popenoe, übrigens ein Mitbegründer des oben genannten Journals, empfahl der Hausfrau, ihrem berufstätigen Mann eine verständnisvolle Zuhörerin zu sein, wenn dieser über seinen harten Arbeitstag klagte. Nur kritisieren dürfe sie ihn ja nicht: Denn dazu fehlte der Frau die notwendige Kompetenz.

Und umgekehrt? Wie sieht es mit dem Verständnis von Männern für den arbeitsreichen Alltag einer Hausfrau aus? Davon können Frauen ein Liedchen singen.

Das bisschen Haushalt …

»Muß das Haus gefegt werden? Ja. – Ja. Laß es sie fegen. Muß das Geschirr gespült werden? Laß es sie spülen. […] Aber es ist doch eine Dienerin da! – Und wenn eine Dienerin da ist. Laß es sie [die Gattin] machen, nicht weil es nötig ist, daß sie es macht, sondern als Übung für sie. Laß sie die Kinder hüten, die Windeln waschen und sonst alles«, predigte der Franziskanermönch Bernhardin zu Beginn des 15. Jahrhunderts. Und warum? »Wenn du ihr nicht angewöhnst, alles zu machen, wird sie bald ein hübsches Stück Fleisch werden. Laß sie nicht in Ruhe, sag ich dir. Solange du sie in Trab hältst, wird sie nicht am Fenster hängen und ihr nicht das eine oder andere durch den Kopf gehen.«[240]

Martin Luther vertrat als ehemaliger Mönch und glücklicher Ehemann und Vater eine andere Meinung: »Wenn ein Mann herginge und wüsche die Windeln oder tät sonst am Kinde ein verachtet Werk, und jedermann spottete seiner und hielte ihn für einen Maulaffen und Frauenmann«, dann wären diese Spötter die »größten Narren auf Erden«[241].

Wohn- und Arbeitsbereich lagen noch im Mittelalter und in der Frühen Neuzeit nahe beisammen, die Tätigkeitsfelder Haushalt und Beruf überschnitten sich häufig. Im Lauf der Neuzeit etablierte sich jedoch das bürgerliche Familienmodell, wonach der Mann außer Haus seinem Beruf nachging und das Geld heimbrachte und die Frau für den Haushalt und die Kinder zuständig war. Während der

Ernährer der Familie hoch geschätzt wurde, erfuhr die weibliche Tätigkeit eine gesellschaftliche Abwertung dahingehend, dass die Haushaltsarbeiten nicht als wertvolle Arbeit, sondern als selbstverständlicher Akt weiblicher Liebe und Fürsorge gedeutet wurden.

Dass in der Realität die Grenzen verschwammen, auch bürgerliche Frauen am Geschäft und Handwerk beteiligt waren, ist mittlerweile unbestritten. Das bürgerliche Modell färbte auf die Arbeiterschicht ab, nur sah hier die Realität ganz anders aus: Auf das Einkommen der Frau – und sei es aufgrund kleiner Kinder »nur« Heimarbeit oder Teilzeitarbeit – konnte die Familie selten verzichten. Bäuerinnen und Arbeiterinnen waren ganz nebenbei für das traute Heim und die Kindererziehung zuständig. Diese Doppelbelastung der Frau, einerseits einem Beruf nachgehen und aus purer Notwendigkeit zum Familieneinkommen beitragen zu müssen, andererseits aber weitgehend allein für Haushalt und Kinder verantwortlich zu sein, wurde zur Norm und ist bis heute ein heißes Thema.

Käthe Schirmacher gehörte vor dem Ersten Weltkrieg zu den führenden Kräften des radikalen Flügels der bürgerlichen Frauenbewegung. In ihrer Analyse »*Hausarbeit als Voraussetzung außerhäuslicher Produktion: Käthe Schirmacher über Frauenarbeit im Hause*« (1905) kämpft sie für die gebührende Wertschätzung der weiblichen Arbeitsleistung, da »Frauenarbeit fast immer unter ihrem Werte bezahlt wird«.[242] Unter »häuslicher Frauenarbeit« versteht Schirmacher »alle die Verrichtungen […], die zur Führung der Haushaltung, zur Existenz und zum Wohlsein der Familienmitglieder unentbehrlich sind«[243], also die »Gesamttätigkeit der Hausfrau und Mutter«[244]. »Wer nie Hausarbeit getan noch ein Hauswesen geführt hat, (und das ist leider bei fast allen Männern der Fall) kann sich nur einen unvollkommenen Begriff von dem Charakter dieser Arbeit machen. Rein materiell gesprochen, füllen sie den ganzen Tag aus; kaum ist das erste Frühstück besorgt, so heisst es ans Mittagessen denken; ist das Geschirr aufgewaschen, so muss man das Vesper serviren, und ist das erledigt, kann man zu Abend kochen. Und so geht's alle Tage ohne Ausnahme, ja, an Sonn- und Festtagen kommt noch Extraarbeit dazu.«[245]

Wenn die Frau ihrem Mann nicht die häuslichen Tätigkeiten ab- nehmen würde, könnte er gar keinem Beruf nachgehen, so Schirma- chers Argumentation. »Die häusliche Frauenarbeit ist die conditio sine qua non der ausserhäuslichen Berufsarbeit des Mannes. Wäre der Mann, von Anbeginn der Zivilisation an, verpflichtet gewesen, jeden Tag sein Zimmer zu fegen, sein Bett zu machen, seinen Markt und seine Küche zu besorgen, seine Kleider zu nähen und seine Kinder zu hüten, er hätte unmöglich seinen Geist bilden, erfinden und entdecken können.«[246]

Ihre Schlussfolgerung: »Was der Mann leistet, leistet er dank ihrer Mitarbeiterschaft«[247]. – »Ich schliesse daher aus dem Vorhergehen- den, dass die Arbeit der Hausfrau und Mutter eine wirkliche Berufs- arbeit ist«[248], es ist ihr »Brotverdienst«[249].

Damit hätte die Frau Anspruch auf einen Teil des männlichen Ein- kommens.[250] »Der Gedanke, dass die Frau im Hause ihren Unterhalt durch ihre häusliche Tätigkeit verdient, dass ein Teil des Männerloh- nes oder Männerverdienstes ihr von Rechtswegen gebührt und ihr zur Verfügung stehen sollte, dieser Gedanke ist in den Köpfen der Gesetzgeber noch nicht aufgetaucht.«[251]

Sie kritisiert die in manchen Kreisen aufgestellte Theorie, dass jede verheiratete Frau einen Beruf ausüben sollte, um »direkt Geld zu verdienen«[252], damit wäre sie von ihm finanziell unabhängig und ihr Anspruch auf Gleichberechtigung würde anerkannt werden. »Ich verweile einen Augenblick bei dieser neuen Richtung, die beson- ders in Deutschland zu Tage tritt, denn ich halte sie für irrtümlich und daher bedenklich.«[253] Frauenrechtlerinnen, die Frauen zwei Berufe aufladen wollen (Beruf und Hausfrau / Mutter), »schlagen also eine falsche Richtung ein«. Eine Hausfrau und Mutter ist mit ihren Tätigkeiten ausgelastet, sie muss sich nicht durch einen weiteren Beruf zusätzliche, neue Bürden aufladen.[254]

Die Pflicht der verheirateten Frau, ihrem Mann den Haushalt zu führen, war gesetzlich verankert, so im deutschen Bürgerlichen Gesetzbuch des Jahres 1900. Allerdings sahen sich die Gesetzgeber schrittweise gezwungen, ihre Regeln der sozialen Wirklichkeit anzupassen, die im Laufe des 20. Jahrhunderts von einer zunehmend höheren Bildung der Frauen, weiblicher Berufstätigkeit und damit wirtschaftlicher Unabhängigkeit geprägt war. 1957 hieß es im entsprechenden Paragrafen des Familienanpassungsgesetzes der BRD: »Die Frau führt den Haushalt in eigener Verantwortung. Sie ist berechtigt, erwerbstätig zu sein, so weit dies mit ihren Pflichten in Ehe und Familie vereinbar ist.«[255]

Allerdings dominierte in Eheratgebern von den 1930er- bis zu den 1960er-Jahren weiterhin die Ansicht, dass die Frau für den reibungslosen Ablauf des Haushaltes verantwortlich war – und davon das Glück der Ehe abhing. In einer seiner Kolumnen meinte der bereits genannte amerikanische Psychologe Clifford Adams: »[T]he bride who wants to do her full job will plan from the start to create the kind of home her husband wants, and to do it with no more assistance from him than he willingly offers.«[256]

In den 1970er-Jahren geriet aber das Brotverdiener-Hausfrau-Modell in die Krise. Die Einkommen sanken, die Lebenshaltungskosten stiegen. Mit einem Gehalt allein konnte man(n) kaum noch eine Familie ernähren. Immer mehr Frauen – nicht nur in den USA – waren gezwungen, einen Job anzunehmen. Das führte selbstverständlich zu neuen Fragen in der Ehe: Wenn beide arbeiten, wie soll dann die Hausarbeit aufgeteilt werden? Was ist fair? Das wurde individuell (und manchmal wohl lautstark) ausgehandelt.

In Österreich wurde 1975 per Gesetz festgelegt: »Die Ehegatten haben an der Führung des gemeinsamen Haushalts nach ihren persönlichen Verhältnissen, besonders unter Berücksichtigung ihrer beruflichen Belastung, mitzuwirken; ist jedoch ein Ehegatte nicht erwerbstätig, so obliegt diesem die Haushaltsführung.«[257] Zwei Jahre später wurde auch in der BRD bestimmt, dass die Ehegatten »die Haushaltsführung im gegenseitigen Einvernehmen«[258] erledigen. In Österreich startete Bundesministerin Dr. Helga Konrad in den späten 1990er-Jahren eine politische Kampagne unter dem Namen »Halbe-halbe«, die von den Männern eine ausgewogene Beteiligung an der Hausarbeit forderte. 1999 wurde ein Eherechts-Änderungsgesetz verabschiedet, in dem das Partnerschaftsprinzip betont wird: »Die Ehegatten sollen ihre eheliche Lebensgemeinschaft […] mit dem Ziel voller Ausgewogenheit ihrer Beiträge einvernehmlich […] gestalten.«[259]

Wie sieht es in der Gegenwart aus? »Auffällig ist eine Diskrepanz zwischen der von den meisten Paaren vertretenen kulturellen Leitidee der Gleichheit der Geschlechter (›Partnerschaft‹) und der Wirklichkeit der häuslichen Arbeitsteilung.«[260] Studien belegen, dass der Hauptanteil der Hausarbeit nach wie vor von Frauen geleistet wird, die im Vergleich zu den Ehemännern durchschnittlich doppelt so viel Zeit dafür aufbringen. Auch die Arbeiten selbst unterscheiden sich, Frauen sind meist für die Wäsche und die Reinigung verantwortlich, Männer eher für Reparaturen oder das Auto zuständig. »Die Asymmetrie in der häuslichen Arbeitsteilung verschwindet auch bei Doppelkarriere-Paaren nicht, also bei Paaren, bei denen beide beruflich erfolgreich sind.«[261]

Eine vom Geschirrspülmittelhersteller »claro« mit dem Marktforschungsinstitut Marketagent.com Anfang 2015 durchgeführte Studie zur Haushaltsführung – ausgewertet wurden 526 Online-Interviews – bestätigt dies, wobei darauf hingewiesen wird, dass gerade auf männlicher Seite Selbsteinschätzung und Fremdwahrnehmung weit auseinanderklaffen. Männer sind der Meinung, sie würden 37 Prozent der Hausarbeit erledigen, während Frauen zu dem Schluss kommen, dass ihre besseren Hälften höchstens 25 Prozent leisten. Mit der Aufgabenverteilung im Haushalt sind 88 Prozent der Männer zufrieden, aber nur 59 Prozent der Frauen. Die Redakteurin der *Salzburger Nachrichten*, Karin Zauner, meint angesichts der Zahlen: »Männer überschätzen ihre Hausarbeit«[262], die Ergebnisse würden Frauen jedoch nicht überraschen. Ob ein männlicher Redakteur zu einer anderen Schlussfolgerung gelangt wäre?

Aber: Auch hier gilt das Prinzip der Individualität. In jeder Ehe werden die Rollenverteilungen und anfallenden Pflichten und Aufgaben ausgehandelt. Inwieweit ein Mann von sich aus bereit ist, sich aktiv am Haushalt zu beteiligen, zu kochen, zu bügeln oder mal den Staubsauger zu bedienen, hängt von seiner Persönlichkeit, Sozialisierung und der Partnerschaft ab; ebenso sind die Anforderungen, die Frauen an die innereheliche Verteilung der Aufgaben stellen, von Fall zu Fall verschieden. Dass Frau und Mann sich dabei nicht immer einig sind, dass ganz verschiedene Weltbilder prägend wirkten und oft ein gegensätzliches Rollenverständnis die Sichtweisen bestimmt, ist klar. Die beiden Standpunkte auf einen gemeinsamen Nenner zu bringen und einen für beide Seiten (er)tragbaren Kompromiss zu finden, ist die große Kunst. Womit wir beim nächsten Thema wären.

Haustyrann und Furie: Eheliche Konflikte

Das Idealbild der Ehe ist recht einfach zu umreißen: Ein friedliches, freundschaftliches Zusammenleben in gegenseitiger Liebe. Leichter gesagt als getan: Die Ehe ist eine Lebensgemeinschaft zweier Individuen mit all ihren menschlichen Stärken und Schwächen und Eigenheiten, mit Vorstellungen und Zielen, die nicht immer mit dem des Partners harmonieren. Für Martin Luther war der Teufel der Schuldige; da die Ehe Gottes Werk war, wollte er diese sabotieren und sorgte dafür, »dass Mann und Weib oft widereinander aufsässig werden«; daher gäbe es laut Luther nur wenige Ehen, »wo man nicht hadert, zankt, flucht, schilt, rauft und schlägt«[263].

Xanthippe, das unverträglichste Weib, das die Welt je gesehen hat. Nur ein überragender Philosoph wie Sokrates konnte sie aushalten. Oder? Über dieses berühmte Paar wissen wir wenig, zumal Sokrates selbst nichts schriftlich überliefert hat. Betrachtet man die historischen Persönlichkeiten, so ist eher Sokrates als seltsamer Kauz zu bezeichnen, der – entgegen den Sitten seiner Zeit – erst in sehr hohem Alter heiratete. Nach Weithmanns Berechnungen war er schon fast 60, während Xanthippe an die 20 war. Die beiden bekamen in etwa zwölf Ehejahren drei Söhne. Sokrates stand Frauen anscheinend sehr positiv gegenüber, zumal er seine Mutter – eine Hebamme – hoch schätzte. Und, nein, den Schierlingsbecher leerte er nicht, um seiner Ehe zu entkommen.

Wie kam Xanthippe zu ihrem schlechten Ruf? Daran ist im Grunde Xenophon schuld. Er benützte Xanthippe als Kunst- und Kontrastfigur, um die überlegene Gelassenheit und Schlagfertigkeit von Sokrates vorzuführen. Antisthenes ließ er fragen, warum Sokrates seine Xanthippe nicht erziehen würde, woraufhin Sokrates angeblich sagte: »Er trainiere sich wie ein ›Zureiter an störrischen Pferden‹ (Wortspiel mit *Xanth-hippe*!) an Xanthippes Unverträglichkeit, um desto besser mit allen anderen Menschen auszukommen.«[264]

Während Platons wenige, neutrale Worte zu Xanthippe kaum rezipiert wurden, stürzten sich die nachfolgenden Generationen »auf Xenophons ignorant offerierte Szenarios von Sokrates' Ehestreit und -zank«[265]; Stoiker und Kyniker (Zyniker) benutzten das Ehepaar, um ihre Weltsicht darzustellen. »Mit dem authentischen Sokrates und mit der wahren Xanthippe haben diese zynischen Burlesken freilich nichts, aber auch gar nichts zu tun.«[266] Xanthippe wurde zur »Stichwortgeberin« für die Geistesblitze ihres Mannes degradiert. So hätte sie geklagt, dass Sokrates unschuldig sterben würde; darauf dieser: »Wäre es Dir lieber, ich stürbe schuldig?«[267]

Berühmt ist vor allem die oft wiederholte Szene, wonach Xanthippe dem Sokrates nach einem Streit Spülwasser über den Kopf schüttete. »Ich wusste es, nach dem Donnerwetter folgt der Regen«[268], soll er von sich gegeben haben. Ein Bild, das noch in der Neuzeit oft dargestellt wurde, gerne mit einem Nachttopf.

Hinsichtlich der Ehe hätte Sokrates, ganz im Sinne der Stoiker, auf die Frage, ob man heiraten solle, geantwortet: »Tu was Du willst, so oder so wirst du es bereuen.«[269]

Was sind die hervorstechenden Konfliktfelder (neben dem leidigen Thema Haushalt)? Streit gab es, wenn Geld und Ressourcen knapp waren und das schlechte Wirtschaften oder die Verschwendung durch einen Ehepartner die ganze Familie in eine Notlage brachte. Verbale und körperliche Gewalt scheint in den Quellen häufig auf; zudem wurde bereits in der Frühen Neuzeit übermäßiger Alkoholkonsum als soziales Problem bekämpft. Auch Streitigkeiten mit der (angeheirateten) Familie belasteten die Ehe, vor allem dann, wenn man mit vielleicht schon erwachsenen Stiefkindern oder Schwiegereltern unter einem Dach leben musste. Denn wie sich seit der Antike zeigt, heiraten Männer auch in zweiter (oder dritter oder vierter) Ehe bevorzugt junge Frauen im gebärfähigen Alter, sodass es gar nicht so selten vorkam, dass die Stiefmutter jünger war als die Kinder aus früheren Ehen. Und wenn es einer der Partner mit der ehelichen Treue nicht ganz genau nahm, konnte es schon sein, dass der andere ihm das übel nahm …

Weit verbreitet war der berüchtigte »Kampf um die Hosen«. Das tradierte Rollenbild mit dem Mann als Haupt der Familie kollidierte in der Praxis mit dem Anspruch auf gegenseitigen Respekt und Anerkennung und der Forderung nach Gleichberechtigung. Nach dem Soziologen Norbert Elias zeichnet sich »jede Beziehung durch eine Machtbalance«[270] aus; das heißt, dass auch in der Zweierbeziehung die Machtverhältnisse immer wieder neu ausverhandelt werden. Macht kann dabei auf verschiedenen Grundlagen beruhen, wie beispielsweise auf gesetzlich verankerten Rechten oder auf der Fähigkeit, Belohnungen anbieten und umgekehrt mit Strafen drohen zu können. Ein wichtiger Faktor ist die meist ungleich verteilte Verfügungsgewalt über die ökonomischen Ressourcen: Wer zahlt, schafft an.

Meist war der Mann der Brotverdiener. Und wenn sich die Rollen umkehrten? Ein Osnabrücker Knopfmacher verlor um die Mitte des 18. Jahrhunderts bei einem Unfall einen guten Teil seiner Sehkraft und die Familie war fortan darauf angewiesen, dass die Frau mit Tagelohnarbeit das Geld nach Hause brachte. Der im Haus des Paares lebende Geselle sagte dazu aus: »[D]er Vater könnte nicht mehr arbeiten, wollte aber immer commendieren, worüber dan wortwechsel und zu zeiten auch schlägereyen zwischen Mann und Frau stattfunden.«[271]

Streitigkeiten mussten nicht gleich zu Handgreiflichkeiten führen. Ehegatten hatten ein reiches Spektrum an Möglichkeiten, ihre Unzufriedenheit mit dem Partner auszudrücken, nicht nur über die klassische Strategie des Liebesentzuges und die Verbannung aus dem Ehebett. Wie sich in den Quellen zeigt, beschwerten sich Männer häufig über das »saure Gesicht« ihrer Frauen; was heutzutage der »Stinkefinger«, war in früheren Epochen der nackte Hintern, den man dem anderen als Zeichen seiner Verachtung entgegenstreckte. Als Herrscherinnen über Küche und Speisekammer konnten Frauen ihren Unmut über das Essen zeigen; dass sich ein Mann den Zorn seiner Liebsten zugezogen hat, merkt er auch heute noch, wenn er als ausgesprochener Fleischtiger nur noch Gemüselaibchen serviert bekommt. Umgekehrt neigte der eine oder andere dazu, seiner Allerliebsten den Teller nachzuwerfen.

Beschimpfungen wurden vor Gericht im Kontext des jeweiligen sozialen Umfeldes betrachtet. Schimpfwörter, die unter Adeligen zum Duell geführt hätten, gehörten in anderen Kreisen zum milieubedingten Vokabular und alltäglichen Sprachgebrauch. Im Mittelalter und in der Frühen Neuzeit, Epochen also, in denen die gesellschaftliche Stellung eines Menschen stark von seiner Ehre abhing – daher auch die Wirksamkeit sogenannter Schandstrafen – wurden Beleidigungen (Injurien) keineswegs auf die leichte Schulter genommen. Was unter Nachbarn für eine Klage vor Gericht ausgereicht hätte, hatte innerhalb der Ehe jedoch nicht dieselbe rechtliche Relevanz. Beschimpfungen kamen vor Gericht meist in Zusammenhang mit anderen Verfehlungen des Ehepartners zur Sprache. Bei den Schimpfwörtern zeigt sich ein geschlechterspezifischer Unterschied dahingehend, dass Männer Frauen häufig mit Beleidigungen bedachten, die (in den meisten Fällen unberechtigt) die sexuelle Ehre der Frauen infrage stellten (Hure, »schwere Noths Hur«[272]), während Frauen ihre Männer überwiegend ohne sexuelle Konnotation beschimpften (Schelm, Hund etc.).

Was tun, wenn der eheliche Konflikt nicht durch das Paar selbst gelöst werden konnte? Wie auch heute, wandten sich die Betroffenen zuerst an die eigene Familie oder Freunde. Der nächste Schritt war der vor die zuständige Behörde, wenn es eine gab. Im Mittelalter beanspruchte die Kirche die Aufsicht über das Innenleben der Ehe und wurde zu der ausschlaggebenden Instanz für Ehekonflikte. Seit Ende des 13. Jahrhunderts bestanden beispielsweise im Alten Reich bei den bischöflichen Gerichten (Offizialaten) eigene Abteilungen für Eheangelegenheiten, wobei die Gerichte auf Klage hin oder aus eigenem Antrieb tätig wurden. Doch auch die weltliche Obrigkeit war an funktionierenden Ehen interessiert; in der Frühen Neuzeit waren in Städten wie Basel und Augsburg die Ratsgerichte für die Ehegerichtsbarkeit zuständig. In protestantischen Gebieten wurde es üblich, dass für Ehekonflikte Kirchenräte oder Konsistorien eingesetzt wurden, die von Theologen und Juristen, also Vertretern der geistlichen wie der weltlichen Macht, gebildet wurden. Eine klare Trennung der Zuständigkeiten gab es nicht. Eheangelegenheiten galten als *res mixta* und fielen sowohl unter die weltliche als auch unter die kirchliche Jurisdiktion.

Es gab und gibt wohl kaum eine Ehe, in der keine Meinungsverschiedenheiten auftreten. Doch nur selten, zunehmend erst gegen Ende des 18. Jahrhunderts, trafen sich Paare im Streitfall vor Gericht. Noch im 19. Jahrhundert dürfte die Quote jener Paare, die eine amtliche Konfliktlösung anstrebten, unter 5 Prozent gelegen haben.

»Paris, vom 1. Dec. Ein reicher Eisenhändler in der Strasse St. Denis hatte vor zwey Jahren die Ehre, ein Frauenzimmer zu heyrathen, die durch den genauen Umgang mit einem gewissen Herzoge geadelt war. Diese würdige Frau fand bey ihrem Ehemann diejenige Artigkeit und das höfliche Bezeigen nicht, woran sie durch ihre ersten Liebhaber gewöhnet worden, und wurde daher schlüssig, wieder den alten Weg zu gehen. Der Kaufmann, der solches merkte, suchte das überflüssige Feuer seiner galanten Gattin zu dämpfen, indem er mit derselben in einem etwas härtern Tone sprach. Wie es aber in der Welt an Damen nicht fehlt, die eine große Stärke im Schreyen besitzen, so wurde auch der gute Mann gewahr, daß ihn, je lauter er sprach, seine geliebte Helfte desto stärker überschrie, und wie er ihr groß Maul nicht bändigen konnte, drohete er ihr, sie aus dem Fenster zu werfen. Der Schreyteufel aber both ihm trotz […] worauf der Mann seine Frau ohne Umstände ergrif und durch ein offenes Fenster hinunter auf die Gasse warf.

Die Frau zog sich dabei aber keine nennenswerten Verletzungen zu, rannte schnurstracks zurück ins Haus und drohte ihrerseits, dem Mann mit einer Eisenstange Arme und Beine zu zerschlagen. Die Nachbarn eilten herbei und versuchten, die ›Furie‹ zu besänftigen und die Eheleute miteinander zu versöhnen. Doch nur zu schnell kam es zu erneuten Streitigkeiten, ›welche auf Seiten der Frauen eine zweite Reise zum Fenster hinaus nach sich zogen.‹ Sie blieb an einer eisernen Stange hängen, zwei mitleidige Nachbarn halfen ihr herab. Der Mann »war schon im Begriffe gewesen, sich aus dem Staube zu machen, wenn der zweite Sprung trauriger abgelaufen wäre; weil er sich aber noch mit unter dem Haufen befand, sagte er mit kaltem Blute: Ey nun, es ist ja nur erst das zweyte mal von heute.«[273]

Welche Konflikte wurden vor den Gerichten verhandelt und was erhofften sich die Klagenden von einem Urteil? Detailstudien wie von Alexandra Lutz, welche die Akten des Münsterdorfischen Konsistoriums der Jahre 1650 bis 1770 ausgewertet hat, ergeben interessante Einblicke. Bei Konflikten in der Ehe war zumeist der örtliche Geistliche der erste Ansprechpartner. Oft klagten Ehefrauen dem Pfarrer oder – in protestantischen Regionen – dessen Ehefrau ihr Leid. Der Geistliche versuchte dann, zwischen den Eheleuten zu vermitteln, den Partner ins Gebet zu nehmen und zu einer Änderung seines negativen Verhaltens zu bewegen. Allerdings sollten die Kleriker auch selbst aktiv werden und von sich aus darauf achten, dass die Gläubigen den Vorschriften der Kirche gemäß lebten. Im 18. Jahrhundert übernahmen die Pastoren sozusagen die »Funktion eines ›Wächters‹ ihrer Pfarrkinder«[274] und sollten bei Visitationen die Lebensführung der Eheleute kontrollieren. Ab dem frühen 18. Jahrhundert wurden übrigens das Saufen (oft in einem Atemzug mit der Zockerei) als wichtigstes Zeichen für einen schlechten Lebenswandel betrachtet und die negativen Auswirkungen auf die Familien beklagt.

Half es nicht, den Betroffenen ins Gewissen zu reden, blieb der Gang vor Gericht. Zur Verhandlung vor dem Konsistorium Münsterdorf kamen nicht nur Ehebrüche und Scheidungsgesuche, sondern auch strittige Verlobungen oder Vaterschaftsfragen sowie die »bösliche Verlassung«, wenn sich einer der Ehepartner davonmachte. Viele Klagende strebten aber gar nicht ein Ende der Ehe an, sondern wollten durch ein Gerichtsurteil eine Verbesserung der Situation erreichen. Das zeigt sich vorrangig in Fällen, in denen es um ein Fehlverhalten eines Ehepartners ging: Das Verspielen von Geld, Sauferei und Völlerei oder ein generell schlechter Lebenswandel kamen ebenso wie Misshandlungen und Beschimpfungen zur Sprache. Während Angehörige der Unterschichten gern zur eigenmächtigen Problemlösung griffen und ihren Partner verließen, reichten Frauen und Männer der Mittel- und Oberschicht häufiger eine Klage ein, die auf eine Besserung der Verhältnisse oder eine zeitweise Trennung von Tisch und Bett abzielte. Verständlich: Wer Besitz oder ein Geschäft hatte, fühlte sich eher an den Ort gebunden und brach nicht leichtfertig alle Brücken hinter sich ab. Wie sich anhand der Akten des Münsterdorfischen Konsistoriums zeigt, waren die Klagen wegen schlechtem Lebenswandel in der Oberschicht überproportional hoch. Selbst in Fällen von Ehebruch wollte manche Frau ihren Mann gar nicht loswerden, sondern forderte beispielsweise die Entlassung jener Magd, von welcher der Göttergatte einfach nicht die Finger lassen konnte; oder die Ehefrau ließ sich im Versöhnungsvertrag schriftlich eine bessere Behandlung seitens des Mannes bestätigen.

Die Gerichtskosten waren, verglichen mit den Lohnverhältnissen, recht hoch; dennoch weist Lutz darauf hin, dass sehr viele Klagen aus der Unterschicht kamen: Eheleute, die eine Bestätigung über ihre prekären finanziellen Verhältnisse brachten oder einen Eid darauf ablegten, wurden von den Gebühren befreit; auch Soldaten mussten keine Gerichtskosten entrichten. Für vermögende Eheleute konnte eine Scheidung aber schon in der Frühen Neuzeit eine sehr, sehr teure Angelegenheit werden, wobei die Zahlungen an die Anwälte die Gerichtskosten oft überstiegen.

Das Gericht war bestrebt, Ehen zu erhalten und eine Versöhnung der Partner zu erreichen. Waren die Konflikte zu groß und die Fronten zu verhärtet, wurde als Lösung eine zeitlich befristete Trennung von Tisch und Bett verhängt. Nach dieser sollten die Eheleute es erneut mit dem Zusammenleben versuchen – allerdings waren nicht alle dazu bereit. Befehle, zum Ehepartner zurückzukehren, betrafen häufig die Frauen.

Gewalt in der Ehe

Lange Zeit wurde dem Hausherrn formell oder informell ein Züchtigungsrecht zugestanden, das sich über Frau, Kinder und Gesinde erstreckte und körperliche Gewalt einschloss. Das preußische Allgemeine Landrecht erlaubte noch 1794 eine mäßige Züchtigung; im deutschen Bürgerlichen Gesetzbuch von 1900 ist es nicht mehr enthalten, was freilich kein Ende verbaler und körperlicher Gewalt in der Ehe und Familie bedeutete. In der zweiten Hälfte des 20. Jahrhunderts rückte häusliche Gewalt in die öffentliche Aufmerksamkeit und wurde nun auch von den Wissenschaften als Thema aufgegriffen. Zunächst wurde Kindesmisshandlung, dann die Gewalt gegen Frauen als »soziales Problem erkannt«[275]. Im Herbst 1976 wurde in Berlin das erste Frauenhaus eröffnet.

War nicht der Mann der Aggressor, sondern die Ehefrau, sah man die gesellschaftliche Ordnung auf den Kopf gestellt. In manchen europäischen Regionen gab es kollektive Rügepraktiken, mit denen das soziale Umfeld kontrollierend einschritt. Fehlverhalten konnte dadurch öffentlich bloßgestellt und damit entweder eine Korrektur oder ein abschreckendes Exempel für potenzielle Nachahmer erreicht werden. 1784 brachte die *Vossische Zeitung* eine Meldung aus Frankfurt am Main: »Das Fürstenthum Fuld[a] ist vielleicht die einzige Provinz, wo die Feigheit der Männer gegen ihre Weiber auf die empfindlichste Art gerügt wird. Wenn dort ein Mann überwiesen wird von seiner Frau Schläge empfangen zu haben, so hat das bischöfliche Hofmarschallamt das Recht die Sache zu untersuchen, und wenn die That gegründet ist, das Wohnhaus des geprügelten Ehemannes durch die fürstl. Livereybedienten abdecken zu lassen. Noch vor 16 bis 17 Jahren war zu Fuld[a] eine solche Execution, da das Haus in weniger als 5 Minuten von allen Ziegeln entblößt wurde, so sehr auch Mann und Frau um Schonung baten.«[276]

War es den Menschen in den Jahrhunderten davor egal, wenn ein Ehemann seine Frau grün und blau schlug? In der Frühen Neuzeit wurde zwischen legitimer Ausübung der eheherrlichen Gewalt (*potestas*) und der die übliche Norm überschreitenden körperlichen Gewalt (*violentia*) unterschieden. Diese wurde im juristischen Sprachgebrauch in »Saevitien«, also tätliche Misshandlungen, und »Insidien« im Sinne von Taten und Äußerungen, die das Leben des Opfers bedrohten, unterteilt. Das war beispielsweise der Fall, als eine Ehefrau sich 1706 »mit den bedreulichen Worten [hat] vernehmen laßen, dass sie ihn ihren Mann mit Ratzkraut vergiften und wann sie bei ihm schliefe ihm die Kehle ab schneiden wolle«[277].

Das eheliche Züchtigungsrecht sollte die Gewalt auf mäßige Schläge begrenzen. Vor Gericht wurde dezidiert nach dem Ausmaß der Gewalt gefragt. Übermäßige Gewaltanwendung wurde in den Quellen oft als »üble tractierung«, »hartes halten« oder »übermässige härte«[278] bezeichnet und galt als unrechtmäßig. Sie berechtigte das Opfer zum Widerstand, sei es durch Flucht, Notwehr oder eine Klage vor Gericht.[279]

Nur: Wo lag die Grenze? Laut Aussagen der Frauen war diese für sie überschritten, wenn es um Tritte in den Bauch (vor allem dann, wenn sie schwanger waren), Faustschläge ins Gesicht oder das Schlagen mit einem Strick oder Stock oder Verletzungen durch Waffen ging. Ohrfeigen oder Maulschellen reichten nicht als Trennungsgrund; erst wenn der Mann nicht länger mit der flachen Hand, sondern mit der Faust oder mit Gegenständen zuschlug, galt es eindeutig als Misshandlung.

Häusliche Gewalt kam in allen sozialen Schichten vor. Der Unterschied lag eher in den Konsequenzen: Frauen aus unteren Schichten verließen den Ehemann schneller, zumal sie sich meist ohnehin von ihrer eigenen Hände Arbeit ernähren mussten; in der wohlhabenderen Mittel- und Oberschicht, wo es um materielle Ressourcen ging, war man eher bereit, sich auf langwierige Prozesse einzulassen und auf eine Besserung des Mannes durch ein Gerichtsurteil zu hoffen.

Was in den Gerichtsakten auffällt und auch heute noch oft genug vorkommt, ist der Versuch des Täters, dem Opfer die Schuld zuzuschreiben. Hierbei wurde gerne das Klischee des zänkischen Weibes bemüht, das mit ihrer ständigen Schimpferei und ihrem sauertöpfischen Gesicht den Mann geradezu zu den Schlägen gezwungen hätte.

Martin Luther lehnte eheliche Gewalt ab, da sie nichts brachte: »Denn mit Schlägen wirst du nichts ausrichten, dass du dadurch ein Weib brav oder zahm machest. Schlägst du einen Teufel heraus, so schlägst du ihr zwei hinein.«[280] Körperliche Gewalt war seiner Meinung nach kein Beweis von Männlichkeit. »Darum hüte dich davor: da kannst dennoch wohl ein Mann sein, wenn du auch nicht um dich schlägst und deinem Ehegemahl je und je ein gutes Wort gönnst.«[281] Allerdings schrieb auch er den Frauen Mitverantwortung bei Streitigkeiten zu; sie sollten schweigsam und lieb sein und ihren Mann nicht durch Widerworte noch mehr reizen, sondern ihn besänftigen. Diese Vorstellung der Mitverantwortung des Opfers spiegelt sich auch in den Akten wider. In manchen Urteilen wurde der Mann dazu aufgefordert, seine Frau nicht mehr zu schlagen, aber auch sie musste versprechen, »keine Gelegenheit zu Zank und Streit unter ihnen zu geben«.[282]

Andererseits griff die Obrigkeit hart durch und tief in das Eheleben ein, wenn Leib und Leben eines Ehegatten bedroht waren. Ein Gewalttäter sah sich schon mal mit einer längeren Turmstrafe bei Wasser und Brot konfrontiert. Ebenso konnte vergleichbar mit der heutigen Wegweisung eine Art Bannmeile angeordnet werden, die dem handgreiflichen Mann verbot, in die Nähe der Frau beziehungsweise ihrer Wohnung zu kommen. Im Notfall konnte die weltliche Obrigkeit sogar eine Bewachung innerhalb des ehelichen Haushaltes einleiten. Gretje Vester beklagte 1762 vor Gericht, dass das »Sauffen« ihren Ehemann »ganz verdorben und verwüstet«[283] hätte. Angesichts seiner Gewalttätigkeit und seiner Drohungen hätte der Bürgermeister »auch schon vor 6 Jahren ihr verstattet, Wächter in ihrem Hause gegen ihren Mann zu halten, damit kein Unglück entstünde. […] Gefraget: Ob sie sich nicht bequemen wolle, wieder zu ihrem Manne zu kehren? Sie antwortet: das könne sie ohne Gefahr ihres Lebens nicht thun.«[284] In solchen Fällen schwerer Misshandlung wurde vom Gericht eine (meist befristete) Trennung genehmigt.[285]

In Perchtoldsdorf südwestlich von Wien übten die Mitglieder des Inneren Rats die höhere und niedere Gerichtsbarkeit aus – und mussten sich mit so manchem schweren Fall abplagen. Als unverbesserlich erwies sich der Glasermeister Anton Turbath. Er hatte 1766 die älteste Tochter des verstorbenen Glasermeisters Mathias Huebmer geheiratet, um dessen Nachfolge antreten zu können. 1775 klagte Sabina Turbathin vor dem Marktgericht, dass Anton sie »schon wiederum seit 14. tagen her täglich schlage, ihr auch immer drohe, er wolle sie umbringen«[286]; Anton rechtfertigte sich mit der Aussage: »Sein weib sey eine schlechte würthin, laße die kinder zerlumpt hergehen, mithin wolle er sie gar nicht mehr annehmen, übrigens habe er sie noch nicht erschlagen, und vom drohen sey noch niemand gestorben.«[287] Er ließ sich dann aber doch zu der Zusage herab, »sein eheweib nunmehro niemalen mehr schlagen«[288] zu wollen.

Etwa eineinhalb Jahre später klagte Sabina erneut vor Gericht, da Anton sie »mehrmahl immerhin ohne Ursache«[289] verprügelt, mit einem Messer bedroht und sie zu erdrosseln versucht hätte. Sie verwies auf die mahnenden Beispiele zweier anderer Ehefrauen, für welche die häusliche Gewalt tödlich geendet hätte, wie das »der Kerlingerin zu Rodaun, welche von ihren Mann erstochen worden«[290] war. Anton zeigte sich wenig einsichtig, drohte seiner Frau vor Gericht weitere Schläge an und fuhr die Ratsherren an, diese sollten »das maul halten«[291].

Das dürfte den ehrenwerten Herren sauer aufgestoßen sein, denn sie ließen Anton verhaften. Er entschuldigte sich dann für sein schlechtes Benehmen. Sabina aber wollte – wen wundert's? – nicht mehr zu ihrem Mann zurückkehren. »Sie traue sich nicht mehr mit ihm zu leben«, zumal er schon öfters Besserung versprochen hätte, aber auch seine eigene Tochter im Alter von vier Jahren zum Krüppel gemacht hätte. »Da er nun ein so gar gefährlicher mann sey, als bathe sie die fürkehrung dahin zu treffen, daß sie von ihrem mann loskomme, denn sie wollte gerne mit ihm leben, wenn sie nur versicheret wäre, daß er sich beßerte«[292]. Anton versprach erneut, sich zusammenzureißen; aber leider gibt es keine Quellen dazu, wie es mit dieser Ehe weiterging.

Einen anderen Gewalttäter, Leopold Haaß, der seine Frau Francisca und die Stiefkinder misshandelte und der als Zeugin auftretenden Nachbarin drohte, ihr »gewiss eines mit der flinten auf den pelz [zu] brennen«[293], ließen die Marktrichter Mitte des 18. Jahrhunderts verhaften. Dieser versprach ebenfalls Besserung und wurde aufgefordert, »daß er sich friedsammer gegen seinen weib aufführen, des schlagens, und deren betrohlichkeiten enthalten«[294] und seine Stiefkinder besser behandeln sollte, da er sonst »widerumb gefänglich eingezochen«[295] werden würde.

Wenig später rannte er seiner Frau jedoch mit der Hacke nach, da sie ihm den Beischlaf verweigert hätte. Einen solchen Wüterich konnte man in der Gemeinde nicht gebrauchen, befanden die Marktrichter. Da er Frau und Kinder etwas antun könnte, wurde Leopold Haaß »der k. k. miliz, als recrout für die zu Perchtoldstorff übergeben«[296]. Allerdings wurde Leopold – auch auf die Bitte seiner Frau hin – wenige Jahre später entlassen. Geändert hat er sich jedoch nicht, wie erneute Klagen der Ehefrau belegen.

Die eine oder andere Frau nahm das Problem selbst in die Hand. Die Bauersfrau Margarethe Popp hatte 1723 genug von ihrem Ehemann, der auf ihren Hof eingeheiratet hatte, aber in die eigene Tasche wirtschaftete und sie schlug: Sie heuerte vier Männer an und ließ ihn aus dem Haus prügeln.

Traute Zweisamkeit?

Von wegen! Abgesehen von neugierigen Nachbarn mussten Mann und Frau mit unterschiedlichen zwischenmenschlichen Beziehungen zurechtkommen, die der andere in die Ehe mitbrachte. Freunde kann man sich aussuchen, die (angeheirateten) Verwandten nicht. Wer in eine Familie einheiratete, musste sich in die bestehende Hackordnung einfügen beziehungsweise sich seinen Platz erkämpfen, ob am Bauernhof, in der städtischen Patrizierfamilie oder im Hochadel. Nicht nur im österreichischen Adel des 19. Jahrhunderts spielte die innere Rangordnung eine große Rolle. Der Chef des Hauses hatte die Kontrolle über den Besitz und damit über die Apanagen, die den einzelnen Familienmitgliedern zu ihrem Unterhalt zugewiesen wurden und über die er Druck ausüben konnte, sollte jemand aus der Reihe tanzen.

Besonders häufig waren Konflikte mit Schwiegereltern oder Stiefkindern, zumal dann, wenn man unter einem Dach mit ihnen leben musste. Patchworkfamilien, wie wir sie aufgrund hoher Scheidungs- und Wiederverheiratungsraten kennen, waren in früheren Zeiten noch weit häufiger, da angesichts der alltäglichen Gefahren und Risiken wie Krieg, Krankheiten oder Kindbett viele Ehepartner verstarben und die Wiederheirat für die Witwe oder den Witwer in den meisten sozialen Schichten eine wirtschaftliche Notwendigkeit war. Das heißt, Zweit- und Drittehen standen an der Tagesordnung. »Das Motiv der bösen Stiefmutter in unseren Märchen hat in diesem Heiratsverhalten seine Grundlage.«[297] Umgekehrt konnte es die Stiefmutter mit bitterbösen Stiefkindern zu tun haben, vor allem dann, wenn die Kinder des Partners aus früheren Ehen bereits erwachsen (und in manchen Fällen weit älter als die neue Hausherrin) waren und Autoritäten und Hierarchien im Haushalt infrage stellten.

Selbst wenn man mit der Schwiegermutter nicht im selben Haus wohnen musste: Entkommen konnte man ihr kaum. Schwierig wurde es für den Ehepartner, der zwischen der eigenen Mutter und seiner besseren Hälfte stand. Für welche Seite sollte man im Konfliktfall Partei ergreifen?

Die Schlachtersfrau Beverförden beklagte sich im Sommer 1750 beim Rat der Stadt Osnabrück. In den Akten ist vermerkt, »daß ihr Sohn Gerd Beverförden sie auß dem Hauße geschoben und geschlagen, und Ihr Schwiegertochter hätte ihr vor eine alte Bestie und alten Teufel gescholten. Beklagter antwortete darauff, daß wie seine Mutter vors Hauß gekommen und seine frau vor eine Frantzosen Huere gescholten, hätte er drey mahl die thur zugemachet um keinen lärmen zu haben, seine Mutter aber hätte alle mahl die thür aufgeschoben, worauff er seine Mutter vor die Handt genommen und auß die thur geschoben, er negirte aber daß er seine Mutter geschlagen, und seine frau ihre gescholten.«[298]

Schwiegermütter hin oder her: Schwiegerväter waren auch nicht ohne. Sie erwiesen sich in manchen tragischen Fällen als lebensgefährlich für die junge Ehefrau. Bekannt ist das Schicksal der Agnes Bernauerin. Als vermutliche Tochter eines Barbiers arbeitete sie als Bademagd in Augsburg, wo sie den jungen Herzog Albrecht III. von Bayern-München kennenlernte. Sie war so schön, dass er sie heimlich heiratete. Dessen Vater Ernst war diese unebenbürtige Ehe gar nicht recht, zumal der Beruf der Bademagd im engen Zusammenhang mit Prostitution gesehen wurde. Zudem war Albrecht sein einziger Sohn. Wie sollte es mit der Dynastie weitergehen? Albrecht widerstand Versuchen seitens der Familie, die Ehe zu trennen, sodass Herzog Ernst beschloss, die leidige Sache ein für allemal aus der Welt zu schaffen. Er nutzte die Abwesenheit Albrechts aus, bemächtigte sich der Ehefrau und ließ sie 1435 in der Donau ertränken. Fast wäre es zwischen Vater und Sohn zum Krieg gekommen, doch Kaiser Siegmund erreichte eine Versöhnung. 1437 heiratete Albrecht die Herzogstochter Anna …

Ein Einzelfall? Keineswegs. Rund zehn Jahre davor wurde Veronika von Desenic auf Geheiß ihres Schwiegervaters, des Grafen Hermann II. von Cilli, ertränkt. Dessen Sohn Friedrich II. war – nachdem seine erste, ältere Ehefrau Elisabeth Frankopan tot im Ehebett aufgefunden worden war – eine wohl morganatische Ehe mit Veronika eingegangen, die vielleicht ein Hoffräulein der ersten Gemahlin und schon zuvor seine Geliebte gewesen war. Dass die Familie Frankopan nicht glauben konnte, dass es bei Elisabeths Tod mit rechten Dingen zugegangen war, verschärfte die Problematik. Altgraf Hermann II. konnte sich mit der Ehe nicht abfinden. Er ließ seinen Sohn in Haft nehmen und die Schwiegertochter des »Liebeszaubers«[299] anklagen: Er wollte die vermeintliche Hexe auf dem Rechtsweg beseitigen, doch machte ihm das Gericht einen Strich durch die Rechnung und sprach sie frei. Daraufhin blieb ihm seiner Meinung nach nichts anderes übrig, als sie gefangen nehmen und im Bad ertränken zu lassen.

Neben den gar nicht so lieben Schwiegereltern konnten sexuelle Nebenverhältnisse eines Ehepartners den Ehefrieden erschüttern. Auf Affären, Seitensprünge und langfristige Beziehungen wie mit Mätressen soll hier gar nicht näher eingegangen werden, denn das würde den Rahmen dieses Buches sprengen. Nein, skizziert werden sollen an dieser Stelle direkte Konkurrenzverhältnisse.

In jenen Zeiten, in denen Herrscher mehrere legitime Gattinnen zugleich hatten, wie in der Antike oder noch im frühen Mittelalter, war der häusliche Friede wackelig. Zu menschlichen Faktoren wie purer Eifersucht, wenn der Mann die eine Frau bevorzugte, kamen machtpolitische Interessen: Die Rivalinnen wetteiferten um politischen Einfluss und wollten verständlicherweise den eigenen Nachkommen Vorteile verschaffen. Beispielsweise kam es in hellenistischer Zeit vor, dass Frauen mit ihren Söhnen gewaltsam gegen Konkurrenten um das Erbe vorgingen und diese aus dem Weg schafften.

Die Ehe mit mehr als einem Partner war aber auch in der Neuzeit noch anzutreffen. In der Um- und Aufbruchszeit der Reformation experimentierten im frühen 16. Jahrhundert radikale Gruppen, wie beispielsweise die Lollarden in England, mit freier Liebe, einvernehmlicher Scheidung und Polygamie. Man argumentierte mit dem Hinweis auf die Bibel, in der die Vielweiberei nicht klar und eindeutig verworfen werde, und mit dem Vergleich zu den viel freieren Sitten anderer Völker. Im 19. Jahrhundert waren es in Nordamerika beispielsweise die Mormonen, die einem Mann mehrere Ehefrauen zugestanden.

Häufiger als praktizierte Vielweiberei waren Fälle von Bigamie, wobei sowohl Frauen als auch Männer Zweitehen führten. Allerdings gingen diese nicht unbedingt ehrlich damit um. In manchen Fällen war es so, dass man den früheren Ehepartner zurückließ und sich in der Ferne ein neues Leben aufbaute. Solange Ehen nicht amtlich dokumentiert oder gar über ein Melderegister abzufragen waren, holte einen die Vergangenheit selten ein. Besonders mobile Bevölkerungsgruppen wie Kaufleute, Soldaten oder Matrosen leisteten sich zeitgleiche Ehen an verschiedenen Orten. Ganz nach dem Motto: In jedem Hafen ein Liebchen.

Interessant sind gleich mehrere Fälle von Bigamie in frühneuzeitlichen deutschen Fürstenhäusern. Auffallend dabei: Die Betroffenen versuchten gar nicht erst, die (meist morganatische) Zweitehe geheim zu halten, sondern wollten diese gegen die bestehenden Widerstände durchsetzen. Zudem zeigt sich das Bemühen, diese weitere Ehe rechtlich klar zu definieren. Es kam manchmal zu regelrechten Verhandlungen mit der ersten Frau.

Landgraf Philipp von Hessen ging 1540, obwohl mit Christina von Sachsen verheiratet, eine zweite Ehe ein. Seine Rechtfertigung: Gewissensbisse. Die erste Ehe war unglücklich; die Sünde eines Ehebruchs wollte er aber nicht auf sich laden. Also bliebe ihm gar keine andere Wahl, als noch eine Ehe einzugehen – zumal die Familie der Auserkorenen, Margarete von Saale, auf einer Hochzeit bestand. Der Landgraf bemühte sich um grünes Licht seitens der führenden Reformatoren wie Martin Luther, der befand, dass die »Notlösung«[300] einer Doppelehe weniger schwer wog wie der willkürliche Bruch des Ehebandes.

Wenig schmeichelhaft für Christina argumentierte Philipp damit, dass er sie physisch immer abstoßend gefunden hätte. So schlimm konnte es aber nicht gewesen sein: Christina sicherte nicht nur das Erbe ihrer Kinder, in dem sie Margaretes Nachkommen vom fürstlichen Erbe ausschloss, sondern rang Philipp das Versprechen ab, »irre Liebte mit Frundtlichkeit und Beischlaffen und allem frundtlichen Wesen, wie sich das zwuschen Eheleuten gepurret, nit minder, sondern mer dan vorhin«[301] zu halten. Beide Ehefrauen gebaren mehrere Kinder, zweimal im Abstand von nur rund drei Wochen. Wie es scheint, hielt Philipp sein Wort.

Wer ein so aufregendes Leben führte wie Lola Montez, der konnte schon mal einen Ehemann vergessen. Im Alter von 16 Jahren brannte Elizabeth Rosanna Gilbert mit dem fast doppelt so alten Leutnant Thomas James durch. Sie reiste mit ihm nach Indien, verließ ihn aber schon wenige Jahre später. Auf der Rückfahrt nach England ging sie eine Beziehung mit George Lennox ein, die noch in London einige Monate anhielt. Danach war Mrs. James eine Frau mit Vergangenheit und Mr. James reichte die Scheidung ein. Das bischöfliche Gericht ordnete die Trennung von Tisch und Bett an; keiner der beiden durfte vor dem Tod des anderen eine neue Ehe eingehen. Eine richtige Scheidung hätte einen Parlamentsbeschluss erfordert und über 1000 Pfund gekostet.

Ist der Ruf erst ruiniert, lebt es sich ganz ungeniert. Die anrüchige Mrs. James reiste nach Spanien – wenig später betrat die stolze Spanierin Maria Dolores de Porris y Montez, Lola genannt, englischen Boden und feierte (mehr aufgrund ihrer Schönheit als ihres Könnens) als Tänzerin auf der Bühne Erfolge. Allerdings erkannten manche Zeitgenossen Mrs. James. Daraufhin tourte Lola durch Europa, war unter anderem mit Prinz Heinrich LXXII. von Reuß-Lobenstein-Ebersdorf und dem Komponisten Franz Liszt liiert. In München beeindruckte sie König Ludwig I., den 1848 nicht zuletzt die Affäre mit der bei seinen Untertanen verhassten Tänzerin den Thron kosten sollte.

Wieder in London, lernte Lola den um sieben Jahre jüngeren George Trafford Heald kennen, der, eben volljährig geworden, über ein stattliches Jahreseinkommen von 7000 bis 8000 Pfund Sterling verfügte. Seinen Antrag anzunehmen, lohnte sich. Den Ex-König Ludwig bat sie aber weiterhin um Unterhalt und schreckte selbst vor Erpressung nicht zurück.

Georges Tante Susanna Heald kam die Hochzeit mit der blauäugigen Spanierin spanisch vor; sie ließ über Anwälte Erkundigungen einziehen. Und siehe da: Es gab da einen Mr. Thomas James. Am 6. August 1849 hatte Inspektor John Whall die undankbare Aufgabe, die berühmt-berüchtigte Lola Montez wegen Bigamie zu verhaften. Gegen eine Kaution von insgesamt 2000 Pfund Sterling – ein Vermögen! – wurde Lola auf freien Fuß gesetzt; gemeinsam mit George bereiste sie den Kontinent. Sie kehrten nach England zurück, um die Kaution nicht verfallen zu lassen; doch die Anwälte warnten sie: Lola könnte im Gefängnis landen. Kein Wunder, dass sie die 2000 Pfund in den Wind schrieb und auf das Festland floh.

Es folgten stürmische Ehejahre mit Heald, der sie mehr als einmal verließ, um – bis auf das letzte Mal – reumütig zu ihr zurückzukehren. »Dieser Mann ist nicht nur geistlos, dumm und brutal, sondern auch herzlos. Er beleidigt mich vor aller Welt«[302], schimpfte Lola. 1851 bereitete sie sich auf ihr Comeback vor, tourte durch Europa und die USA und trat am Broadway auf. In Amerika erfuhr sie, dass Heald in Lissabon ertrunken wäre, was aber nicht der Wahrheit entsprach. Sie ging eine Ehe mit Patrick Hull ein, der jedoch auch bald das Weite suchte. Die Zigarren rauchende, fluchende und zu Handgreiflichkeiten neigende falsche Spanierin dürfte nicht allzu verträglich gewesen sein.

Herzog Bernhard von Sachsen-Jena beschloss 1673, Philipps Beispiel zu folgen. Obwohl seit 1622 standesgemäß mit Marie-Charlotte de la Trémoïlle verheiratet, ging er eine standesungleiche Ehe mit Maria

Elisabeth von Kospoth ein, zumal ihm die erste Ehe keinen überlebenden männlichen Erben gebracht hatte. Wie es scheint, wollte sich Bernhard von Marie-Charlotte scheiden lassen, um deren Hofdame Maria Elisabeth heiraten zu können (was diese, auch nicht dumm, vermutlich zur Bedingung machte, bevor sie ein Verhältnis mit ihm einging). Bernhard gab an der Universität Jena entsprechende Gutachten in Auftrag, aber sowohl die theologische wie die juristische Fakultät sprachen sich gegen die Scheidung aus.

Was tun? Er hatte Maria Elisabeth die Ehe versprochen, aber die Scheidung wurde ihm verwehrt. Nun, wenn man als Herzog und Landesherr vor einer strafrechtlichen Verfolgung geschützt war, konnte man Gesetze biegen. In Anwesenheit hoher Beamter heiratete Bernhard Maria Elisabeth. Er verwies auf das Beispiel Philipps von Hessen und argumentierte damit, »daß die Bigamie in göttlichen Rechten nicht außtrücklich verbothen«[303] wäre.

Glücklich wurde Maria Elisabeth in dieser morganatischen Ehe nicht, obwohl sie 20 000 Reichstaler als Morgengabe und das alte Schloss zu Dornburg als Residenz erhielt. Sie blieb weit ab vom Hof sozial isoliert; immer seltener besuchte Bernhard sie. Der Herzog unterhielt weiterhin eine sexuelle Beziehung zu seiner ersten Frau Marie-Charlotte. Seine Gefühle für Maria Elisabeth kühlten sich merklich ab, bis er 1674 aus »Gewissensscrupel«[304] bei vertrauten Juristen und Theologen seiner Residenz ein Gutachten über die Rechtmäßigkeit der Ehe mit Maria Elisabeth in Auftrag gab. Wunschgemäß untermauerte dieses Bernhards Sinneswandel, die Ehe wurde als nicht existent beurteilt. Zu diesem Zeitpunkt war die erste Frau Marie-Charlotte erneut schwanger; 1675 brachte sie den ersehnten Stammhalter zur Welt. Für Bernhard war die Welt wieder in Ordnung. Der verstoßenen Maria Elisabeth blieb nur die Klage über den Herzog, der »mich verführet […] und ich muß alle Strafe leiden und nichteß als Hertzleid sehen«.[305]

Angesichts solcher Vorbilder versuchte sich auch Kurfürst Johann Georg IV. von Sachsen, seit 1692 mit Markgräfin Eleonore Erdmuthe Luise von Brandenburg-Ansbach verheiratet, an einer Nebenehe. Er rechtfertigte sich ebenfalls mit der Heiligen Schrift, die es seiner Meinung nach nicht untersagte, zwei Frauen zugleich zu haben. Seine zweite Frau Magdalena Sibylle von Neitschütz starb allerdings schon zwei Jahre später an den Pocken – und, da er sich bei ihr angesteckt hatte, wenig später auch der Kurfürst selbst. Ob Eleonore ihm diese an den Hals gewünscht hatte?

Nicht allen Fürsten gelang es, ihre bigamistischen Wünsche durchzusetzen. Herzog Eberhard Ludwig von Württemberg wollte 1707 neben seiner Vollehe noch eine morganatische Ehe eingehen. Aber die herzoglichen Räte wie auch das Konsistorium setzten die Annullierung der zweiten Ehe durch. Macht nichts: Christina Wilhelmina von Grävenitz kehrte als Mätresse (und durch eine Scheinehe gedeckt) an Eberhards Hof zurück.

Lust und Frust: Wie viel Sex verträgt die Ehe?

Heutzutage werden Erotik und die sexuelle Befriedigung beider Partner in einer Zweierbeziehung großgeschrieben; die Lust im Ehebett gilt neben der Liebe als wichtiger Faktor für den Erfolg der Partnerschaft. Nicht, dass man in früheren Jahrhunderten keinen Spaß am Sex hatte: Ihm wurde nur – gerade in Bezug auf die Ehe – ein anderer Stellenwert eingeräumt. Wie bereits erwähnt, standen bei der Partnerwahl soziale und ökonomische Motive im Vordergrund. »Sexuelle Harmonie war in der Regel nicht das ausschlaggebende Motiv.«[306] Bei arrangierten Beziehungen oder Vernunftehen, in denen ein Partner deutlich älter war, liegt es nahe, dass sich die

Erotik in Grenzen hielt. Na ja, so mancher tröstete sich abseits der Ehe und fand Liebe und / oder sexuelle Erfüllung anderswo.

Was sich wie ein roter Faden durch die Geschichte der Sexualität zieht, ist die Doppelmoral vor und in der Ehe: Während es durchaus erwünscht war, dass Männer vor der Hochzeit sexuelle Erfahrungen sammelten, mit Prostituierten oder sozial niedriger gestellten Frauen, sollten Mädchen jungfräulich in die Ehe gehen und als Gattinnen treu sein – damit der Junior nicht dem Nachbarn, Reitlehrer oder besten Freund des Ehemannes ähnlicher sah als dem stolzen Papa.

In der heidnischen Welt, beispielsweise bei den Kelten und Germanen Europas, ging man anscheinend offener mit weiblicher Sexualität um. Anders als im Mittelmeerraum war die sexuelle Unberührtheit der Frau vor der Ehe kein unbedingtes Muss, und verheiratet war sie teils recht freizügig mit ihrer Gunst. In gälischen Sagen des Mittelalters kann man von Fürstinnen lesen, die treue Dienste mit der »Lust ihrer Schenkel«[307] belohnten. Aber wie konnte ein Ehemann sicher sein, dass das Kind von ihm war? Nun, es gab, wie ein spätgriechisches Epigramm aus der *Anthologia Graeca* überliefert, einen todsicheren Vaterschaftstest: »Der Vater legt das Neugeborene in seinen Schild und läßt es auf dem Rhein schwimmen. Geht es unter, so war es ein Bastard.«[308]

Wie einschlägige Darstellungen überliefern, kannten die Griechen und Römer der Antike natürlich Lust und Leidenschaft sowie diverse Stellungen beim Sex; aber in der Ehe diente der Geschlechtsverkehr vorrangig der Fortpflanzung. Zudem sah man das Risiko, dass ein Mann, der seine Gattin zu sehr begehrte, unter deren Fuchtel geriet. In den Sextus-Sentenzen hieß es: »Ehebrecher ist gegenüber seiner Frau ein allzu sehr entflammter Liebhaber.«[309]

Die Ansichten antiker Experten hatten weit reichende Folgen: »Der Gedanke, dass Sexualverkehr auch in der Ehe nur durch die

Kinderzeugung legitimiert werde, wurde von den christlichen Autoren übernommen.«[310] Der eheliche Sex wurde von (katholischen) Theologen quasi mit einem Lustverbot belegt. Dabei bauten die Kirchenväter der frühen Kirche in weiten Teilen auf der Sexualethik der griechisch-römischen Philosophie der Stoiker auf: Sexuelles Begehren wurde wie andere starke Emotionen wie Angst oder Wut als irrational abgelehnt. Selbst in der Ehe wäre Sex laut dem Kirchenvater Augustinus, Bischof von Hippo Regius, von der Erbsünde belastet – im Paradies wäre die Geschlechtlichkeit noch »rundum harmonisch gewesen«[311] – und bräuchte einen »Entschuldigungsgrund: das Kind«[312]. Vor seinem Bekehrungserlebnis und der Priesterweihe Ende des 4. Jahrhunderts führte Augustinus allerdings selbst ein ausschweifendes Leben, lebte mehrere Jahre lang mit einer Konkubine zusammen, zeugte einen Sohn mit ihr und verlobte sich schließlich mit einer anderen; danach wandelte er sich, was seine Einstellung zur Sexualität betraf, anscheinend vom Saulus zum Paulus.

Nichts sei schändlicher, »als eine Ehefrau zu lieben wie eine Mätresse«[313], verkündete Hieronymus im 5. Jahrhundert; und ein »hemmungsloser Liebhaber seiner Frau wird zum Ehebrecher«[314]. Solche Weisheiten wurden im Laufe des Mittelalters von der Kanzel gepredigt und bei der Hochzeit Frischvermählten mit auf den Weg ins Ehebett gegeben. Laut einem frühmittelalterlichen irischen Bußbuch, dem *Paenitentiale Finniani,* »ist die Ehe keineswegs erlaubt zur Lust, sondern zum Zwecke der Zeugung, wie geschrieben steht: ›Und sie sollen zwei in einem Fleisch sein.‹«[315] Bis ins 19. Jahrhundert blieb diese Haltung in der katholischen und auch in der offiziellen anglikanischen Sexualethik dominant, erst seit dem 20. Jahrhundert wird allmählich das innereheliche Ausleben der Sexualität auch ohne Kinderwunsch als Ausdruck der Gattenliebe akzeptiert.

Christentum und vor allem die Kirche: sexual- und frauenfeindlich? Jein. Wie schon bei der Sicht der Ehe wurde von den Theologen

153

auch im Hinblick auf die Sexualität ein breites Meinungsspektrum vertreten. Einig war man sich nicht. Im Hoch- und Spätmittelalter standen viele der Sexualität positiv gegenüber. Wie konnte sie Sünde sein, wenn sie von Gott gegeben wurde? Zu Beginn des 13. Jahrhunderts vertraten einige Theologen in Paris sogar die Ansicht, dass natürlicher Geschlechtsverkehr zwischen zwei unverheirateten Partnern keine Sünde wäre – diese Meinung wurde von der Amtskirche aber 1277 als ketzerisch verworfen. Der im selben Jahr verstorbene Papst Johannes XXI. bezeichnete allerdings den Kuss wie auch erotisches Spiel »als Vorbedingung für den Koitus […], für das *opus nobilissimum* der Ehe«.[316] Der einflussreiche Dominikaner Thomas von Aquin kam im 13. Jahrhundert zu dem Schluss: »Die Überfülle der Erfreuung, die im Liebesvollzug gemäß seiner rechten Hinordnung ist, widerspricht nicht der Mitte der Tugend.«[317] Im 15. Jahrhundert stellte Dionysius der Kartäuser klar: »Die Freude des Koitus ist nicht in sich lasterhaft, sondern natürlich und von Gott eingesetzt.«[318] Im Gegensatz zur katholischen Ehelehre erachteten die Protestanten rund um Martin Luther Sexualität als Teil des Lebens und begrüßten sie – sofern sie innerhalb der Ehe stattfand. Hurerei, also Geschlechtsverkehr außerhalb der vor Gott geschlossenen Zweierbeziehung, wurde abgelehnt und mit zunehmender Schärfe verfolgt.

Verbotener Sex

Wo Geschlechtsverkehr nur in geregelten Bahnen, nämlich innerhalb der Ehe, erlaubt war, hieß das im Umkehrschluss: Alles andere ist verboten. Das Alte Testament lieferte den Christen den religiösen Hintergrund: »Unkeuschheit musste bestraft werden, weil sie der Bibel zufolge Gott erzürnte. Wer seine Gebote übertrat, setzte sein Seelenheil aufs Spiel; Sünden färbten auf die größere Gemeinschaft ab, selbst wenn sie den Blicken entzogen war.«[319] Wer Gott erzürnte, musste mit seiner grausamen Vergeltung rechnen. Sodom und Gomorra waren ein warnendes Beispiel.

Die weltlichen Obrigkeiten verfolgten mit ihren Gerichts- und Polizeiordnungen das Ziel, durch sexuelle Disziplinierung – davon waren nicht nur der Ehebruch, sondern auch Prostitution und außerehelicher Geschlechtsverkehr betroffen – stabilisierend auf die Gesellschaft einzuwirken und Unruhestifter auszuschalten. Allerdings hallten bis weit in die Neuzeit hinein religiöse Motive in den Gesetzestexten nach. Der habsburgische Kaiser Leopold I. betonte in seiner Novelle zur Ordnung über *Tugendsame Lebensführung* 1683, dass ein gottgefälliges, sittsames Leben aller notwendig wäre. »Pracht, Hoffart, Füllerey, Unzucht, Ehebruch und dergleichen«[320] riefen Gottes Zorn hervor – der Herr rächte sich mit der Pest und den Türkeneinfällen und hätte sogar einen »erschröcklichen Cometen«[321] zur Warnung geschickt.

Besonders die frühneuzeitlichen Reformatoren gingen teils rigoros gegen außereheliche Geschlechtsverkehr vor. Ihrer Meinung nach war die katholische Kirche auch in diesem Bereich viel zu lasch und mit dem unrealistischen Zölibat auf dem Holzweg. »Für alle Männer, einschließlich der Pastoren, galt fortan die Ehe als das einzige Ventil für sexuelles Verlangen. […] Jede sexuelle Betätigung außerhalb der Ehe müsse streng bestraft werden. Die Todesstrafe für Ehebrecher gehörte zu den Idealvorstellungen von Luther, Zwingli, Bucer, Bullinger und anderen maßgeblichen Reformatoren.«[322]

Die fundamentalistischen Protestanten Englands strebten ab dem 16. Jahrhundert die Reinigung der Gesellschaft (*purification*, daher Puritaner) an; unmoralisches Verhalten wurde hier und ab dem frühen 17. Jahrhundert in den Kolonien Neuenglands, den nachmaligen USA, mit (oftmals geradezu fanatischem) Feuereifer bekämpft. Wer sich der Unkeuschheit schuldig machte, den drohten in den nordamerikanischen Kolonien neben dem Tragen eines scharlachroten

Buchstabens Verbannung, Prügelstrafen – oder gar der Tod. Die achtzehnjährige Mary Latham wurde nach einem Prozess in Boston gehängt, weil ein Mann gestanden hatte, dass er und seine Saufkumpanen »(vergeblich) versucht«[323] hatten, mit ihr Sex zu haben.

Seit der Frühen Neuzeit zielte das weltliche Strafsystem in den meisten europäischen Staaten vermehrt auf Ehe und Sexualität ab. Verstöße waren nicht länger nur eine Sünde, ein Vergehen gegen Gottes Gebote, sondern kriminell. Argwöhnisch beobachteten Kleriker und Vertreter der Obrigkeiten das Verhalten in ihrer Gemeinde, jede und jeder war prinzipiell verdächtig. »Sexuelle Überwachung war ein fester Bestandteil der vormodernen Gesellschaft.«[324]

Besonders scharf verfolgt wurden Ehebruch und Geschlechtsverkehr zwischen unverheirateten Partnern. »Du sollst nicht die Ehe brechen« (Ex 20,14, Dt 5,18) gehört zu den Zehn Geboten. »Wer eine Frau auch nur lüstern ansieht, hat in seinem Herzen schon Ehebruch mit ihr begangen« (Mt 5,28). Nur gut, dass die meisten Gerichte den Ehebruch nicht ganz so streng auslegten; streng waren aber die Strafen. Bereits die Gesetze babylonischer Könige rund 2000 Jahre vor Christus stellten den Ehebruch unter Todesstrafe. Sowohl bei den Kulturen im Nahen Osten, im klassischen Altertum oder bei den germanischen Stämmen Westeuropas wurde Ehebruch – vornehmlich als Verstoß gegen das männliche Eigentumsrecht an der Frau – als Verbrechen gesehen. Auch die Ehegesetze des römischen Kaisers Augustus widmeten sich dem Ehebruch, wobei dem Ehemann beziehungsweise dem Vater der Frau die Möglichkeit zur Privatrache eingeräumt wurde.

Ehebruch wurde also nicht nur von der Kirche, sondern meist auch von den weltlichen Machthabern verfolgt. In der Praxis wirkten ab dem ausgehenden Mittelalter kirchliche und weltliche Gerichtsbarkeit in Sittlichkeitsfragen zusammen. Die Peinliche Halsgerichtsordnung Karls V., die *Constitutio Criminalis Carolina* von 1532, sah

Ehebruch als Kapitalverbrechen, das mit dem Tod bestraft werden sollte; das volle Strafmaß wurde aber meist nur ausgeschöpft, wenn noch andere Taten hinzukamen – außerdem war die Be- und Verurteilung solcher Delikte immer auch vom Stand des Beschuldigten abhängig. Im protestantischen Zürich waren die Strafen gestaffelt: Beim ersten Ehebruch drohten unter anderem drei Tage im Turm bei Wasser und Brot; beim fünften Ehebruch verzichtete man auf das Brot und erhöhte die Wassermenge: Tod durch Ertränken!

Häufig wurde die ihre Ehe brechende Frau härter bestraft als ein des gleichen Vergehens beschuldigter Mann – so beispielsweise in der Halsgerichtsordnung Kaiser Josephs I. von 1707 oder in der darauf aufbauenden *Constitutio Criminalis Theresiana* von 1768 –, weil hier die Gefahr von Bastarden hinzukam. Unter Joseph II. wurde der Ehebruch laut Ehepatent von 1783 nur noch auf Forderung des Betrogenen hin gerichtlich verfolgt, nicht mehr von Amts wegen; als Strafen drohten Züchtigung oder Gefängnis.

Wer das 6. Gebot nicht befolgen wollte, der tat also gut daran, wenigstens das 11. Gebot zu beherzigen: Du sollst dich nicht erwischen lassen!

Das galt übrigens auch für den Geschlechtsverkehr zwischen unverheirateten Partnern. Viele Menschen durften aufgrund der restriktiven obrigkeitlichen Heiratsbeschränkungen nicht heiraten, selbst wenn sie es wollten, und lebten daher häufig im verbotenen Konkubinat. Wer sich außerhalb der Ehe der Lust und Liebe hingab, dem drohten nicht nur Kirche und Staat mit Strafen. Auch die Nachbarn mischten mit teils recht handfesten Rügebräuchen mit, um unerwünschtes sexuelles Verhalten bloßzustellen und zu bestrafen. Als im frühneuzeitlichen England Ann George in einer Scheune beim Sex mit einem Soldaten ertappt wurde, »ergriffen die Nachbarn sie und tauchten sie in den Mühlbach, wobei sie erklärten, wenn sie *hot* [brünstig] sei, würde sie das abkühlen«[325].

Allerdings wurde das strenge Sexualrecht der Reichsgesetze in der Praxis schon vor den im Zeichen der Aufklärung stehenden Strafrechtsreformen abgemildert; lokale Verordnungen wie auch die Rechtsprechung der Gerichte bemühten sich bereits in der Frühen Neuzeit, die Kluft zwischen Anspruch und sozialer Realität zu überbrücken. Ab der zweiten Hälfte des 18. Jahrhunderts zeigte sich zudem, dass die Politik, Dienstboten und Arbeiter am Heiraten und Kinderkriegen zu hindern, längerfristig zu einem Mangel an Arbeitskräften führte. Für Knechte und Mägde ergab sich dadurch mancherorts eine Verbesserung ihrer Lage; so gefragt, wie sie waren, konnten sie sich oft selbst aussuchen, bei wem sie im nächsten Jahr in den Dienst gingen, und Liebespaare achteten darauf, zusammenzubleiben. Ihre Dienstherren sahen sich zu Entgegenkommen gezwungen und bei diesen eigentlich verbotenen »wilden« Ehen beide Augen zuzudrücken. »Weil sich dies doch viele [Paare] zu sagen nicht gedrauen, aus Furcht, ihr Liebesverständniß möchte der Obrigkeit bekannt, und ebendadurch getrennet werden, so ist es eine wichtige Sorge für den Bauern, durch allerlei geheime Nachfragen auszuforschen, welches Mädchen der Knecht liebe, den er zu erhalten wünschet. Hat er dies erfahren, so ist es dann seine erste Sorge, das Mädchen … zum Diensteintritt bei ihm zu bereden«[326], hieß es in einer *Beschreibung des Thales Neuberg im Mürzthale Steyermarks*, 1802.

Um 1800 zeigte sich in diversen Strafrechtsbüchern eine gewisse Lockerung; seit dem ausgehenden 18. Jahrhundert wurden wilde Ehen – im Gegensatz zu den kirchlichen Bestimmungen – vom Staat nicht mehr strafrechtlich verfolgt. Das Bayerische Strafgesetzbuch von 1813 hat sexuelle Handlungen, die im Einvernehmen der Partner vorgenommen wurden und keinen Dritten schädigten, entkriminalisiert oder zumindest die Strafen gemildert; dass darunter auch gleichgeschlechtliche Akte fielen, war für die damalige Zeit revolutionär. In England wurde um die Mitte des 18. Jahrhunderts einvernehmlicher außerehelicher Sex kaum noch strafrechtlich verfolgt; in den USA war die puritanische Tradition stärker: Bis weit in das 20. Jahrhundert hinein wurden in manchen Bundesstaaten Ehebruch und Unzucht gerichtlich geahndet.

Zwischen 1750 und 1850 nahmen in ganz Europa die unehelichen Geburten zu. »Entgegen zeitgenössischen bürgerlichen Diagnosen über einen ›liederlichen‹ Lebenswandel entstammten die unehelichen Kinder vielfach stabilen Konkubinaten und waren nur selten die Folge promiskuitiven Verhaltens.«[327] In England war jede vierte Frau bei der Geburt des ersten Kindes ledig und etwa 40 Prozent der Frauen waren bei der Hochzeit schwanger. Besonders viele uneheliche Kinder gab es im Ostalpenraum, in Bayern, Südwürttemberg oder Südbaden. In der Habsburgermonarchie zeichneten sich ebenfalls die Alpenregionen wie Salzburg oder die Obersteiermark mit hohen Illegitimitätsraten aus. Auf der Alm gibt's eben koa Sünd'!

Führend war (und ist) aber Kärnten. Noch im frühen 20. Jahrhundert lag die Zahl unehelicher Kinder mancherorts bei über 80 Prozent. Noch heute spricht man von einer typischen »Kärntner Hochzeit«, wenn die Braut sichtlich schwanger ist oder gar schon ein paar Kinder um die Füße herumwuseln. Die offizielle katholische Kirche steht allerdings heute noch auf dem Standpunkt: »Der Geschlechtsakt darf ausschließlich in der Ehe stattfinden; außerhalb der Ehe ist er stets eine schwere Sünde und schließt vom Empfang der Heiligen Kommunion aus.«[328]

Einmal Missionarsstellung, bitte

Geregelt wurde seitens der Kirche nicht nur »wer mit wem« durfte, sondern auch »wie«: Geschlechtsverkehr sollte auf »natürliche«, auf Nachkommenschaft abzielende Art und Weise vollzogen werden. Bereits frühmittelalterliche Bußbücher, die als Art Katalog jeder Sünde eine entsprechende Buße zuordneten, unterschieden beim Delikt der Unzucht, ob es sich um natürliche Unzucht handelte (beispielsweise vorehelicher Geschlechtsverkehr) oder um unnatürliche Unzucht, bei der eine Empfängnis ausgeschlossen war. Unter Letzteres fiel nicht nur Analverkehr, sondern beispielsweise auch Geschlechtsverkehr, bei dem die Partner einander nicht den Blick zuwandten.

Wie ermittelten die Priester, ob ihre Schäfchen unerlaubten Sex hatten oder nicht? Am einfachsten im Zuge der Beichte. Hier konnte – ausgehend von den Bußbüchern als Leitfaden – Punkt für Punkt abgefragt werden, was Mann und Frau im Schlafzimmer so trieben. Und wer die Sünden noch nicht begangen hatte, erhielt vielleicht Anregungen.

»Wenn ein Mann mit seiner Frau anal (*in terga*) verkehrt hat, büßt er ebenso, als ob er einen Koitus mit Tieren (*cum animalibus* bzw. *cum pecude*) ausgeübt hat«[329], hieß es im Bußbuch des Theodors (*Discipulus Umbrensium I*), das vermutlich um 700 verfasst wurde. Auch von der Missionarsstellung abweichende Positionen wurden als verwerflich betrachtet. »Hast du mit deiner Ehefrau oder irgendeiner anderen Frau von hinten (*retro*) sexuellen Kontakt gehabt (*nubere*), also in der Weise eines Hundes (*canino more*)? Wenn du dieses getan hast, tust du zehn Tage Buße bei Wasser und Brot«[330], legte Bischof Burchard von Worms um das Jahr 1000 fest.

Nur: »Viele Laien dachten gar nicht daran, sich von Priestern in ihren Ehealltag hineinreden zu lassen. Alles was in der Liebe möglich ist, wird zu allen Zeiten auch getan.«[331] Trotz all dieser Vorgaben und Versuche, das Sexualleben der Gläubigen nach kirchlichen Vorschriften zu disziplinieren, ist daher am Erfolg dieser Maßnahmen zu zweifeln. »Aus der Liebesliteratur der italienischen Renaissance und anderer Epochen oder aus privaten Aufzeichnungen lassen sich auch ganz andere sexuelle Praktiken erschließen.«[332]

Wo schon das »wie« ausführlich behandelt wurde, durfte das »wann« auch nicht fehlen. Laut diverser Bußbücher und dem *Decretum* Burchard von Worms sollte sich das Paar im Advent und in der Fastenzeit, zwei Wochen vor und eine nach Pfingsten und allgemein an den als Bußtagen geltenden Wochentagen Freitag und Mittwoch, in der Nacht vor den Sonntagen und an hohen Feiertagen des Geschlechtsverkehrs enthalten. Ebenso wurde »Enthaltung vom ehelichen Verkehr in der ersten oder in den ersten drei Nächten nach der Trauung (›Tobiasnächte‹)«[333] gefordert. Ob sich das mit der Ungeduld Frischvermählter vereinbaren ließ?

Im späten Mittelalter sahen Theologen die eheliche Sexualität aber auch unter einem anderen Blickwinkel: nämlich als Mittel, um die Harmonie und Zuneigung der Eheleute zu fördern. Thomas von Aquin stellte im 13. Jahrhundert fest, dass der Mann »seine Gattin in erster Linie auf Grund der leiblichen Verbindung«[334] lieben würde. Dionysius der Kartäuser riet ganz im Sinne moderner Eheberater: »Diese Lust kann ein gewisser Anreiz zu größerer Freundschaft sein, und so ist jene [eheliche] Freundschaft gewissermaßen eine sexuelle Freundschaft.«[335] Was die ehelichen Pflichten im Schlafzimmer betraf, herrschte im Prinzip Gleichberechtigung. Schon Paulus hatte festgehalten: »Der Mann soll seine Pflicht gegenüber der Frau erfüllen und ebenso die Frau gegenüber dem Mann. Nicht die Frau verfügt über ihren Leib, sondern der Mann. Ebenso verfügt nicht der Mann über seinen Leib, sondern die Frau.« Beide sollten sich einander nicht körperlich entziehen, sonst könnte sie der »Satan […] in Versuchung« führen (1 Kor 7,3–5). Ivo von Chartres, am Ende des 11. Jahrhunderts zum Bischof gewählt, betonte: »Wenn die Ehefrau einmal vom Verlangen nach sexueller Vereinigung überwältigt ist, soll sie es keinesfalls dem Ehemann verheimlichen; und der Mann soll gegenüber der Frau ja nicht Gewalt anwenden, in der Meinung, die ihm Untergebene schulde ihm jederzeit die Einwilligung zum Koitus.«[336]

Sexuelle Revolutionen
und viktorianische Verklemmtheit

Im 18. Jahrhundert setzte eine Entwicklung ein, die Faramerz Dabhoiwala als erste sexuelle Revolution beschreibt. Mit der im Zeitalter der Aufklärung zunehmenden religiösen Toleranz ging eine größere Freiheit in moralischer und sexueller Hinsicht einher. Beispielsweise argumentierte der in England lebende, aus den Niederlanden stammende Arzt und Philosoph Bernard Mandeville 1714, dass die Tugend immer »wider den Naturtrieb gewesen«[337] wäre. Keuschheit wäre nach dem Philosophen David Hume keineswegs Teil des angeborenen Moralempfindens des Menschen, sondern eine künstliche, von Männern erfundene Tugend, womit diese sicherstellen wollten, dass »ihre Kinder … wirklich ihre eigenen sind«.[338]

Doch die Forderung nach sexueller Freiheit blieb eine Männerdomäne: Gefordert vom und für das starke Geschlecht. Wenn manche Frauen der Oberschicht sexuelle Freiheit lebten, sich als Ehefrauen oder Witwen Liebhaber gönnten und dies nicht verheimlichten, wurden sie schief angesehen und kamen sprichwörtlich in Verruf.

Neu war um 1800, dass man nun die Frauen zunehmend als das von Natur aus keuschere Geschlecht betrachtete, während Männer als zügellose, ihren niederen Trieben nachgebende Lüstlinge galten. Das war eine Rollenumkehr, da man »[s]eit Anbeginn der abendländischen Kultur […] von der Annahme [ausgegangen war], dass Frauen das lustfähigere Geschlecht seien«[339]. Wie sich an der Urschwäche Evas gezeigt hätte, konnten Frauen aufgrund ihrer geistigen, moralischen und körperlichen Schwäche ihre Wollust nicht so gut beherrschen wie Männer und liefen Gefahr, Opfer ihrer Leidenschaften zu werden.

Ab etwa 1800 war es umgekehrt: »Jetzt glaubte man, Männer seien von Natur aus libidinöser und stets geneigt, Frauen zu verführen. Dagegen hielt man Frauen für vergleichsweise feinfühlig, zurückhaltend und sexuell passiv, weshalb sie ständig auf der Hut vor männlicher Zudringlichkeit sein müssten.«[340] Im Roman und auf der Theaterbühne versuchte der Wüstling mit Lug und Trug, die zarte Unschuld zu Fall zu bringen, die dann Leid und Elend zu erwarten hatte.[341] Außer es gelang einer tugendhaften Frau, den *bad boy* zur Ehe zu zähmen – dann wurde der geläuterte Weiberheld auf einmal zum besten aller Ehemänner. Das ist übrigens ein Stereotyp, das heute noch in vielen Romanen und Filmen Verwendung findet.

Im 19. und frühen 20. Jahrhundert ging man wie selbstverständlich davon aus, dass Männer eben Männer waren, die sich mit Prostituierten und Geliebten sexuell austoben mussten; Frauen hingegen waren tugendhaft. Selbst Feministinnen forderten weniger die sexuelle Gleichberechtigung, sondern traten vielmehr dafür ein, die Männer zu mehr Selbstbeherrschung anzuhalten. Damit stieg der gesellschaftliche Druck auf Frauen, stets anständig und sittsam zu sein und den Verführungskünsten der Männer nicht nachzugeben.

Willkommen im Viktorianischen Zeitalter!

Ehrbare Frauen aus gutem Hause hatten keine sexuellen Bedürfnisse und keinen Spaß am ehelichen Sex. Die Männer sollten doch bitte Verständnis dafür haben. »The married woman has no wish to be treated on the footing of a mistress«[342], schrieb der britische Arzt William Acton um die Mitte des 19. Jahrhunderts. Er war überzeugt, dass »the majority of women (happily for society) are not very much troubled with sexual feelings of any kind … love of home, of children, and of domestic duties are the only passions they feel«[343].

Den Ehemännern rieten Ärzte und Theologen, ihre niederen Triebe zu bezähmen oder, wenn das gar nicht ging, mit einer ordentlichen Portion schlechten Gewissens außerhalb der Ehe auszuleben. Zu viel Sex wäre auch für Männer ungesund; »having sex as often as once a week could make a man ›slave‹ to his sexual passions«[344].

Der Bestsellerautor Sylvester Graham gab seinen Lesern 1833 eine Faustregel mit auf den Weg: »[A]s a general rule, it may be said, to the healthy and robust: it were better for you, not to exceed in the frequency of your indulgences, the number of months in the year«[345].

Der Schriftsteller Stefan Zweig, 1881 im österreichischen Kaiserreich geboren, beschrieb rückblickend die »Welt von Gestern« und ging mit der Prüderie und sexuellen Doppelmoral des Viktorianischen Zeitalters scharfzüngig ins Gericht. »Unser Jahrhundert [...] empfand die Sexualität als ein anarchisches und darum störendes Element, [...] das man nicht am lichten Tage schalten lassen dürfe«[346]; sie wurde möglichst aus allen Bereichen des Lebens verdrängt. Die Mode um 1900 verhüllte und entstellte den weiblichen Leib. »Die Körperlinie einer Frau sollte durch diese Manipulationen so völlig verheimlicht werden, daß selbst der Bräutigam beim Hochzeitsmahl nicht im entferntesten ahnen konnte, ob seine zukünftige Lebensgefährtin gerade oder krumm gewachsen war, füllig oder mager, kurzbeinig oder langbeinig«[347]; es herrschte eine solche Prüderie, »daß eine Dame das Wort ›Hose‹ damals überhaupt nicht über die Lippen bringen durfte«[348], sondern Bezeichnungen wie »Beinkleid« oder aber »Die Unaussprechlichen«[349] verwenden musste. Von einer Gleichheit der Geschlechter konnte laut Zweig keine Rede sein; »der Mann [sollte] forsch, ritterlich und aggressiv, die Frau scheu, schüchtern und defensiv«[350] sein, »Jäger und Beute, statt gleich und gleich«.[351]

   Es herrschte eine »doppelt verlogen[e]«[352] gesellschaftliche Moral: »Denn während sie bei jungen Männern ein Auge zukniff und sie mit dem andern sogar zwinkernd ermutigte, ›sich die Hörner abzulaufen‹, wie man in dem gutmütig spottenden Familienjargon jener Zeit sagte, schloß sie gegenüber der Frau ängstlich beide Augen und stellte sich blind.«[353] Dem Mann wurden Triebe zugestanden, eine Frau aber sollte keinerlei körperliches Verlangen haben, bevor es nicht in der Ehe vom Mann geweckt würde. Das »Mädchen aus gutem Hause«[354] wurde von der Anstandsdame bewacht und so weltfremd erzogen, »daß sie über alle natürlichen Dinge in einer für uns heute unfaßbaren Ahnungslosigkeit verblieben. Ein junges Mädchen aus guter Familie durfte keinerlei Vorstellungen haben, wie der männliche Körper geformt sei, nicht wissen, wie Kinder auf die Welt kommen, denn der Engel sollte ja nicht nur körperlich unberührt, sondern auch seelisch völlig ›rein‹ in die Ehe treten. […] Noch heute amüsiert mich die groteske Geschichte einer Tante von mir, die in ihrer Hochzeitsnacht um ein Uhr morgens plötzlich wieder in der Wohnung ihrer Eltern erschien und Sturm läutete, sie wolle den gräßlichen Menschen nie mehr sehen, mit dem man sie verheiratet habe, er sei ein Wahnsinniger und ein Unhold, denn er habe allen Ernstes versucht, sie zu entkleiden. Nur mit Mühe habe sie sich vor diesem sichtbar krankhaften Verlangen retten können.«[355]

Aber dies war Zweigs Meinung nach erwünscht: »[S]o wollte die Gesellschaft von damals das junge Mädchen, töricht und unbelehrt, wohlerzogen und ahnungslos, neugierig und schamhaft, unsicher und unpraktisch, und durch diese lebensfremde Erziehung von vornherein bestimmt, in der Ehe dann willenlos vom Manne geformt und geführt zu werden.«[356]

Tragisch wurde es für »sitzen gebliebene« Mädchen, da auch diese im reifen Alter unerfahren und unschuldig sein sollten – und damit zur Karikatur »alten Jungfer«[357] verkamen.

Zwischen 1800 und 1920 sank in den meisten westeuropäischen Ländern die Geburtenrate um rund die Hälfte, was sich auf die verringerte Beischlafhäufigkeit wie auch neue Methoden der Geburtenkontrolle zurückführen lässt. War bislang der *Coitus interruptus* – übrigens von der Kirche als »Ehelicher Onanismus« verurteilt – die gebräuchliche Verhütungsmethode, gab es ab der Mitte des 19. Jahrhunderts Kondome mit vertrauenerweckenden Namen wie »Ohnefurcht« oder »Pechs Garantie«.

In den 1920er-Jahren interviewte Katharine Davis 2200 amerikanische Frauen, die überwiegend vor 1890 geboren waren. Ein Viertel gab an, anfänglich von Sex angewidert gewesen zu sein; selbst jene Ehefrauen, die ihrer Aussage nach den Geschlechtsverkehr mit ihren Männern genießen konnten, sprachen davon, sich für ihre Lust schuldig gefühlt zu haben. Auch viele Männer fanden es – was aufgrund der oben genannten Anschauungen und von Experten verbreiteten Weisheiten nicht verwundert – unnatürlich, wenn eine Frau zu viel Spaß am Sex hatte.

Dass sexuelle Frustration weit verbreitet war, verwundert nicht weiter. An sogenannter weiblicher Hysterie leidende Frauen wurden in Hydrotherapiezentren behandelt, wo Ärzte ihren Beckenbereich massierten und die Patientinnen mittels Orgasmen von ihrem Leiden kurierten. Um den Ärzten ihre anstrengende Arbeit zu erleichtern, wurde Ende des 19. Jahrhunderts der Vibrator als medizinisches Hilfsmittel entwickelt. Übrigens wurde schon im 1. Jahrhundert nach Christus der »klitoridale« Orgasmus beschrieben, den der Arzt seiner Patientin verschaffte; und auch künstliche Phalli mit einem hölzernen Kern und einer Außenhaut aus Leder gab es als Sexspielzeug schon im alten Rom.

Der Sittenstrenge in Adel und Bürgertum wurde im 19. und frühen 20. Jahrhundert die sexuelle Liederlichkeit der Arbeiterklasse gegenübergestellt – zumindest von bürgerlichen Autoren. »Im Rohzustand, in den naturbelassen[en] Regionen unseres Landes und in den Elendsvierteln aller großen Städte sind Männer und Frauen über die Maßen unkeusch«[358], schrieb die Ärztin und Feministin Elizabeth Blackwell in den 1880er-Jahren. Man ging davon aus, dass die Proletarier ihren Trieben zügellos nachgaben, was zu einem großen Teil ihrer mangelnden Erziehung zugeschrieben wurde. Die Sichtweise der zeitgenössischen, aus den höheren Gesellschaftsschichten stammenden Autoren ist jedoch von Vorurteilen geprägt verzerrt. »Auch in der Arbeiterschaft war die sexuelle Begierde fundamental auf die Ehe gerichtet.«[359] Geschlechtsverkehr fand in der Arbeiterschaft meist erst dann statt, wenn das Paar eine relativ stabile Beziehung aufgebaut hatte oder sich vielleicht schon verlobt hatte. Durch die frühe Selbstständigkeit und Erwerbstätigkeit der Arbeiterinnen und Arbeiter war dies teilweise schon im Alter von 16 oder 17 Jahren der Fall.

Guter Sex für eine gute Ehe

Ende des 19. Jahrhunderts wagten sich Reformer mit der Meinung hervor, dass Sex in der Ehe beiden Ehepartnern Spaß machen sollte. Zu Beginn des 20. Jahrhunderts entstand eine neue Art Ratgeberliteratur, die mit detaillierten Anleitungen aufwarten konnte. Auch Sigmund Freud lässt grüßen. Manche Leserstimmen belegen, wie notwendig Aufklärung und wie willkommen Anleitungen waren. Ein älterer Leser schrieb Marie Stopes, die 1918 in England *Married Love: A New Contribution to the Solution of Sex Difficulties* veröffentlicht hatte, und bedankte sich im Namen der jüngeren Generation: Er selbst war dermaßen unwissend in die Ehe gegangen, dass er erschrak, als seine Frau einen Orgasmus hatte, »and thought it was some sort of fit [Anfall]«[360].

Im 20. Jahrhundert wurden – gerade was Erotik und Sexualität betraf – höhere Anforderungen an die Ehe gestellt. Unbefriedigender Sex wurde zunehmend als Problem bewertet. Der Eheberater William Robinson behauptete 1912: »every case of divorce had for its basis lack of sexual satisfaction«[361]. Guter Sex wäre der Klebstoff, der Ehen zusammenhielt. Die Konsequenz daraus: Man(n) musste die sexuelle Befriedigung in der Ehe fördern. Das viktorianische Bild der asexuellen, lustlosen, ja, geradezu frigiden Frau wurde verbannt. Ratgeber wie *How I Kept My Husband* lieferten Ehefrauen beispielsweise detaillierte Instruktionen für Oralsex. Wie die Spielfilme jener Zeit vorzeigten, war brav und bieder *out*, Sinnlichkeit und Sexappeal *in*.

Ebenso wurden die Ehemänner in die Pflicht genommen. Der niederländische Arzt und ehemalige Leiter einer Frauenklinik, Theodor Hendrik van de Velde, schrieb das Buch *Die vollkommene Ehe*, das in den 1920er- und 1930er-Jahren allein in Deutschland 42 Auflagen erlebte. Er plädierte dafür, dass der Mann für das sexuelle Gelingen der Ehe Verantwortung übernahm und geeignete Praktiken sowie verschiedene Stellungen erlernte, um seine Ehefrau zu verführen und sie und damit auch sich selbst glücklich zu machen. Überraschenderweise setzte der Vatikan das Werk auf den Index der verbotenen Bücher.

Im Dritten Reich hielt man wenig vom Spaß im Ehebett, im Gegenteil: Lustvoller Geschlechtsverkehr könnte sich als schädlich erweisen: »Wird ... der Geschlechtsverkehr von vornherein lediglich zum Zwecke des Genusses gepflegt, so vergiftet dies die Beziehung der Gatten zueinander, und schädigt es namentlich die Sittlichkeit der Frau. Sie betrachtet den Vollzug des Beischlafs nicht mehr, wie sie von Natur aus geneigt ist, mit Ehrfurcht als eine folgenschwere und bedeutsame Handlung, bei der die geheimnisvollen Urmächte des Lebens das verborgen Treibende sind, sondern lernt allmählich, daß es sich bloß um ein Vergnügen handele.«[362]

Nach dem Zweiten Weltkrieg wurde Sexualität »zum Inbegriff des Privaten und Apolitischen erklärt«[363]; Anfang der 1950er-Jahre setzte sich zwar erneut die konservativ-christliche Sexualmoral durch, »[d]och das Sexualleben der fünfziger und frühen sechziger Jahre blieb bunter, als man dies auf den ersten Blick vermuten könnte«[364].

Bereits Ende der 1940er-Jahre begann Beate Uhse mit dem Versand von Verhütungsmitteln und einschlägigen Ratgebern. In den 1950er-Jahren gab es in Westdeutschland bereits einen blühenden Versandhandel, der unter anderem Artikel zur »Ehehygiene« oder erotisch-pornografische Schriften umfasste. 1957 waren rund 8 Millionen Westdeutsche (bei einer Bevölkerung von 54 Millionen) in die Versandlisten diverser Erotikfirmen eingetragen, die ihre Produkte diskret verpackt an den Mann – und zunehmend auch an die Frau – brachten. In den 1950er- und frühen 1960er-Jahren »kann durchaus von einer ersten, wenn auch kleinen ›Sexwelle‹ gesprochen werden«[365], so Franz X. Eder. »Die ›Sexuellen Revolutionäre‹ der zweiten Hälfte der 1960er-Jahre übersahen diese liberale Seite der sonst konservativen Wirtschaftswunderzeit und damit auch ihrer eigenen Eltern völlig.«[366] Die sogenannte Sexuelle Revolution der späten 1960er-Jahre, wobei auch die Pille als neues, sicheres Verhütungsmittel eine große Rolle spielte, wurde in der Zeit davor vorbereitet, sie »war also weniger ein rascher und radikaler Umbruch der sexuellen Verhaltensweisen und Mentalitäten als vielmehr der Höhepunkt eines längerfristigen Prozesses«[367].

Noch um die Mitte des 20. Jahrhunderts vertraten Eheratgeber aber teilweise noch sehr viktorianisch anmutende Rollenbilder, beispielsweise der Autor Rolf Rother: »Freilich soll der Mann eine gewisse praktische Erfahrung mit in die Ehe bringen, denn er soll ja Lehrmeister seiner jungen Frau sein. Aber bei ihr soll sich die Erfahrung auf sexuellem Gebiet lediglich auf das Theoretische erstrecken.«[368] Ein solches Vorgehen bedeutet für Frauen ein Risiko, wie die feministische Schriftstellerin Simone de Beauvoir Ende der 1940er-Jahre betonte. Ein junges Mädchen liefe ungeheure Gefahr, »wenn sie sich verpflichtet, ihr ganzes Leben lang und ausschließlich bei einem Mann zu schlafen, den sie sexuell nicht kennt, da ihr erotisches Schicksal doch im wesentlichen von der Persönlichkeit ihres Partners abhängt«[369].

Studien zum tatsächlichen Sexualverhalten der Menschen zeigen ganz andere Bilder, so der berühmte Report des amerikanischen Zoologen Alfred C. Kinsey. Dort konnte man nachlesen, dass nahezu alle Amerikanerinnen und Amerikaner masturbierten, sehr viele gleichgeschlechtliche Erfahrungen gemacht hatten – und dass rund ein Drittel Ehebruch beging. 1948 erschien die Studie zu den Männern, 1953 jene zu den Frauen.

Auch im deutschsprachigen Raum rückten Aufklärungsfilme, die Jugendzeitschrift *Bravo* mit ihren Kolumnen oder erste Sexfilme wie die beliebten »Schulmädchen-« oder »Hausfrauen-Reports«, ab den 1970er-Jahren Pornofilme mit »echten« Sexszenen das Thema Sex immer weiter in den Fokus. In der Praxis zeigte sich beispielsweise bei den Studierenden der späten 1960er-Jahre, dass die Koitushäufigkeit zunahm und im Vergleich zu früher die Zahl der Partner stieg.

Dennoch ist in den letzten Jahrzehnten festzustellen, dass die Mehrheit der Bevölkerung Geschlechtsverkehr innerhalb einer auf Liebe basierenden Partnerschaft – diese muss nicht unbedingt in Form einer Ehe geführt werden – für ideal erachtet und auch der Treue einen großen Stellenwert einräumt. In den 1990er-Jahren entstand beispielsweise in den USA eine leichte Gegenbewegung gegen sexuelle Freizügigkeit; manche Mädchen wollten bewusst jungfräulich in die Ehe gehen. Das bedeutete aber keineswegs Verzicht auf jegliche sexuelle Handlung – wie man seit den Erläuterungen des damaligen US-Präsidenten Bill Clinton weiß, ist Oralsex ja kein Sex.

Im 21. Jahrhundert ist der Umgang mit Sexualität sehr viel offener geworden, wozu Publizistik, Filmindustrie und das Internet ebenso beitragen wie ein umfassendes Arsenal an Hilfsmitteln, die über auf Erotik spezialisierte Geschäfte bezogen werden und bei entsprechendem Wunsch die ehelichen Nächte aufpeppen können. Wie viele Grautöne guter Sex braucht, 50 oder mehr?, bleibt jedem Paar selbst überlassen.

Sexualität muss längst nicht mehr zwingend in der Ehe ausgelebt werden, aber sie unterliegt weiterhin »einer gesellschaftlichen Regulierung […], die mit bloßem Auge nicht zu erkennen ist. Im sexuellen Akt verkörpern und reproduzieren wir zugleich soziale und kulturelle Strukturen, insofern die Sexualität Antworten auf Fragen wie die folgenden einschließt: Mit wem darf man Sex haben und mit wem nicht? In welchem Verhältnis stehen lustvoller Sex und biologische Fortpflanzung? Wer hat die Macht?«[370] Sexualität »ist zu dem Terrain geworden, auf dem heterosexuelle wie homosexuelle Männer und Frauen den Zweck von Ehe, Liebe und Fortpflanzung anhand von Werten wie Gleichheit und Konsens neu definiert haben«[371].

4.

Bis dass der Tod uns scheidet?
Wie Ehen enden

Was tun, wenn man – aus welchen Gründen auch immer – aus der Ehe entkommen wollte? Dafür gab es in den unterschiedlichen Epochen verschiedene Lösungen. Mal war eine Scheidung mühelos zu erreichen, dann wieder musste man auf den Tod des Gatten warten, um endlich frei zu sein. Wer gewitzt genug war, fand aber trotz strenger Regeln Schlupflöcher. Und zur Not konnte man das Ableben des ungeliebten Gatten beschleunigen.

Legal bis kurios:
Möglichkeiten der Trennung und Scheidung

Ob eine Ehe anders als durch den Tod des Ehepartners ihr Ende finden, also rechtmäßig getrennt werden konnte, hing von der Beurteilung derselben ab: Verträge waren ihrem Charakter nach auflösbar; ein heiliges, von Gott gestiftetes Band durfte von Menschen nicht durchschnitten werden.

Im antiken Griechenland und im Römischen Reich standen Scheidungen an der Tagesordnung und waren gesellschaftlich nicht geächtet. In Athen konnte der Ehemann seine Frau ohne Weiteres zu ihrer Familie zurückschicken (*apopempsis* – das Wegschicken), während die scheidungswillige Frau vor dem Archon Eponymos erscheinen musste, damit die Scheidung (*apoleipsis* – das Verlassen) registriert wurde. Da die Mitgift im Besitz der Frau verblieb, musste der Mann sie ihr im Scheidungsfall zurückzahlen. Dieses Vermögen diente der Frau als Unterhalt oder als Mitgift für eine neue Ehe. Allein schon die Möglichkeit, dem Ehemann mit Scheidung zu drohen, erweiterte den innerehelichen Handlungsspielraum griechischer Frauen. Hipparete verließ ihren Mann Alkibiades, weil dieser ständig Prostituierte heimbrachte; er jedoch schleppte seine Frau mit Gewalt vom Markt nach Hause – er konnte es sich nicht leisten, ihr die Mitgift zurückzuerstatten.

Anders als römische Bauwerke waren römische Ehen nicht für die Ewigkeit geschaffen. Wie die Hochzeit war die Scheidung kein juristischer Akt: Die Ehe beruhte auf dem Willen, dem Konsens, der Eheleute – war dieser nicht mehr gegeben, war die Ehe aus. Die Verkündung der Scheidung hieß *repudium*, was wörtlich Verstoßung bedeutete. Die entsprechenden Formeln waren kurz, aber unmissverständlich: »Nimm deine Sachen und geh!« oder »Verlass das Haus!«[372] Von diesem Augenblick an war die Ehe beendet. Manchmal machte sich der Mann gar nicht die Mühe, seiner Gattin persönlich gegenüberzutreten, sondern er schickte einen Boten, der den Brief (*libellus divortii*) vorlas. Seit dem 3. Jahrhundert vor Christus mussten Ehemänner gar keine triftigen Gründe mehr angeben, sondern konnten sich auch von einer untadeligen Frau trennen. Mit schrittweiser Durchsetzung der *sine manu*-Ehe, bei der die Frau weiterhin zur Familie ihres Mannes gehörte, wurden Scheidungen häufiger, die vom Brautvater eingeleitet wurden. Schließlich waren

Ehen Bündnisse, und wenn sich aus väterlicher Sicht eine günstigere Verbindung ergab, wollte man die Chance nutzen.

Wie die griechische hatte die römische Frau Anspruch auf die Rückerstattung ihrer Mitgift, die dem Unterhalt oder einer Wiederverheiratung diente; allerdings konnte der Mann für jedes Kind einen Teil der Mitgift einbehalten, wenn die Ehe wegen einer Verfehlung der Ehefrau geschieden worden war.

Die hohe Scheidungsrate wurde von manchen als Zeichen für den allgemeinen Verfall der Sitten gewertet. Juvenal beklagte in einer Satire, dass reiche Männer ihre Frauen verstießen, sobald diese Alterserscheinungen zeigten: »[D]as Gesicht, nicht die Gattin wird geliebt. Sollten drei Runzeln sich einstellen und die Haut trocken werden und erschlaffen, die Zähne dunkel werden und die Augen kleiner, wird der Freigelassene sagen: ›Pack deine Klamotten zusammen und zieh aus‹.«[373] Laut Seneca waren die Frauen der aristokratischen Schicht nicht besser: »So manch edle Dame aus noblem Hause zählt ihre Jahre nicht nach der Abfolge der Konsuln, sondern nach der der Ehemänner. Sie lässt sich scheiden, um sich wiederzuverheiraten, und heiratet, um sich scheiden zu lassen.«[374]

In der Spätantike wurde die Scheidung erschwert und – falls kein gerechtfertigter Grund wie beispielsweise Ehebruch oder Giftmischerei der Frau vorlag – mit Sanktionen wie Vermögenseinbußen oder dem Verbot der Wiederheirat bedroht. Dennoch blieben einvernehmliche Scheidungen bis Kaiser Justinian im 6. Jahrhundert gestattet. Von der christlichen Kirche wurden Scheidungen abgelehnt.

Bei den Kelten gab es ebenfalls eine Scheidung im Einvernehmen. In Wales galt: »Bei dreimaligem Ehebruch des Mannes, Impotenz oder schlechtem Mundgeruch durfte ihn die Frau unter Mitnahme des in die Ehe eingebrachten und von ihr erworbenen Besitzes verlassen.«[375]

Die germanische Muntehe war ein Vertrag zwischen zwei Sippen; der Mann konnte – vor allem bei Kinderlosigkeit oder Untreue der Frau – durch eine neue Vereinbarung mit der Sippe der Frau die Ehe auflösen. Verstieß er seine Gemahlin grundlos, drohte ihm die Rache ihrer Familie.

Im fränkischen Reich lassen sich seit dem 4./5. Jahrhundert bei den christianisierten Provinzialromanen zudem Scheidungsbriefe nachweisen: Die Ehepartner stellten sich gegenseitig diese Briefe aus, wodurch sie berechtigt waren, entweder ins Kloster einzutreten oder eine neue Ehe einzugehen. Diese Scheidungspraxis, die dem kanonischen Recht mit der Betonung der Unauflöslichkeit der Ehe widersprach, wurde von der Amtskirche anscheinend stillschweigend geduldet; zumindest so lange, bis sie sich in ihrer Position gefestigt fühlte und energische Reformer wie der angelsächsische Missionar Bonifatius im 8. Jahrhundert auf Monogamie und die Unauflöslichkeit der Ehe pochten.[376]

Scheidung im Christentum

Im Alten Testament sind sehr wohl Scheidungsfälle überliefert. Einmal nahm ein Vater seine verheiratete Tochter zurück, um sie einem anderen Ehemann zu geben (1 Sam 25,44); zudem wird dem Mann zugestanden, seine Frau mittels Scheidebrief zu verstoßen, wenn er nach der Hochzeit etwas »Schändliches«[377] an ihr entdeckt haben sollte, wobei die Frau das Recht zur Wiederheirat hätte (Dt 24,1–4). Jesus Christus sprach sich, wie die Evangelien überliefern, klar und deutlich gegen die im mosaischen Gesetz noch erlaubte Trennung durch eine Scheidungsurkunde aus. Bei Markus heißt es: »Wer seine Frau aus der Ehe entlässt und eine andere heiratet, begeht ihr gegenüber Ehebruch. Auch eine Frau begeht Ehebruch, wenn sie ihren Mann aus der Ehe entlässt und einen anderen heiratet.« (Mk 10,11–12) Als Kern des kanonischen Scheidungsrechtes galt: »Was aber Gott verbunden hat, das darf der Mensch nicht trennen.« (Mt. 19,6; Mk. 10,9)

Der Evangelist Matthäus ließ allerdings den Ehebruch als Scheidungsgrund gelten: »Wer seine Frau entlässt, obwohl kein Fall von Unzucht vorliegt, liefert sie dem Ehebruch aus; und wer eine Frau heiratet, die aus der Ehe entlassen worden ist, begeht Ehebruch.« (Mt. 5,32) Auch in den frühmittelalterlichen Bußbüchern wird der Ehebruch gelegentlich als Grund anerkannt, um eine Ehe aufzulösen. Im katholischen Spanien, wo die Scheidung erst 1981 eingeführt wurde, konnte eine Ehe ebenfalls aufgrund von Ehebruch annulliert werden.

Rosenkriege sind keine Erfindung der Moderne. 857 wollte sich der karolingische König Lothar II. nach zwei Ehejahren von Theutberga scheiden lassen, um seine frühere Geliebte Waldrada ehelichen zu können, mit der er auch schon einige Kinder gezeugt hatte: Es kam ihm vor allem darauf an, seinen Sohn Hugo zu legitimieren und ihn als Erben zu positionieren, zumal die Ehe mit Theutberga aus der mächtigen Familie der Bosoniden kinderlos blieb. Eine angenommene Unfruchtbarkeit der Frau war nach zeitgenössischem Verständnis allerdings kein rechtmäßiger Grund, sich von ihr zu trennen.

Der König versuchte es zuerst über ein weltliches Gericht: Er warf Theutberga ein so schreckliches Vergehen vor, dass sie sich damit ein für allemal ins Unrecht gesetzt hätte und damit die spätere Hochzeit mit Lothar als ungültig betrachtet werden müsste. Er beschuldigte sie, mit ihrem Bruder Hugbert Inzest begangen zu haben, und zwar in unnatürlicher Form – wie Männer es mit Männern tun. Noch dazu wäre sie schwanger geworden und hätte abgetrieben. Theutberga gelang es, sich durch ein Gottesurteil mit heißem Wasser (zum Glück für sie war ein Stellvertreter erlaubt) von diesen Anschuldigungen reinzuwaschen.

Dann versuchte es Lothar über die Kirche. Anfang 860 fanden zwei Synoden in Aachen statt. Lothar erzwang ein Geständnis von Theutberga, wonach sie von ihrem Bruder vergewaltigt worden war; die Bischöfe sprachen sich für die Scheidung aus und wiesen sie in ein Kloster ein. Ihr gelang jedoch die Flucht zu Karl dem Kahlen und sie widerrief ihr Geständnis. Da in diesem Fall also berechtigte Zweifel bestanden, wurde Erzbischof Hinkmar von Reims mit einer Art Gutachten beauftragt. Dieses befasste sich zuerst mit der Anschuldigung des Inzests und der Abtreibung. Selbst als Bischof fiel Hinkmar auf, dass die Vorwürfe nicht zusammenpassen wollten: Wie konnte man von Sodomie (Analverkehr) schwanger werden? Sollte Theutberga sich der Verbrechen aber schuldig gemacht haben, wäre die Ehe zu trennen.

862 erklärte eine dritte Synode in Aachen die Ehe Lothars mit Theutberga für ungültig, der König dürfe eine neue Ehe eingehen. Dabei wichen die Bischöfe von den Inzestvorwürfen ab und meinten nun, dass Lothar vor der Heirat mit Theutberga schon eine rechtmäßige Muntehe mit Waldrada eingegangen wäre. Lothar heiratete Ende 862 Waldrada in einer öffentlichen Zeremonie und ließ sie auch zur Königin krönen. Ein klarer Fall von Bigamie.

Papst Nikolaus I. sprach ein Machtwort: Er zwang Lothar, Theutberga zurückzunehmen; dieser musste sich aus politischen Gründen beugen. Eine Exkommunikation des Königs hätte das Reich empfindlich geschwächt und Angriffen von außen – seine Onkel Karl der Kahle und Ludwig der Deutsche wetzten schon die Schwerter – preisgegeben.

Nun bat Theutberga den Papst um die Scheidung (die dieser aber verweigerte); sie machte drei Gründe geltend: Lothars Ehe mit Waldrada wäre gültig, sie selbst aber kinderlos und zudem wollte sie ins Kloster eintreten. Zu ihrem Sinneswandel könnte beigetragen haben, dass Lothar ihr etliche Güter überschrieb und ihr auch

178

die von Hugbert konfiszierten Besitztümer übertrug. Der neue Papst Hadrian II. zeigte sich entgegenkommender. Bevor die strittige Angelegenheit geklärt werden konnte, verstarb Lothar 869. Karl und Ludwig teilten sich das Reich ihres Neffen auf: Lothars minderjähriger Sohn Hugo (von Waldrada) konnte nicht zuletzt aufgrund seiner illegitimen Geburt als Erbe leicht übergangen werden.

Das kanonische Recht kennt bei schwerwiegenden Konflikten oder Verfehlungen die Möglichkeit einer Scheidung, aber »Scheidung im katholischen Sinn des Wortes bedeutet nicht die Auflösung einer Ehe, sondern nur die offizielle Anerkennung der ›Trennung von Bett und Tisch‹. Denn die Ehe ist ein Sakrament«[378]; das Eheband existiert weiter, keiner der Partner kann eine neue Ehe eingehen und eine sexuelle Beziehung mit einer anderen Person gilt als Ehebruch. Hinzu kam, dass eine solche Trennung von Tisch und Bett meist nur zeitlich befristet erlaubt wurde und das Paar, so zerstritten es auch sein mochte, mehrere Versöhnungsversuche seitens der weltlichen oder kirchlichen Obrigkeit über sich ergehen lassen musste.

Im Gegensatz zur katholischen Kirche sahen die Protestanten die Ehe zwar als von Gott gestiftet und damit grundsätzlich als unauflöslich, aber nicht als Sakrament. Daher wurden im Unterschied zum Katholizismus manche Scheidungsgründe anerkannt »mit der Konsequenz, daß bei deren Eintritt das *Eheband* als aufgelöst galt. Dem unschuldigen Teil (häufig der Frau) wurde damit das Recht zur Wiederverheiratung eingeräumt.«[379] Im Luthertum zählten neben dem Ehebruch Impotenz, die Verweigerung der ehelichen Pflicht, Unglauben oder Konfessionswechsel und »bösliches Verlassen« als Scheidungsgründe. In der Praxis zeigte sich, dass protestantische Scheidungswillige manchmal dem Partner Ehebruch unterstellten, um so ein Scheidungsverfahren zu erreichen und – unschuldig geschieden – jemand anderen heiraten zu können.

Allerdings versuchten die zuständigen Ehegerichte und die Pastoren so ziemlich alles, um die Eheleute zu versöhnen. Eine schnelle Scheidung war undenkbar; bevor eine solche ausgesprochen wurde, erfolgte in den meisten Fällen eine (mehrjährige) Trennung von Tisch und Bett, nach der die Eheleute zueinander zurückfinden sollten. Erst wenn tatsächlich alle Liebesmüh vergebens war, kam es zur endgültigen Scheidung. Selbst bei Fällen schwerer Misshandlung und Drohungen mit dem Umbringen wurde auch nach protestantischem Recht oft nur eine Trennung von Tisch und Bett ausgesprochen. Dass so manche Frau Bedenken hatte, zu dem Mann zurückzukehren, der ihr zuvor vielleicht das Messer nachschleuderte, ist nachvollziehbar … Männer waren ihres Lebens keineswegs sicherer. Leonard Smyt aus dem salzburgischen Ennstal wandte sich an den Papst, um seine Ehe auflösen zu lassen: Seine Frau Margarete hatte ihn zu ermorden versucht und war daraufhin geflohen. Als sie zurückkehrte, wandte sich Leonard an den Papst, um seine Ehe aufgrund der von seiner Frau ausgehenden Gefahr für Leib und Leben auflösen zu lassen. Als Argument war das in Rom anscheinend zu wenig: Wenn er beweisen konnte, dass Margarete in der Zeit ihrer Abwesenheit Ehebruch begangen hatte, dann konnte man die Ehe aufheben.

Im 16. Jahrhundert wurden von Protestanten teilweise entgegenkommendere Meinungen vertreten, die beispielsweise auch schwere Verbrechen eines Ehepartners oder die Lebensnachstellung als Scheidungsgründe gelten lassen wollten. Auch die Verweigerung der ehelichen Pflicht oder schwere, Ekel erregende Krankheiten sowie ein lasterhafter Lebenswandel wurden angedacht. Die Befürworter dieser milderen Richtung konnten sich aber trotz der im 17. und 18. Jahrhundert anhaltenden Debatte nicht durchsetzen.

Dass so mancher protestantische Landesherr, der ja an der Spitze der Landeskirche stand, seine eigenen Ehe- und Scheidungsangelegenheiten eigenmächtig zu regeln versuchte, wurde schon von den

Zeitgenossen kritisiert. Kurfürst Karl Ludwig von der Pfalz verkündete 1657 seine eigene Scheidung, um für eine morganatische Ehe mit Luise von Degenfeld frei zu sein. Der Staatsrechtsexperte Johann Jacob Moser schrieb in seinem *Teutschen Staats=Recht* 1745: »Und in der That es ist unbillig, daß ein Fürst, wanns ihm in den Kopf kommt, seine Gemahlin verstößt, und sich von ihr scheiden läßt propria auctoritate.«[380] Für Ehekonflikte und Scheidungssachen sollten Theologen und Juristen zuständig sein.

Laut Kirchenrecht konnte die Ehe also nur durch den Tod gelöst werden. Doch was war, wenn Sklaven verheiratet waren und einer verkauft wurde oder der Gatte – was in früheren Zeiten keine Seltenheit war – in Kriegsgefangenschaft geriet oder verschleppt wurde? Bereits im 5. Jahrhundert bestimmte Papst Leo I., dass eine Wiederverheiratung möglich war, wenn die erste Ehe durch Kriegsgefangenschaft eines Partners de facto getrennt worden war. Das galt auch für Sklavenehepaare, wenn einer der beiden verkauft oder freigelassen wurde.

Aus Erfahrung schrieben manche frühmittelalterliche Bußbücher Wartefristen vor: Denn wenn in Kriegsgefangenschaft geratene Partner doch wieder nach Hause kamen, musste sie trotz einer etwaigen neuen Ehe der Zurückgebliebenen wieder aufgenommen werden. Im Zuge der Türkeneinfälle im 15. Jahrhundert wurden unter anderem die Frau Georg Petersdorffers und Leonhard Strauburger aus der Stadt Judenburg verschleppt. Leonhard gelang die Flucht und er bezeugte, dass Georgs Frau Elisabeth gestorben war, woraufhin Georg eine neue Ehe eingehen konnte.

Vertragsauflösung

»Natur- und vernunftrechtliche Einflüsse, wonach die Ehe eher als vertragsrechtliche Verbindung zur Erfüllung bestimmter Ehezwecke angesehen wurde, führten zur Akzeptanz weiterer Scheidungsgründe, worunter nun auch Lebensbedrohung, Verweigerung der ehelichen Pflicht oder Landesverweisung bzw. lebenslange Haft gerechnet werden konnten.«[381] Durch die Romantiker wurde um 1800 die Liebe ins Zentrum der Ehe gerückt; wo sie erlosch, war dieser Argumentationslinie nach die Ehe am Ende. Die Unverträglichkeit der Partner sollte eine Scheidung erlauben, denn eine lieblose Ehe wäre unmoralisch.

Die arme Prinzessin von Wales. Caroline von Braunschweig-Wolfenbüttel hatte es nicht leicht. Als sie 1795 ihren Cousin Georg heiratete, ahnte sie nicht, dass er aufgrund seiner immensen Schulden von seinem Vater und dem Parlament regelrecht zur Ehe erpresst worden war. Zudem hatte er schon 1785 klammheimlich die bürgerliche Maria Fitzherbert geheiratet, die zudem noch katholisch war. Diese war nicht mehr Carolines Problem; längst hatte Georg eine neue Flamme: Lady Frances Villier, Countess of Jersey, die zwar schon Großmutter war, aber Georg um ihren Finger wickelte. Taktvoll, wie er war, stellte er Lady Jersey als Hofdame der neuen Königin Caroline ein, die ihn solcherart selbst in die Flitterwochen begleiten konnte.

Das erste Zusammentreffen war bezeichnend für die weiteren Ehejahre: Georg benahm sich unhöflich und brüsk; Caroline war auch von seinem Aussehen erschüttert: »Außerdem finde ich ihn ziemlich fett und gar nicht so gut aussehend wie auf dem Porträt.«[382] Mittlerweile nannte man den Prinzen treffend »Prince of Whales« – Prinz der Wale …

Pflicht ist Pflicht. Rund neun Monate nach der Hochzeit am 8. April 1795 brachte Caroline die Tochter Charlotte zur Welt; danach wollte Georg von ihr nur noch eines: die Scheidung. Nur zu offiziellen Anlässen trat das Paar zusammen auf, um den Schein zu wahren. 1797 bezog Caroline Montague House in Blackheath, wo sie sich Hobbys wie der Aquarellmalerei oder der Musik widmete, enormes soziales Engagement für notleidende Kinder entwickelte – und sich zunehmend von Etikette und Konvention befreite. Bald wurden ihr Affären nachgesagt, doch gab es keine stichhaltigen Beweise. Eine 1806 eingesetzte parlamentarische Untersuchungskommission sprach sie ein Jahr später von allen Verdächtigungen frei.

Im Alter von 46 Jahren ging Caroline auf Reisen durch Europa, nach Nordafrika und in den Nahen Osten. In Neapel stellte sie den 30-jährigen, verheirateten Bartolomeo Pergami als Dolmetscher ein; der feurige Italiener wurde zu ihrem Reisebegleiter und Liebhaber. Die Affäre blieb Georg nicht verborgen, hatte er doch Spitzel auf seine Frau angesetzt, um ihr endlich Ehebruch nachweisen zu können.

1820 kehrte Caroline nach England zurück, obwohl Georg – mittlerweile König – ihr Geld dafür geboten hatte, dem Land fernzubleiben. 1820 ließ er ein Verfahren gegen Caroline eröffnen – und die königliche, schmutzige Bettwäsche wurde in aller Öffentlichkeit in der Klatschpresse gewaschen. Das Verfahren endete mit ihrem Freispruch, zumal sie die öffentliche Meinung hinter sich hatte und ihr Anwalt mit der Aufdeckung der Ehe Georgs mit Maria Fitzherbert drohen konnte. In der königstreuen Zeitschrift *John Bull* wurde Caroline mit obszönen Karikaturen weiterhin durch den Schmutz gezogen. Sie sollte nicht die letzte Prinzessin von Wales sein, die von der Presse verfolgt wurde.

Im Zuge der Französischen Revolution wurde mit der Zivilehe 1792 auch die Scheidung eingeführt. Sie wurde von ihren Befürwortern als logische Konsequenz der revolutionären Freiheitsforderung beurteilt. In der Diskussion darüber wurde deutlich, dass das Recht zur Scheidung keineswegs als Abwertung der Ehe betrachtet wurde, im Gegenteil: Durch die Fluchtmöglichkeit erhielte das Werben des

Liebesgottes Cupido erst seinen Reiz. Die Scheidung würde eine gute Ehe garantieren, da sich die Eheleute mehr zusammenreißen müssten – sonst könnte sich der jeweils andere scheiden lassen. War ein Paar unheilbar zerstritten, war es besser, Mann und Frau konnten sich legal trennen und mit einem anderen Partner einen neuen Eheversuch wagen.

Das Gesetz vom 20. September 1792 gestattete die Scheidung im Fall von geistiger Umnachtung, bei Misshandlungen und schweren Beleidigungen, sittenwidrigem Lebenswandel, dem Auszug eines der Partner aus dem gemeinsamen Heim oder beim Ausbleiben einer Nachricht von diesem über mehr als fünf Jahre oder auch, wenn einer zu einer Strafe verurteilt wurde, die mit dem Verlust der bürgerlichen Ehrenrechte verbunden war. Neu war zudem, dass unheilbar zerstrittene Eheleute eine einvernehmliche Scheidung durchführen konnten. Die Wiederheirat war gestattet.

Anders als die Eheschließung, die als Schnellverfahren über die Bühne ging, sollte die Scheidung nicht zu einfach zu erlangen sein. Per Gesetz waren drei Versöhnungsversuche vorgesehen. Insgesamt wurden zwischen 1792 und 1803 in Frankreich etwa 30 000 Scheidungen durchgeführt, wobei das Schwergewicht in großen Städten oder Seehäfen lag. Diese Fälle sind nicht zwingend als Zeichen aktueller Ehekrisen zu bewerten, sondern es handelte sich zu einem großen Teil um die nun mögliche Legalisierung von zuvor eigenmächtig durch die Ehegatten getrennten Ehen.

Das sehr liberale revolutionäre Scheidungsrecht wurde durch den Code civil Napoleons 1804 teilweise zurückgenommen; vor allem die einvernehmliche Scheidung wurde verwehrt. Nach Napoleons Niederlage 1814 kehrte mit dem bourbonischen König das katholische Eherecht nach Frankreich zurück, das lediglich die Trennung von Tisch und Bett kannte. Erst 1884 griff man beim Scheidungsrecht wieder auf den Code civil zurück.

Das preußische Allgemeine Landrecht von 1794 zeigte sich hinsichtlich des Eherechtes liberal, beispielsweise wurde die einvernehmliche Scheidung aufgrund »unüberwindlicher Abneigung«[383], also bei Zerrüttung, gestattet. Ehebruch, »böswilliges Verlassen« und Lebensnachstellung waren weitere Scheidungsgründe. Allein im Jahr 1810 wurden in Preußen – trotz der vorgesehenen Versöhnungsversuche und der hohen Kosten – über 600 Ehen geschieden. Auffallend dabei ist, dass in den folgenden Jahrzehnten ein Großteil der Scheidungsklagen von Frauen eingebracht wurde – 1840 waren es zu 75 Prozent Klägerinnen –, wobei diese zudem häufig aus den Unterschichten, dem Bauernstand oder dem Kleinbürgertum stammten. Im Bericht des Superintendenten von Berlin hieß es im September 1846: »Als eine allgemeine Wahrnehmung der Diöcesen ist zu bemerken, daß bei weitem der größte Theil der Anträge auf Trennung des ehelichen Lebens von Leuten, die der niedrigsten Volksklasse angehörten, und namentlich von Frauen ausging, so wie daß Trunkenheit, Mißhandlungen und Ehebruch meistentheils die Ursache des ehelichen Unfriedens waren.«[384] Anfang der 1840er-Jahre, unter der Regentschaft Friedrich Wilhelms IV., wurde das preußische Scheidungsrecht wieder empfindlich eingeschränkt.

In Österreich differenzierte das Ehepatent Kaiser Josephs von 1783 nach der Konfession. Für Katholiken war die Ehe entsprechend dem Kirchenrecht ein Urteil zu lebenslänglich; nur die Scheidung von Tisch und Bett war gestattet, wobei das Eheband erhalten blieb und Mann und Frau weiterhin zur ehelichen Treue verdonnert waren. Nur die Pflicht zum Zusammenwohnen und zum Beischlaf entfiel.

Akatholiken konnten das Eheband hingegen gänzlich trennen und sich erneut verheiraten. Bei der Trennung (nach heutigem Sprachgebrauch Scheidung) galten die vorherigen Partner wieder als ledig. Trennungsgründe waren beispielsweise Ehebruch, Mordversuch, »bösliches Verlassen« oder unüberwindliche Abneigung zwischen den Ehegatten.

Im Allgemeinen Bürgerlichen Gesetzbuch 1811 wurden die Prinzipien des josephinischen Eherechtes übernommen. Katholiken konnten eine einvernehmliche Scheidung von Tisch und Bett vor Gericht beantragen, wenn sie zuvor die vermögensrechtlichen Angelegenheiten geklärt und einen dreimaligen Versöhnungsversuch durch einen Geistlichen erduldet hatten. Wollte nur ein Gatte die Scheidung, musste er triftige Gründe wie Ehebruch, unordentlichen Lebenswandel oder Verlassenwerden geltend machen. Weiter galten auch ansteckende unheilbare Krankheiten oder eine strafgerichtliche Verurteilung des Partners. Wie gesagt, war dies dann keine Scheidung im heutigen Sinn, sondern nur von Tisch und Bett mit den oben genannten Auflagen.

Heutzutage fahren manche Österreicher über die Grenze nach Ungarn, um sich die Zähne sanieren zu lassen; Ende des 19. Jahrhunderts gab es einen regen »Scheidungstourismus«[385]. In Ungarn war 1894 die Zivilehe eingeführt worden. »Heiratswillige katholische Österreicher, die in Ungarn ihre Ehe auflösen wollten, mussten nun nicht mehr von Tisch und Bett geschieden sein.«[386] Voraussetzung für die endgültige Trennung der Ehe durch ein ungarisches Gericht war der Erwerb der ungarischen Staatsbürgerschaft durch Abstammung, fünfjährigen Aufenthalt in der östlichen Reichshälfte oder Adoption; wie bei prominenten Künstlern und erfolgreichen Sportlern der Gegenwart war für jene, die über Beziehungen verfügten, eine rasche Einbürgerung durch »königliches Diplom« möglich.

Die ungarische Chance nutzte unter anderem der Schauspieler Alexander Girardi, der 1893 seine Kollegin Ida Helene Petermann, genannt Helene Odilon, geheiratet hatte. Er war Katholik, sie – in

Dresden geboren – trat mit der Ehe zu seiner Konfession über und wurde zudem österreichische Staatsbürgerin. Die Ehe verlief so stürmisch, wie man sich eine hoch emotionale Künstlerbeziehung vorstellt. Der Odilon wurden mehrere Affären nachgesagt; mehr als einmal zog sie von der Wohnung aus und ins Hotel Sacher ein. Hinzu kam, dass Girardis Karriere dahindümpelte, während sie einen Bühnenerfolg nach dem anderen feierte. 1897 erfolgte auf katholische Art die Scheidung von Tisch und Bett. Doch Girardi verliebte sich bald darauf in die Ungarin Leontine von Latinovics, die Stieftochter des Klavierfabrikanten Ludwig Bösendorfer. 1897 verlobten sich die beiden.

Nur: Die Ehe mit Helene Odilon hatte noch Bestand. 1897 ließ sich Girardi die Entlassung aus dem österreichischen Staatsverband »behufs Auswanderung nach Ungarn«[387] bescheinigen; 1898 wurde die Ehe mit Helene in Budapest gerichtlich getrennt, eine Woche später fand die Ziviltrauung mit Leontine statt. Die kirchliche Trauung erfolgte in der protestantischen Kirche – Girardi war zuvor zum Protestantismus gewechselt – am Deákplatz. Nach der Eheschließung reiste das Paar zurück nach Wien.

In der ersten Hälfte des 20. Jahrhunderts waren das Eherecht und damit die Scheidung in faschistischen Regimes eng mit der Weltanschauung verknüpft. Spanien kehrte 1939 unter dem diktatorischen Staatschef Francisco Franco zu den katholischen Grundsätzen zurück, das zuvor in der Republik gültige zivile Ehe- und Scheidungsrecht wurde aufgehoben; ebenso galt in Italien unter Mussolini, der 1929 ein Konkordat mit der Kirche abschloss, wieder das kanonische Recht, wobei weiterhin eine Zivilehe möglich war. Die Nationalsozialisten sahen im Dritten Reich auch die Scheidung unter bevölkerungspolitischen Gesichtspunkten: Von einer zerrütteten Ehe waren keine Kinder zu erwarten, daher sollten sich die Partner lieber scheiden lassen und eine neue Ehe eingehen können. Als neuer eigenständiger Scheidungsgrund kam zu den beibehaltenen Regelungen des Bürgerlichen Gesetzbuches die Fortpflanzungsverweigerung hinzu.

Im 20. Jahrhundert orientierte sich das Scheidungsrecht noch stark am Schuldprinzip, an das auch die Unterhaltszahlungen gebunden waren. Erst in den 1960er- und 1970er-Jahren wurde das Scheidungsrecht nach und nach reformiert und mit der Abkehr vom Schuldprinzip auch eine bessere wirtschaftliche Absicherung der Frauen ermöglicht. 2011 führte Malta als letztes europäisches Land die Ehescheidung ein.

Ein Glück: Denn die Möglichkeit zur Scheidung konnte sprichwörtlich Leben retten. Wer sich ohne Nachteile des Schuldprinzips und auch gegen den Willen des Partners aus einer Ehe befreien konnte, musste nicht zu gewaltsameren Lösungen greifen. Die *Vossische Zeitung* berichtete 1733 aus Breslau, wie ein Mann zum Selbstmörder wurde, um seiner Ehe zu entkommen: »Es will jetzunder recht die grosse Mode werden, daß diejenigen, so in einem übelgerathenen Ehe-Stand keine Sokratis[che] Geduld besitzen, ein hanfenes Mittel dafür suchen: also hatte auch vorgestern der Strick einen gewissen Kerl, der unter dem Namen des kleinen Aschermanns bishero bekannt gewesen und, wie die Rede gehet, sich ohnlängst in einem nahe gelegenen Land von einer bösen Xantippe eigenhändig befreyet, alles seines grossen Elendes ein gewaltsames Ende machen müssen, indeme er in seiner Behausung nahe bey dem Schieß-Berge vor dem Ober-Thore aufgeknüpfet todt gefunden wurde.«[388]

Im 20. Jahrhundert wurde ein Zusammenhang zwischen Scheidungs- und Mordrate erkannt: »The Centers on Disease Control reports that the rate at which husbands were killed by their wives fell by approximately two-thirds between 1981 and 1998, in part because women could more easily leave their partners.«[389]

Durch das Hintertürchen aus der Ehe

Eine Scheidung im heutigen Sinn gab es nach katholischem Kirchenrecht nicht, aber die Möglichkeit, eine Ehe aufgrund eines kanonischen Ehehindernisses für ungültig erklären zu lassen. Dann handelte es sich streng genommen nicht um die Trennung einer rechtlich bestehenden Ehe, sondern um die durch ein kirchliches Gericht getroffene Feststellung: Diese Ehe hat nie bestanden. Damit konnten sich die Partner ungehindert wiederverheiraten. Kein Wunder, dass dieses Vorgehen vor allem in Fürstenhäusern sehr beliebt war.

Es ist natürlich nicht ganz von der Hand zu weisen, dass der eine oder die andere die kirchlichen Ehehindernisse missbrauchte, um aus einer unliebsam gewordenen Ehe zu entkommen. Hoppla, da wurde doch glatt Jahre später entdeckt, dass man mit der Frau über drei Ecken verwandt war. Ein gewisser Stephan Herwer heiratete Anna Neglin, das Paar hatte Kinder und er behauptete, erst dann entdeckt zu haben, dass sie im 3. und 4. Grad blutsverwandt wären. Das wäre eigentlich keine große Sache und durch päpstliche Dispens leicht zu bereinigen. Stephan machte aber Gewissensbisse geltend, unmöglich könnte er noch mit Anna zusammenbleiben … Anna zog vor das Bamberger Offizialatsgericht, denn sie wollte die Ehe auch zum Wohl der Kinder als legitim bewahren. Stephan hingegen wandte sich an den Papst, um sich das Eheband als nicht existent bestätigen zu lassen. Dass er zu dem Zeitpunkt eine andere Frau heiraten wollte, war wohl Zufall. Leider ist nicht bekannt, wie die Angelegenheit ausging.

Annullieren lassen konnte ein Mann die Ehe, wenn er hinterher erfuhr, dass die Frau bereits von einem anderen schwanger war. Ein weiterer von der Kirche anerkannter Grund war männliche Impotenz. Diese wurde von Frauen anscheinend des Öfteren angegeben; bereits Erzbischof Hinkmar von Reims klagte im 9. Jahrhundert, dass viele Frauen ihn »[m]it grösster Zudringlichkeit behelligen« würden, »welche eidlich bekräftigte Klagen über die Impotenz ihrer Männer und dergleichen erheben, Anklagen, welche es den Männern meistens zu widerlegen gelingt«.[390] Bischof Burchard von Worms, ein führender Kirchenrechtsexperte des frühen 11. Jahrhunderts, hielt eine Trennung der Eheleute für statthaft, wenn der Mann eingestand, »frigider Natur zu sein«[391], sodass er weder mit seiner Frau noch mit einer anderen den Geschlechtsverkehr ausüben könnte. Die Gattin musste diese Angaben bestätigen und eine richterliche Untersuchung den Nachweis erbringen. Im 12. und 13. Jahrhundert wurde von Päpsten die Bedingung hinzugefügt, dass die Eheleute mindestens drei Jahre versuchen müssten, die Ehe zu vollziehen, bevor man Impotenz als Trennungsgrund anerkennen könnte.

Vor allem Frauen warfen Männern gerne Impotenz vor, da sie mit diesem Argument frei für eine neue Heirat wurden. Die Richter standen allerdings vor dem Problem: War die Aussage glaubwürdig? Manche Ehemänner gaben ihre Impotenz vor Gericht offen zu, andere leugneten. Was blieb, war ein unabhängiges (medizinisches) Gutachten. Im Mittelalter ging man mit dem Körper sehr viel freier um als im verschämten Viktorianischen Zeitalter. Englische Kirchengerichte ließen die vermeintliche Impotenz durch weibliche Geschworene handgreiflich überprüfen: »Die Geschworene zeigte ihre entblößten Brüste und streichelte mit zuvor gewärmten Händen das Geschlechtsglied und die Hoden des genannten Johannes und umfaßte sie; auch umarmte sie diesen Johannes und küßte ihn des öfteren und reizte ihn, soweit sie konnte, die Männlichkeit und seine Potenz zu zeigen.«[392] Es rührte sich nichts.

Ebenso findet sich in den Freisinger Offizialatsakten ein ärztliches Gutachten, nachdem Leonard Witte aus Teyting von seiner Frau Barbara als impotent bezeichnet worden war. Wie der gute Doktor der

Medizin, Baldasar Mansfelt, bei der Untersuchung 1471 feststellte, wäre Leonard für »die eheliche Umarmung nicht geeignet«[393], eine »Verhexung«[394] ausgeschlossen.

Auf und davon

Bei all den Hürden, die einem von geistlichen und weltlichen Gerichten in den Weg gestellt wurden, war es kein Wunder, dass viele Eheleute sich gar nicht erst um eine offizielle Aufhebung ihrer Beziehung bemühten, sondern eigenmächtig die Trennung vornahmen. Adelige zogen, wenn die Ehe wenig harmonisch verlief, eine räumliche Trennung vor, zumal dann, wenn die Pflicht erfüllt war, sprich: ein Stammhalter und eine Reserve gezeugt worden waren.

Häufig war die Desertion aus der Ehe, was als »bösliches Verlassen« klassifiziert wurde: Einer der beiden Gatten suchte das Weite. Männer, die ihre Frauen verließen, waren beispielsweise als Seemänner, Soldaten oder Tagelöhner sehr mobil und wanderten bis nach Übersee aus, während Frauen, die sich von ihren Gatten trennten, gern in ihrem sozialen Umfeld verblieben. Als Delikt kam die »bösliche Verlassung« oft vor Gericht: Entweder klagte der verlassene Ehepartner und strebte die gerichtliche Scheidung der Ehe an, oder dem Gericht wurde das Delikt der nicht erlaubten Trennung (manchmal erst Jahre später) bekannt und es griff von Amts wegen ein. Dann wurden die Eheleute oft dazu verurteilt, wieder zusammenzuziehen. Ob sie wollten oder nicht.

In der Bevölkerung waren aber beispielsweise noch im 17. Jahrhundert Scheidebriefe weit verbreitet, deren Gültigkeit nicht immer und überall anerkannt wurde. Beispielsweise klagte Anna Möschen 1659 ihren Mann an, weil sie erfuhr, dass er an einem anderen Ort noch eine Frau hätte. Der Gatte rechtfertigte sich mit der Angabe, er hätte sich von seiner ersten Frau getrennt und von einem Notar eine

Bestätigung dafür erhalten; somit war er der Meinung gewesen, eine neue Ehe eingehen zu können.

Vor Gericht konnten Verlassene nach einer bestimmten Frist die Auflösung ihrer Ehe durchsetzen und sich erneut verheiraten. Nur kam es vor, dass der entlaufene Ehepartner später doch wieder auftauchte. Was jetzt? Von Ehegerichten wurde selbst in solchen Fällen die Rückkehr zum alten Partner angeordnet, also die erste Ehe als gültig und bindend angesehen.

Mitte des 15. Jahrhunderts war Johannes Wadener aus dem Bistum Konstanz wenig erfreut, als – nachdem er in zweiter Ehe Anna geheiratet hatte – unerwartet seine erste Frau nach Hause kam, die ihn wenige Monate nach der Hochzeit verlassen hatte. Laut kanonischem Recht musste er Anna wegschicken. Seltsamerweise verstarb die erste Ehefrau aber bald, und als Witwer konnte Johannes nun eine rechtsgültige Ehe mit Anna schließen.

Nicht viel anders erging es Anna von Danzig, die von ihrem Mann Georg verlassen worden war, der sich »in ferne Länder begeben hatte«[395]; Anna vermeinte, »wegen ihrer Jugend und der Schwachheit des Fleisches«[396] nicht allein leben zu können; sie ließ nach Georg suchen, erhielt aber die Nachricht, er wäre gestorben, woraufhin sie Mathias heiratete. Nach 12 Jahren tauchte Georg wieder auf und Anna musste zu ihm zurück. »Da Georg aber bereits ›nach wenigen Tagen verstarb und weder Anna noch Mathias an seinem Hinscheiden Anteil hatten‹, erhielten sie vom Regens der Pönitentiarie die Erlaubnis, verheiratet bleiben zu dürfen.«[397]

Zum Ersten, zum Zweiten und zum Dritten

Scheidungen waren in England ebenfalls langwierig und teuer. In den ärmeren Bevölkerungskreisen griff man daher gerne zur Do-it-yourself-Methode: Männer konnten ihre Frauen öffentlich versteigern. Diese Vorgehensweise stand manchmal im Zusammenhang mit einem Ehebruch der Frau, die dann beispielsweise von ihrem Liebhaber gekauft wurde. Zwischen 1750 und 1850 sollen knapp 400 solcher »Scheidungen« im ländlichen England vorgekommen sein.

Von dieser Sitte des Frauenverkaufes berichtete ein Korrespondent aus London in den *Berlinischen privilegirten wöchentlichen Relationen* 1756, wobei ein Happy End für Aufsehen sorgte: »Vor kurzen verkaufte ein Kohlenträger, da er eben zu London in einem Bierhause zechte, seine Frau für einen Hammelbraten. Dergleichen Art Handel geschiehet in diesem Lande öfters […] Ein Mann kann seine Hälfte versilbern, wenn sie damit zufrieden ist. […] Ein solcher Handel ist in England vor Gericht gültig, wenn er in Gegenwart von Zeugen geschlossen wird. Das, was ich hier sage, ist kein Roman, sondern ich will es sogleich durch ein Beyspiel beweisen, das man davon noch itzo in dieser Stadt hat, und das so verwundernswürdig ist, als je eines in der Welt seyn mag, nemlich durch eine noch lebende Gemahlin eines der ansehnlichsten Lords. Als dieser Lord vor einigen Jahren von seinen Gütern kommt und nach London gehet, mußte er in einem Wirtshause etwas verweilen, wo die Pferde gewechselt werden. Er siehet daselbst, daß ein Postknecht seine Frau, die nicht älter als 16 Jahre ist, gar unbarmherzig mit Stockschlägen tractiret. Den Lord jammerte die Jugend dieses armen Kindes, das ihm sehr schön und liebenswürdig schien. Er verweiset dem tyrannischen Ehemann seine Grobheit und sagt ihm, daß er eine so artige Frau nicht verdiene. Dieser giebt ihm die zärtliche Antwort: er wollte, daß diese artige Frau beym Teufel wäre; er würde sie gerne für eine Crone verkaufen. Der Lord wendete sich zu der betrübten Frau und fragt sie, ob sie ihren Mann verlassen und mit ihm nach London reisen wollte, wo er alle Sorge für sie tragen würde. Sie bedenkt sich nicht einen Augenblick Ja zu sagen. […] Er [der Lord]

findet sie dergestalt nach seinem Sinne und nach seiner Gemüths-
neigung, daß er von Stunde an den Entschluß fasset, sie zur Frau zu
nehmen. [...] Er hält ihr die geschicktesten Lehrmeister und wendet
selbst allen Fleiß an ihre Erziehung und an die Erlernung einer ihrem
neuen Stande gemässen Lebensart. [...] Sie ist ein neues Beyspiel,
daß Tugend und Edelmüthigkeit sich in allen Ständen finden, und
daß diese Eigenschaften nicht allemal an ein vermodertes Perga-
ment, oder an ein paar Ahnen aus Friedrich des Rohtbarts Zeiten
gebunden sind.«[398]

Für den Brauch gibt es zwar keine massenhaften Belege, aber diese
Form der Scheidung war »definitiv häufiger«[399] als Scheidungen
durch das Parlament. Vergleichbar mit Viehverkäufen, wurde der
Ehefrau ein Halfter um Kopf und Schultern gelegt. Vielleicht wurden
solche A(u)ktionen deshalb im 19. Jahrhundert häufig von Frauen
und Frauenvereinen scharf verurteilt und sabotiert?

Mit Kochlöffel und Hackebeil

Bis dass der Tod uns scheidet. Das Ableben eines Ehepartners schuf
nicht nur bei Katholiken klare Verhältnisse. Wie viele Frauen ihre
Ehemänner und wie viele Männer die ihnen Angetrauten auf mör-
derische Weise loswurden, kann nicht einmal annähernd geschätzt
werden. Motive und Methoden sind ebenso vielfältig, sodass in diesem Abschnitt nur auf einige Beispiele und Besonderheiten hingewiesen werden soll.

Wie beim Ehebruch kam das 11. Gebot zum Tragen: Du sollst
dich nicht erwischen lassen. Was jedoch anhand der an den Papst in
Rom gerichteten, von Ludwig Schmugge ausgewerteten spätmittel-
alterlichen Bittschriften auffällt, ist, dass viele Täter vor dem Richter
mit einem blauen Auge davongekommen waren. Laut Kirchenrecht

durften Gattenmörder(innen) keine weitere Ehe eingehen; das taten aber dennoch viele und baten den Papst dann rückwirkend um Erlaubnis. Margarita Wagner aus Mengen in der Diözese Konstanz hatte ihren Mann vergiftet, da sie ihn der Untreue verdächtigt hatte, und war deswegen vom weltlichen Gericht dazu verurteilt worden, nie mehr heiraten zu dürfen. Das kümmerte sie wenig. Vom bischöflichen Gericht zur Trennung von ihrem zweiten Mann verurteilt, wandten sich die Eheleute 1478 an den Papst und behaupteten, der zweite Mann hätte von ihrer Tat nichts gewusst. Der Papst zeigte sich gnädig. Manche Gattenmörder argumentierten damit, noch viel zu jung für ein enthaltsames Leben zu sein. Lazarus Georgii aus Laibach und Georg Rechlin aus Augsburg baten Ende des 15. Jahrhunderts in Rom um Nachsicht, wobei auch hier der apostolische Gnadenbrunnen sprudelte.

Der Giftmord wurde häufig als typisch weiblich bezeichnet, »weil er angeblich – nach der Auffassung der Zeit [Frühen Neuzeit] – mit der genuin weiblichen Neigung zu List und Tücke bzw. – nach heutiger Auffassung – mit der weiblichen Scheu vor offener Gewalt in Verbindung zu bringen ist«[400]. Da Frauen für das Kochen verantwortlich waren und damit besten Zugang zu Küche und Speisekammer hatten, war das relativ einfach. Außerdem war der Einsatz von Gift sehr viel hygienischer als Erstechen, Erschießen oder Erschlagen, was erfahrungsgemäß eine blutige Angelegenheit sein konnte. Wer, bitte schön, musste danach sauber machen? – Eben.

Ein Vorteil des Giftmordes war bis zur Entwicklung moderner Nachweisverfahren, dass er gut zu vertuschen war; deshalb ist von einer sehr hohen Dunkelziffer auszugehen. Allerdings kam man in der mittelalterlichen und frühneuzeitlichen Gesellschaft schnell ins Gerede, wenn der Ehepartner unvermutet starb. Gerüchte waren eine ernst zu nehmende Gefahr: Einmal verdächtigt und denunziert, konnte man schnell in die Mühlen der Gerichtsbarkeit geraten. Angesichts der üblichen Befragungsmethoden, die nicht nur peinlich, sondern vor allem schmerzhaft waren, war es dann einerlei, ob man unschuldig war oder nicht. Unter der Folter gab man alles zu.

So erging es 1770 der Bauerstochter Eva Faschaunerin in Gmünd in Kärnten, deren Mann Jakob Kary nach etwa drei Wochen Ehe unter merkwürdigen Umständen verstarb. Sie geriet ins Gerede der Leute, weil sie die sonntägliche Messe besuchte, obwohl ihr Mann krank im Bett lag, und nach seinem Tod nach Meinung der anderen zu wenig geweint hätte. Jakob Kary wurde exhumiert und eine Arsenvergiftung festgestellt. Drei Jahre war Eva eingesperrt; schließlich brach sie unter der Folter zusammen und gab den Mord zu. 1773 wurde sie hingerichtet. Ob sie es gewesen war, die Jakob vergiftet hatte, oder eine der anderen Bewohnerinnen des heruntergewirtschafteten Hofes? Oder hatte Jakob wie so viele Bewohner der Alpenregionen selbst das Arsen eingenommen, das als Aufputsch- und Potenzmittel weit verbreitet und in nahezu jedem Bauernhaushalt zu finden war?

In den Städten konnte man Arsen noch im 18. Jahrhundert mühelos in der Apotheke erwerben, obwohl bekannt war, dass es gerne als »Erbschaftspulver« eingesetzt wurde. Schon die *Medicinal- und Apothecker-Ordnung* von 1672 bestimmte, dass Apotheker das Gift unter Verschluss halten und nicht ungehindert verkaufen durften; sie sollten genau Buch führen, wem sie es weitergaben. Aber in der Praxis konnte man beispielsweise die zur Ungezieferverhinderung benutzte »Mäusebutter« leicht und billig erwerben. »Am geeignetsten für die Beimischung des Arsens erwies sich der Pfannkuchen, er wird auch als häufigste Speise, mit der das Gift beigebracht wurde, erwähnt.«[401] In Warmbier oder Kohlgerichten löste sich das grobpulvrige Gift hingegen nicht auf. Beliebt war im 18. Jahrhundert das Butterbrot, denn wie beim Pfannkuchen wurde es in individuellen Portionen zubereitet und serviert. Nur verwechseln sollte man die Teller nicht. Mahlzeit, Schatz!

Es gibt aber auch Beispiele dafür, dass Frauen sich ihrer Männer mit großer Brutalität entledigten. »In einem Fall aus dem Jahre 1716, der insofern als typisch betrachtet werden kann, weil es eine Anzahl ganz ähnlich gelagerter Fälle gibt, entledigte sich eine Frau ihres Mannes dadurch, daß sie ihn mit dem Beil erschlug, die Leiche zerstückelte und die Teile im Komposthaufen vor dem Haus versteckte.«[402] Ordnungsgemäße Mülltrennung? Bemerkenswert an diesem Fall ist, dass die Dorfgemeinde von der Tat wusste oder zumindest einen Verdacht hatte – aber sich »einschließlich der Führungselite«[403] auf die Seite der Frau stellte und ihr zur Flucht riet, als der Mord nicht länger geheim zu halten war. Denn der Mann war als Verschwender und Gewalttäter bekannt, während die Frau gut für ihre Kinder gesorgt hätte.

Neben Eifersucht und Hass gab es bei der Ermordung von Ehegatten das klassische Motiv der Habgier. 1915 kam der englische Kriminalkommissar Arthur Fowler Neil aufgrund von Zeitungsberichten einem Serienmörder auf die Spur: George Joseph Smith heiratete in den Jahren vor und noch während dem Ersten Weltkrieg mindestens drei Frauen, die er kurz nach der Hochzeit in der Badewanne ertränkte. Es sollte wie in Unfall aussehen, und Smith erbte das Vermögen der Frauen beziehungsweise hatte er vorab eine hohe Lebensversicherung abgeschlossen. Er wurde 1915 zum Tod durch den Strang verurteilt.

Noch heute überprüft die Polizei aus reichlicher Erfahrung bei Mord in den meisten Fällen zuerst den Ehegatten und enge Familienangehörige. Gewalt bis hin zum Tötungsdelikt war in Ehen alles andere als außergewöhnlich. Ein Commander von Scotland Yard meinte in einem Bericht aus dem Jahre 1954: »there are only about twenty murders a year in London and not all are serious – some are just husbands killing their wives.«[404]

5.

Und danach?
Eine Art Nachwort

Und was kommt nach der Ehe? Das hängt zum großen Teil davon ab, wie die jeweilige Ehe erlebt wurde. Manche trauerten den Rest ihres Lebens dem verstorbenen Gatten nach wie Maria Theresia und schlossen eine neue Beziehung kategorisch aus.

Andere gingen widerwillig, aber aufgrund äußerer Zwänge eine weitere Ehe ein, die jedoch aufgrund der emotionalen Verbundenheit zum früheren Partner geradezu zum Scheitern verurteilt war, wie Maria Theresias Sohn Joseph II. nach dem Tod seiner ersten Gemahlin, Isabella von Parma. Mit seiner zweiten Frau Maria Josepha von Bayern konnte er sich nicht anfreunden, er versuchte es auch gar nicht erst.

Kaiserin Elisabeths Sohn, Kronprinz Rudolf von Habsburg, setzte 1889 seinem Leben in der Tragödie von Mayerling ein Ende. Zurück blieb seine Witwe, die belgische Prinzessin Stephanie. Im Alter von 16 heiratete sie den wenige Jahre älteren Frauenschwarm Rudolf. Trotz Schock in der Hochzeitsnacht (»Welche Nacht! Welche Qual, welcher Abscheu!«[405], schrieb sie in ihren Memoiren) schienen die ersten Ehejahre noch unter einem guten Stern zu stehen. Rudolf zeigte sich in seine Ehefrau verliebt, auch Stephanie schwärmte von »Rudi« als einem Mustergatten, »ich bin glücklich«.[406] Aber die beiden waren grundverschieden, er ein liberal angehauchter Rebell mit republikanischen Ideen, sie erzkonservativ; während Rudolf als labil und feinfühlig galt, stand Stephanie mit beiden Beinen fest im Leben.

Rudolfs Alkohol- und Drogenkonsum und seine sexuelle Ausschweifungen – ob mit Damen der besten Gesellschaft oder Prostituierten – belasteten die Ehe. Über Geschlechtskrankheit Gonorrhöe versuchte man am Hofe strengstes Stillschweigen zu bewahren; erst viel später erfuhr Stephanie, dass er sie angesteckt und sie damit – eine Tochter war zumindest schon geboren – zur Kinderlosigkeit verdammt hatte.

Nach Rudolfs Selbstmord empfand Stephanie eine gewisse Erleichterung, »der Tod hatte mich von einem angstvollen, sorgenvollen und trostlosen Zusammenleben erlöst«[407]. Nach einer kurzen Beziehung mit Graf Arthur Potocki, der an Zungenkrebs starb, bekam Stephanie noch eine Chance. Sie verliebte sich in den ungarischen Grafen Elemér Lónyay von Nagy-Lónyay und Vasaros-Nameny. 1900 bekam sie von ihrem kaiserlichen Ex-Schwiegervater Franz Joseph I. die Erlaubnis, eine morganatische Ehe mit ihm einzugehen. Obwohl nunmehr nur noch eine Gräfin, ließ sie sich weiterhin – schließlich war sie eine geborene Prinzessin von Belgien – als »Königliche Hoheit« ansprechen. Ihr Vater, König Leopold, war über die unstandesgemäße Ehe mit dem »ungarischen Schafhirten«[408] übrigens alles andere als erfreut. Macht nichts. 45 Jahre Eheglück wogen das auf.

Witwer und Witwen aus allen Bevölkerungsschichten und in allen Epochen sahen sich aus wirtschaftlichen und sozialen Gründen oft zu einer raschen Wiederheirat gedrängt. Witwer begründeten dies, wie der im frühen 3. Jahrhundert verstorbene Schriftsteller Tertullian überlieferte, damit, dass die Hausarbeit verrichtet, das Gesinde beaufsichtigt und das Essen gekocht werden müsste.

Viele Menschen, vor allem auch Frauen aus dem Hochadel, die in arrangierten Ehen ihre Pflicht erfüllt hatten, nützten nach dem Ende derselben ihre neu gewonnenen Freiheiten, um ihr privates Glück zu suchen, ob als lustige Witwen oder in Form einer unebenbürtigen Liebesheirat. Die verwitwete spanische Königin Maria Christina von Bourbon ging, nachdem ihr Ehemann Ferdinand VII. 1833 gestorben war, eine geheime Ehe mit dem Leibgardisten Agustín Fernando Muñoz ein; gut, geheim halten ließ sich diese Beziehung auch aufgrund der Schwangerschaften nicht wirklich …

Napoleons zweite Ehefrau, die österreichische Erzherzogin Marie Louise, war nicht bereit, ihrem gestürzten Mann von der Weltmetropole Paris auf die doch eher bescheidene Insel Elba zu folgen. Noch zu Lebzeiten ihres Ehemannes, der vergebens ihre Rückkehr forderte, ging sie eine Beziehung mit dem bei Frauen recht erfolgreichen Adam Adalbert Graf von Neipperg ein, der ihr als Kammerherr zugeteilt worden war. Erzkatholisch, wie das österreichische Erzhaus war, konnte sie erst nach dem Tod ihres rechtmäßigen Ehemannes eine morganatische Ehe mit Adalbert eingehen, obwohl sie da schon Kinder von ihm hatte.

Als Institution hat die Ehe keineswegs ausgedient. Ja, die Scheidungsraten sind gegenwärtig hoch – das waren sie aber auch in früheren Epochen, wie aufgezeigt wurde. Hoch sind zudem die Wiederverheiratungsraten, was zeigt, dass zahlreiche Menschen nach dem Tod eines Partners oder nach einer gescheiterten Ehe einen neuen Versuch wagen.

Die Ehe hat sich in den letzten Jahrhunderten stark gewandelt. War die Ehe in früheren Zeiten vorrangig ein Versorgungsinstitut, eine wirtschaftliche Notwendigkeit, eine Überlebensstrategie, so wird sie heutzutage stärker als qualitative Auszeichnung einer Zweierbeziehung gesehen. Die auf Liebe beruhende Partnerschaft wird per Hochzeit quasi geadelt. Ältere Hauptmotive für die Ehe, wie der in der Antike oder in den Schriften mittelalterlicher Theologen propagierte Ehezweck »Zeugung legitimer Nachkommen«, fallen weitgehend weg.

Unter diesem Blickwinkel wird verständlich, warum gleichgeschlechtliche Paare ebenfalls heiraten und ihrer Beziehung den Qualitätsstempel der Ehe aufdrücken möchten. Warum auch nicht? Die Institution Ehe ist nicht statisch, sie entwickelt sich weiter, sie passt sich den gesellschaftlichen Entwicklungen an – und das ist gut so. Sonst würde sie tatsächlich in Gefahr geraten, ein Auslaufmodell zu werden.

Endnoten

1   **Lenz,** Soziologie, 49.
2   **Schmidt-Voges,** Strategien, 17.
3   Zit. n. **Mette-Dittmann,** Augustus, 11.
4   Zit. n. **Angenendt,** Religiosität, 271.
5   **Caesar – Tacitus,** Germanen und Germanien, 29f.
6   **Schubert,** Alltag im Mittelalter, 250.
7   **Hartmann,** Aufbruch, 46.
8   **Weinfurter,** Karl der Große, 157.
9   Zit. n. **Weinfurter,** Karl der Große, 50.
10 **Farley,** Verdammter Sex, 289.
11 **Angenendt,** Toleranz, 177.
12 **Lutterbach,** Sexualität im Mittelalter, 50.
13 **Signori,** Paradiesehe, 20.
14 **Angenendt,** Toleranz, 170.
15 **Ennen,** Frauen im Mittelalter, 99.
16 Zit. n. **Schilling,** Luther, 332.
17 **Gestrich / Krause / Mitterauer,** Geschichte der Familie, 372.
18 **Buchner,** Liebe, 97.
19 Zit. n. **Gallor,** Scheidung, 11.
20 **Vogel,** Gleichheit und Herrschaft, 275.
21 Fr. Hiller, Der Frauenarbeitsdienst im Kampf um die Erneuerung Deutschlands, 1934, 12. Zit. n.
    Klinksiek, Die Frau im NS-Staat, 68.
22 Else Vorwerck, Grundlegende Betrachtung über Würde und Wert des Hausfrauenberufs. In: Die Deutsche
    Frauenfront 1933 (1) 11. Zit. n. **Klinksiek,** Die Frau im NS-Staat, 68.
23 Zit. n. **Klinksiek,** Die Frau im NS-Staat, 69.
24 Michael Stolleis, Gemeinwohlformeln im nationalsozialistischen Recht (Berlin 1974). Zit. n. **Klinksiek,**
    Die Frau im NS-Staat, 81.
25 **Lenz,** Soziologie, 18.
26 **Ebd.** 25.
27 Zit. n. **Gestrich / Krause / Mitterauer,** Geschichte der Familie, 509.
28 Zit. n. **Ebd.** 510.
29 **Buchner,** Liebe, 160.
30 Katechismus der Katholischen Kirche.
31 **Gestrich / Krause / Mitterauer,** Geschichte der Familie, 458.
32 **Craveri,** Königinnen und Mätressen, 191.
33 **Ebd.** 243.
34 Zit. n. **Ebd.** 245.
35 **Gestrich / Krause / Mitterauer,** Geschichte der Familie, 483f.
36 Zit. n. **Walther,** (Un-)Ordnung, 11.
37 **Becher,** Chlodwig I., 167.
38 Zit. n. **Walther,** (Un-)Ordnung, 59.

39 Zit. n. **Beck**, Glanz, 87.
40 Zit. n. **Feuerstein-Praßer**, Königinnen, 177.
41 Zit. n. **Ebd.** 179.
42 Zit. n. **Ebd.** 180.
43 Zit. n. **Ebd.** 190.
44 Zit. n. **Thoma**, Königin, 111.
45 Zit. n. **Feuerstein-Praßer**, Königinnen, 215.
46 **Demandt**, Kelten, 51.
47 Zit. n. **Beck**, Glanz, 66.
48 Zit. n. **Ebd.** 183.
49 Zit. n. **Feuerstein-Praßer**, Bettgeschichten, 122.
50 Zit. n. **Ebd.** 121.
51 **Buchner**, Liebe, 83f.
52 **Padberg**, Inszenierung, 407.
53 **Passio maior**, 22.
54 **Ebd.** 22.
55 **Ebd.** 22.
56 **Ebd.** 23.
57 Zit. n. **Saurer**, Stiefmütter und Stiefsöhne, 358.
58 Zit. n. **Lanzinger**, Neigung, 265.
59 Zit. n. **Ebd.** 271.
60 **Saurer**, Stiefmütter und Stiefsöhne, 355f.
61 Zit. n. **Beck**, Glanz, 184.
62 **Gestrich / Krause / Mitterauer**, Geschichte der Familie, 30.
63 Zit. n. **Schubert**, Alltag im Mittelalter, 258.
64 **Mitterauer / Sieder**, Vom Patriarchat zur Partnerschaft, 152.
65 Zit. n. **Dilcher**, Ordnung der Ungleichheit, 58.
66 **Buchner**, Liebe, 85f.
67 **Gestrich**, Familie im 19. und 20. Jahrhundert, 3.
68 **Wehler**, Gesellschaftsgeschichte 4, 664.
69 Zit. n. **Niehuss**, Eheschließung im Nationalsozialismus, 863.
70 **Eder**, Kultur der Begierde, 37.
71 **Lenz**, Soziologie der Zweierbeziehung, 73.
72 **Wienfort**, Verliebt, 51.
73 **Lenz**, Soziologie, 75.
74 **Buchner**, Liebe, 57.
75 **Ebd.** 58.
76 Vossische Zeitung Nr. 26 (Berlin 1751). **Buchner**, Liebe, 67.
77 **Buchner**, Liebe, 67.
78 Zit. n. **Hufton**, Frauenleben, 93.
79 **Borscheid**, Geld und Liebe, 119.
80 **Lenz**, Soziologie, 98.
81 **Signori**, Paradiesehe, 93.
82 **Lenz**, Soziologie, 92.
83 **Buchner**, Liebe, 37f.
84 Übersetzung nach **Schäfer**, Briefe des Plinius, 37ff.
85 **Gestrich / Krause / Mitterauer**, Geschichte der Familie, 498.
86 **Signori**, Paradiesehe, 25.
87 Zit. n. **Hufton**, Frauenleben, 180.
88 Vossische Zeitung Nr. 137 (Berlin 1732). **Buchner**, Liebe, 63.
89 **Mitterauer / Sieder**, Vom Patriarchat zur Partnerschaft, 151.
90 **Weithmann**, Xanthippe und Sokrates, 139.
91 **Gestrich / Krause / Mitterauer**, Geschichte der Familie, 487.

92   Zit. n. **Westphal / Schmidt-Voges / Baumann**, Venus und Vulcanus, 39.
93   **Gestrich / Krause / Mitterauer**, Geschichte der Familie, 502.
94   Die Vernünftigen Tadlerinnen, Hamburg 1748, 24. Zit. n. **Borscheid**, Geld und Liebe, 120.
95   Zit. n. **Dabhoiwala**, Lust und Freiheit, 242.
96   Zit. n. **Coontz**, Marriage, 180.
97   **Gestrich / Krause / Mitterauer**, Geschichte der Familie, 379.
98   **Borscheid**, Geld und Liebe, 112.
99   **Ebd.** 113.
100 **Schulz**, Lebenswelt und Kultur, 6.
101 **Ebd.** 6.
102 **Deinhardt / Frindte**, Ehe, Familie und Geschlecht, 264.
103 **Borscheid**, Geld und Liebe, 127.
104 **Ebd.** 122.
105 **Ebd.** 134.
106 Zit. n. **Hamann**, Suttner, 23.
107 **Ebd.** 25.
108 **Ebd.** 46.
109 **Ebd.** 54.
110 **Ebd.** 68.
111 **Ebd.** 69.
112 **Ebd.** 305.
113 **Ebd.** 322.
114 **Ebd.** 322.
115 **Lenz**, Soziologie, 304.
116 **Gestrich / Krause / Mitterauer**, Geschichte der Familie, 487.
117 Zit. n. **Eder**, Kultur der Begierde, 36.
118 Zit. n. **Spieß**, Unterwegs, 30.
119 Zit. n. **Fraser**, Six Wives, 380f.
120 **Ebd.** 381.
121 **Lang**, Tagespublizistik im Barockzeitalter, 48.
122 Zit. n. **Kaupp**, Heiratsinserat, 9.
123 **Ebd.** 9.
124 **Buchner**, Liebe, 37.
125 Zit. n. **Kaupp**, Heiratsinserat, 9f.
126 **Buchner**, Liebe, 40.
127 **Ebd.** 41.
128 **Ebd.** 42.
129 **Ebd.** 43.
130 **Ebd.** 43.
131 **Ebd.** 43.
132 **Ebd.** 43.
133 Zit. n. **Kaupp**, Heiratsinserat, 12.
134 **Buchner**, Liebe, 44.
135 **Ebd.** 45.
136 **Ebd.** 45.
137 **Ebd.** 45.
138 **Ebd.** 46.
139 **Gestrich / Krause / Mitterauer**, Geschichte der Familie, 502.
140 Illustrierte Wochenpost 6.7.1928.
141 **Ebd.** 20.4.1928.
142 **Ebd.** 4.5.1928.
143 **Ebd.** 11.3.1938.
144 **Ebd.** 13.4.1928.

145 **Ebd**. 4.5.1928.
146 **Ebd**. 20.4.1928.
147 **Ebd**. 3.2.1939.
148 **Ebd**. 18.2.1938.
149 **Ebd**. 4.6.1937.
150 **Ebd**. 13.4.1928; 6.7.1928.
151 **Ebd**. 20.4.1928.
152 **Ebd**. 20.4.1928.
153 **Ebd**. 20.4.1928.
154 **Fbd**. 22.6.1928.
155 **Ebd**. 22.6.1928.
156 **Ebd**. 13.4.1928.
157 **Ebd**. 20.4.1928.
158 **Ebd**. 20.4.1928.
159 **Ebd**. 20.1.1939.
160 **Ebd**. 4.5.1928.
161 **Ebd**. 25.2.1938.
162 **Ebd**. 20.4.1928.
163 **Ebd**. 27.7.1928.
164 **Ebd**. 6.7.1928.
165 **Ebd**. 4.3.1938.
166 **Ebd**. 20.4.1928.
167 **Ebd**. 10.2.1939.
168 **Ebd**. 20.4.1928.
169 **Ebd**. 20.7.1928.
170 **Ebd**. 20.4.1928.
171 **Ebd**. 22.6.1928.
172 **Ebd**. 4.5.1928.
173 **Ebd**. 29.6.1928.
174 **Ebd**. 22.6.1928.
175 **Ebd**. 15.1.1932.
176 **Ebd**. 22.4.1938.
177 **Ebd**. 15.4.1938.
178 **Ebd**. 17.2.1939.
179 Zit. n. **Bertaud**, Alltagsleben, 117.
180 Illustrierte Wochenpost 20.4.1928.
181 **Ebd**. 4.5.1928.
182 Die neue Gartenlaube Nr. 30, 24.7.1940, VIII.
183 **Ebd**.
184 **Lenz**, Soziologie, 94.
185 **Adam**, Suche Frau, 149.
186 **Dombrowski**, Die Suche nach der Liebe im Netz, 191.
187 **Ebd**. 180.
188 www.elitepartner.at (Stand 8.8.2014).
189 www.elitepartner.at/Akademiker (Stand 8.8.2014).
190 **Adam**, Suche Frau, 176.
191 **Preißler**, Radiologe, Pos. 209.
192 **Ebd**. Pos. 213.
193 **Ebd**. Pos. 201.
194 **Adam**, Suche Frau, 155.
195 **Preißler**, Radiologe, Pos. 308.
196 **Ebd**. Pos. 325.
197 **Westphal / Schmidt-Voges / Baumann**, Venus und Vulcanus, 85.

198   Vossische Zeitung Nr. 99 (Berlin 1730). **Buchner**, Liebe, 62.
199   **Schmugge**, Ehen vor Gericht, 68.
200   Zit. n. **Bertaud**, Alltagsleben, 151.
201   Zit. n. **Ebd**. 149.
202   Zit. n. **Niehuss**, Eheschließung im Nationalsozialismus, 869.
203   Zit. n. **Ebd**. 869.
204   **Ebd**. 869.
205   Zit. n. **Schmugge**, Ehen vor Gericht, 93.
206   **Spieß**, Unterwegs, 32.
207   Zit. n. **Hufton**, Frauenleben, 207.
208   Zit. n. **Ebd**. 222.
209   **Wunder**, Herrschaft und öffentliches Handeln, 35.
210   **Schorn-Schütte**, Wirkungen der Reformation, 103.
211   **Gestrich / Krause / Mitterauer**, Geschichte der Familie, 54.
212   **Weithmann**, Xanthippe und Sokrates, 97.
213   **Ebd**. 89.
214   **Ebd**. 98.
215   Vossische Zeitung Nr. 38 (Berlin 1785). **Buchner**, Liebe, 123.
216   **Lutterbach**, Sexualität im Mittelalter, 82f.
217   Zit. n. **Signori**, Paradiesehe, 8.
218   **Angenendt**, Toleranz, 162.
219   Zit. n. **Ebd**. 9.
220   **Ebd**. 9.
221   Zit. n. **Ebd**. 27.
222   Zit. n. **Ebd**. 28.
223   Zit. n. **Ebd**. 47.
224   **Ebd**. 40.
225   Zit. n. **Ebd**. 40f.
226   Zit. n. **Vogel**, Gleichheit und Herrschaft, 272.
227   **Gerhard**, Ehe, 453.
228   **Ebd**. 457.
229   **Klinksiek**, Die Frau im NS-Staat, 77.
230   **Beauvoir**, Geschlecht, 399.
231   Zit. n. **Schönfelder**, Lebensgemeinschaft, 70.
232   **Hufton**, Frauenleben, 201.
233   **Ebd**. 201.
234   **Herre**, Maria Theresia, 128.
235   Zit. n. **Ebd**. 197f.
236   Zit. n. **Beck**, Glanz, 169.
237   Zit. n. **Ebd**. 169.
238   **Schilling**, Luther, 335.
239   Zit. n. **Coontz**, Marriage, 282.
240   Zit. n. **Gestrich / Krause / Mitterauer**, Geschichte der Familie, 524.
241   Zit. n. **Ebd**. 525.
242   Quellen, **Conrad / Michalik**, 59.
243   **Ebd**. 59.
244   **Ebd**. 60.
245   **Ebd**. 61f.
246   **Ebd**. 63.
247   **Ebd**. 64.
248   **Ebd**. 65.
249   **Ebd**. 65.
250   **Ebd**. 66.

251 **Ebd**. 67.

252 **Ebd**. 70.

253 **Ebd**. 70.

254 **Ebd**. 70.

255 Zit. n. **Gestrich / Krause / Mitterauer**, Geschichte der Familie, 532.

256 Zit. n. **Coontz**, Marriage, 281.

257 Zit. n. **Schönfelder**, Lebensgemeinschaft, 86.

258 Zit. n. **Gestrich / Krause / Mitterauer**, Geschichte der Familie, 532.

259 Zit. n. **Schönfelder**, Lebensgemeinschaft, 93.

260 **Lenz**, Soziologie, 116.

261 **Ebd**. 115.

262 Salzburger Nachrichten 25.2.2015, 15.

263 Zit. n. **Lutz**, Ehepaare, 148.

264 **Weithmann**, Xanthippe und Sokrates, 158.

265 **Ebd**. 160.

266 **Ebd**. 160.

267 Zit. n. **Ebd**. 162.

268 Zit. n. **Ebd**. 163.

269 Zit. n. **Ebd**. 163.

270 **Lenz**, Soziologie, 117.

271 **Westphal / Schmidt-Voges / Baumann**, Venus und Vulcanus, 138.

272 Zit. n. **Lutz**, Ehepaare, 305.

273 **Buchner**, Liebe, 106ff.

274 **Lutz**, Ehepaare, 84.

275 **Lenz**, Soziologie der Zweierbeziehung, 151.

276 **Buchner**, Liebe, 122.

277 Zit. n. **Lutz**, Ehepaare, 311.

278 Zit. n. **Luef**, vom drohen, 101.

279 **Westphal / Schmidt-Voges / Baumann**, Venus und Vulcanus, 148.

280 Zit. n. **Lutz**, Ehepaare, 151.

281 Zit. n. **Ebd**. 152.

282 Zit. n. **Ebd**. 180.

283 Zit. n. **Ebd**. 312.

284 Zit. n. **Ebd**. 312.

285 **Ebd**. 96.

286 Zit. n. **Luef**, vom drohen, 112.

287 Zit. n. **Ebd**. 113.

288 Zit. n. **Ebd**. 113.

289 Zit. n. **Ebd**. 115.

290 Zit. n. **Ebd**. 115.

291 Zit. n. **Ebd**. 115.

292 Zit. n. **Ebd**. 116.

293 Zit. n. **Ebd**. 108.

294 Zit. n. **Ebd**. 109.

295 Zit. n. **Ebd**. 109.

296 Zit. n. **Ebd**. 110.

297 **Mitterauer / Sieder**, Vom Patriarchat zur Partnerschaft, 60.

298 Zit. n. **Westphal / Schmidt-Voges / Baumann**, Venus und Vulcanus, 155.

299 **Roth**, »Hexe« Veronika, 58.

300 **Walther**, (Un-)Ordnung, 97.

301 Zit. n. **Sikora**, Verbindlichkeiten, 27.

302 Zit. n. **Seymour**, Montez, 332.

303 Zit. n. **Walther**, (Un-)Ordnung, 96.

304 Zit. n. **Ebd**. 114.
305 Zit. n. **Ebd**. 116.
306 **Mitterauer / Sieder**, Vom Patriarchat zur Partnerschaft, 151.
307 Zit. n. **Demandt**, Kelten, 51.
308 **Demandt**, Kelten, 51.
309 Zit. n. **Angenendt**, Religiosität, 280.
310 **Gestrich / Krause / Mitterauer**, Geschichte der Familie, 114.
311 **Angenendt**, Toleranz, 167.
312 **Ranke-Heinemann**, Eunuchen, 65f.
313 Zit. n. **Ebd**. 513.
314 Zit. n. **Schmugge**, Ehen vor Gericht, 46.
315 Zit. n. **Lutterbach**, Sexualität im Mittelalter, 96.
316 **Angenendt**, Toleranz, 159.
317 Zit. n. **Ders.**, Religiosität, 283.
318 Zit. n. **Ebd**. 283.
319 **Dabhoiwala**, Lust und Freiheit, 42.
320 Zit. n. **Eder**, Kultur der Begierde, 58.
321 Zit. n. **Ebd**. 59.
322 **Dabhoiwala**, Lust und Freiheit, 22.
323 **Ebd**. 56.
324 **Ebd**. 32.
325 Zit. n. **Ebd**. 35.
326 Zit. n. **Mitterauer / Sieder**, Vom Patriarchat zur Partnerschaft, 154f.
327 **Eder**, Kultur der Begierde, 43.
328 Katechismus der Katholischen Kirche.
329 Zit. n. **Lutterbach**, Sexualität im Mittelalter, 154.
330 Zit. n. **Ebd**. 155.
331 **Schubert**, Alltag im Mittelalter, 264f.
332 **Gestrich / Krause / Mitterauer**, Geschichte der Familie, 514.
333 **Ennen**, Frauen im Mittelalter, 101.
334 Zit. n. **Angenendt**, Toleranz, 171.
335 Zit. n. **Ebd**. 171f.
336 Zit. n. **Ebd**. 172.
337 Zit. n. **Dabhoiwala**, Lust und Freiheit, 129.
338 Zit. n. **Ebd**. 129.
339 **Ebd**. 169.
340 **Ebd**. 170.
341 **Ebd**. 192f.
342 Zit. n. **Pool**, Jane Austen, 186.
343 Zit. n. **Coontz**, Marriage, 163.
344 **Ebd**. 171.
345 Zit. n. **Ebd**. 171.
346 **Zweig**, Welt von Gestern, 87.
347 **Ebd**. 92.
348 **Ebd**. 94.
349 **Ebd**. 94.
350 **Ebd**. 93.
351 **Ebd**. 93.
352 **Ebd**. 97.
353 **Ebd**. 97.
354 **Ebd**. 97.
355 **Ebd**. 98.
356 **Ebd**. 99.

357   **Ebd.** 100.
358   Zit. n. **Dabhoiwala,** Lust und Freiheit, 239.
359   **Eder,** Kultur der Begierde, 176.
360   Zit. n. **Coontz,** Marriage, 191.
361   Zit. n. **Ebd.** 204.
362   Max von Gruber, Hygiene des Geschlechtslebens, Berlin 1939. Zit. n. **Klinksiek,** Die Frau im NS-Staat, 71f.
363   **Eder,** Kultur der Begierde, 212.
364   **Ebd.** 217.
365   **Ebd.** 223.
366   **Ebd.** 223.
367   **Ebd.** 224.
368   Rolf Rother, Das Intimste der Liebe und Erotik. Zit. n. **Wienfort,** Verliebt, 195.
369   **Beauvoir,** Geschlecht, 421.
370   **Illouz,** Liebesordnung, 37.
371   **Ebd.** 38f.
372   Zit. n. **Ebd.** 141.
373   Zit. n. **Ebd.** 145.
374   Zit. n. **Ebd.** 145.
375   **Birkhan,** Kelten, 1032f.
376   **Angenendt,** Religiosität, 274.
377   Zit. n. **Lutterbach,** Sexualität im Mittelalter, 36.
378   **Gestrich / Krause / Mitterauer,** Geschichte der Familie, 542.
379   **Schorn-Schütte,** Wirkungen der Reformation, 97.
380   Zit. n. **Walther,** (Un-)Ordnung, 52.
381   **Westphal / Schmidt-Voges / Baumann,** Venus und Vulcanus, 197.
382   Zit. n. **Feuerstein-Praßer,** Braunschweig, 59.
383   **Westphal / Schmidt-Voges / Baumann,** Venus und Vulcanus, 198.
384   Zit. n. **Dirk,** Reform gegen die Frau, 668.
385   **Grandner / Harmat,** Begrenzt verliebt, 292.
386   **Ebd.** 292.
387   Zit. n. **Grandner / Harmat,** Begrenzt verliebt, 293.
388   Vossische Zeitung Nr. 31 (Berlin 1733). **Buchner,** Liebe, 101.
389   **Coontz,** Marriage, 293.
390   Zit. n. **Sdralek,** Hinkmar von Reims, 126.
391   Zit. n. **Lutterbach,** Sexualität im Mittelalter, 124.
392   Zit. n. **Angenendt,** Religiosität, 287.
393   Zit. n. **Schmugge,** Ehen vor Gericht, 166.
394   Zit. n. **Ebd.** 166.
395   Zit. n. **Ebd.** 111.
396   Zit. n. **Ebd.** 111.
397   **Ebd.** 111.
398   **Buchner,** Liebe, 110f.
399   **Gestrich / Krause / Mitterauer,** Geschichte der Familie, 547.
400   **Schnabel-Schüle,** Frauen im Strafrecht, 196.
401   **Göttsch,** Gattenmord, 329.
402   **Schnabel-Schüle,** Frauen im Strafrecht, 196.
403   **Ebd.** 196.
404   **Coontz,** Marriage, 241.
405   Zit. n. **Thoma,** Königin, 197.
406   Zit. n. **Ebd.** 199.
407   Zit. n. **Ebd.** 207.
408   Zit. n. **Ebd.** 210.

Literaturverzeichnis

Adam, Birgit: Suche Frau in anständigem Zustand. Die witzigsten Kontaktanzeigen der Welt (Köln 2013).

Angela, Alberto: Liebe und Sex im Alten Rom (München 2014).

Angenendt, Arnold: Geschichte der Religiosität im Mittelalter (Darmstadt ⁴2009).

Ders.: Toleranz und Gewalt. Das Christentum zwischen Bibel und Schwert (Münster 2009).

Beauvoir, Simone de: Das andere Geschlecht. Sitte und Sexus der Frau (Reinbek bei Hamburg 1986).

Becher, Matthias: Chlodwig I. Der Aufstieg der Merowinger und das Ende der antiken Welt (München 2011).

Beck, Barbara: Glanz, Pomp und Tränen. Von der dynastischen Ehe zur Liebesheirat in Europas Herrscherhäusern (Regensburg 2012).

Bertaud, Jean-Paul: Alltagsleben während der Französischen Revolution (Würzburg 1989).

Birkhan, Helmut: Kelten. Versuch einer Gesamtdarstellung ihrer Kultur (Wien 1997).

Borscheid, Peter: Geld und Liebe: Zu den Auswirkungen des Romantischen auf die Partnerwahl im 19. Jahrhundert. In: Ehe, Liebe, Tod. Zum Wandel der Familie, der Geschlechts- und Generationsbeziehungen in der Neuzeit, edd. Peter Borscheid / Hans J. Teuteberg (= Studien zur Geschichte des Alltags 1, Münster 1983), 112–134.

Brunner, Andrea: Geschlechtsspezifische Delikte und die Entwicklung des Strafrechts vom 18. Jahrhundert bis heute (Diplomarbeit, Graz 2011).

Bubenheimer-Erhart, Friederike: Die Etrusker (Darmstadt 2014).

Buchner, Eberhard: Liebe. Kulturhistorisch interessante Dokumente aus alten deutschen Zeitungen. Vom Ende des 17. bis zum Ende des 18. Jahrhunderts (München o. J.).

Bull, Hans Henrik: Deciding Whom to Marry in a Rural Two-Class Society: Social Homogamy and Constraints in the Marriage Market in Rendalen, Norway, 1750–1900. In: Marriage Choices and Class Boundaries. Social Endogamy in History, edd. Marco H. D. van Leeuwen / Ineke Maas / Andrew Miles (Cambridge o. J.), 43–63.

Caesar – Tacitus: Berichte über Germanen und Germanien, ed. Alexander Heine (= Essen o. J.).

Coontz, Stephanie: Marriage, a History. How Love Conquered Marriage (London et al. 2006).

Craveri, Benedetta: Königinnen und Mätressen. Die Macht der Frauen – von Katharina de' Medici bis Marie Antoinette (München ⁵2012).

Dabhoiwala, Faramerz: Lust und Freiheit. Die Geschichte der ersten sexuellen Revolution (Darmstadt 2014).

Deinhardt, Katja / **Frindte**, Julia: Ehe, Familie und Geschlecht. In: Bürgerliche Werte um 1800. Entwurf – Vermittlung – Rezeption (Köln / Weimar / Wien 2005), 253–272.

Demandt, Alexander: Die Kelten (München ⁴2002).

Die Bibel, in der Einheitsübersetzung der Heiligen Schrift (Wien 1986).

Die Briefe des Plinius, 1. Band, ed. Johann Adam **Schäfer** (Erlangen ²1824).

Die neue Gartenlaube (Berlin 1940).

Dilcher, Gerhard: Die Ordnung der Ungleichheit. Haus, Stand und Geschlecht. In: Frauen in der Geschichte des Rechts. Von der Frühen Neuzeit bis zur Gegenwart, ed. Ute Gerhard (München 1997), 55–72.

Dirk, Blasius: Reform gegen die Frau: Das preußische Scheidungsrecht im frühen 19. Jahrhundert. In: Frauen in der Geschichte des Rechts. Von der Frühen Neuzeit bis zur Gegenwart, ed. Ute Gerhard (München 1997), 659–669.

Dölemeyer, Barbara: Frau und Familie im Privatrecht des 19. Jahrhunderts. In: Frauen in der Geschichte des Rechts. Von der Frühen Neuzeit bis zur Gegenwart, ed. Ute Gerhard (München 1997), 633–658.

Dombrowski, Julia: Die Suche nach der Liebe im Netz. Eine Ethnographie des Online-Datings (Bielefeld 2011).

Dribe, Martin / **Lundh**, Christer: Finding the Right Partner: Rural Homogamy in Nineteenth-Century Sweden. In: Marriage Choices and Class Boundaries. Social Endogamy in History, edd. Marco H. D. van Leeuwen / Ineke Maas / Andrew Miles (Cambridge o. J.), 149–177.

Duby, Georges: Ritter, Frau und Priester. Die Ehe im feudalen Frankreich (Frankfurt am Main 1985).

Eder, Franz X.: Kultur der Begierde. Eine Geschichte der Sexualität (München ²2009).

Eickels, Klaus van: Ehe und Familie im Mittelalter. Festrede zum »Dies academicus« der Otto-Friedrich-Universität Bamberg, 12. November 2007. www.uni-bamberg.de/fileadmin/uni/fakultaeten/ ggeo_lehrstuehle/mittelalterliche_geschichte/Dateien/klaus/festrede_dies_academicus_2007.pdf. Heruntergeladen am 24.1.2015.

Ennen, Edith: Frauen im Mittelalter (München ⁴1991).

Ernst, Stefanie: Machtbeziehungen zwischen den Geschlechtern. Wandlungen der Ehe im »Prozeß der Zivilisation« (Opladen 1996).

Eva Faschaunerin. Eine musikalische Erzählung mit Chor und Orchester [unveröffentlichtes Manuskript], ed. Museumsverein Gmünd auf Basis der von Margot Oberauner transkribierten Gerichtsakten (Gmünd 2014).

Farley, Margaret A.: Verdammter Sex. Für eine neue christliche Sexualmoral (Darmstadt 2014).

Faulstich, Werner: Die bürgerliche Mediengesellschaft (1700–1830) (= Die Geschichte der Medien 4, Göttingen 2002).

Feuerstein-Praßer, Karin: Bettgeschichten. Schlafzimmergeheimnisse aus fünf Jahrhunderten (Darmstadt 2014).

Dies.: Caroline von Braunschweig. Englands ungekrönte Königin (Regensburg 2009).

Dies.: Die preußischen Königinnen (München ³2012).

Fraser, Antonia: The Six Wives of Henry VIII. (London 2012).

Gallor, Gernot Franz: Von der Scheidung von Tisch und Bett bis zum Konkordat von 1855 (Diplomarbeit Graz 2012).

Gerhard, Ute: Die Ehe als Geschlechter- und Gesellschaftsvertrag. Zum Bedeutungswandel der Ehe im 19. und 20. Jahrhundert. In: Liebe und Widerstand, edd. Ingrid Bauer / Christa Hämmerle / Gabriella Hauch (= L'Homme Schriften 10, Reihe zur Feministischen Geschichtswissenschaft, Wien / Köln / Weimar 2005), 449–468.

Gestrich, Andreas: Absolutismus und Öffentlichkeit. Politische Kommunikation in Deutschland zu Beginn des 18. Jahrhunderts (= Kritische Studien zur Geschichtswissenschaft 103, Göttingen 1994).

Ders.: Geschichte der Familie im 19. und 20. Jahrhundert (= Enzyklopädie Deutscher Geschichte 50, München 2010).

Ders. / Krause, Jens-Uwe / Mitterauer, Michael: Geschichte der Familie (= Europäische Kulturgeschichte 1, ed. Andreas Gestrich, Stuttgart 2003).

Gössweiner, Kathrin: Die konfessionellen Aspekte des Josephinischen Eherechts (Diplomarbeit, Graz 2014).

Göttsch, Silke: »Vielmahls aber hätte sie gewünscht, einen andern Mann zu haben. Gattenmord im 18. Jahrhundert. In: Von Huren und Rabenmüttern. Weibliche Kriminalität in der Frühen Neuzeit, ed. Otto Ulbricht (Köln / Weimar / Wien 1995), 313–334.

Goody, Jack: The development of the family and marriage in Europe (Cambridge et al. 1983).

Grandner, Margarete / **Harmat**, Ulrike: Begrenzt verliebt. Gesetzliche Ehehindernisse und die Grenze zwischen Österreich und Ungarn. In: Liebe und Widerstand, edd. Ingrid Bauer / Christa Hämmerle / Gabriella Hauch (= L'Homme Schriften 10, Reihe zur Feministischen Geschichtswissenschaft, Wien / Köln / Weimar 2005), 287–304.

Grulich, Josef: Heiratsstrategien der Dorfbevölkerung. Die Herrschaft Třeboň / Wittingau 1792–1836. In: Ehe – Haus – Familie. Soziale Institutionen im Wandel 1750–1850, ed. Inken Schmidt-Voges (Köln / Weimar / Wien 2010), 143–178.

Hamann, Brigitte: Bertha von Suttner. Ein Leben für den Frieden (Wien o. J.).

Hartmann, Martina: Aufbruch ins Mittelalter. Die Zeit der Merowinger (Darmstadt [2]2011).

Dies.: Die Königin im frühen Mittelalter (Stuttgart 2009).

Hausen, Karin: Die Ehe in Angebot und Nachfrage. Heiratsanzeigen historisch durchmustert. In: Liebe und Widerstand, edd. Ingrid Bauer / Christa Hämmerle / Gabriella Hauch (= L'Homme Schriften 10, Reihe zur Feministischen Geschichtswissenschaft, Wien / Köln / Weimar 2005), 428–448.

Heidecker, Karl: The Divorce of Lothar II. Christian Marriage and Political Power in the Carolingian World (Ithaca / London 2010).

Herre, Franz: Maria Theresia. Die große Habsburgerin (München 1995).

Hohkamp, Michaela: Wer ist mit wem, warum und wie verheiratet? Überlegungen zu Ehe, Haus und Familie als gesellschaftliche Schlüsselbeziehungen am Beginn des 19. Jahrhunderts – samt einem Beispiel aus der Feder eines Mörders. In: Ehe – Haus – Familie. Soziale Institutionen im Wandel 1750–1850, ed. Inken Schmidt-Voges (Köln / Weimar / Wien 2010), 31–47.

Holthöfer, Ernst: Die Geschlechtsvormundschaft. Ein Überblick von der Antike bis ins 19. Jahrhundert. In: Frauen in der Geschichte des Rechts. Von der Frühen Neuzeit bis zur Gegenwart, ed. Ute Gerhard (München 1997), 390–451.

Hufton, Olwen: Frauenleben. Eine europäische Geschichte 1500–1800 (Frankfurt am Main 1998).

Hull, Isabel V.: Sexualstrafrecht und geschlechtsspezifische Normen in den deutschen Staaten des 17. und 18. Jahrhunderts. In: Frauen in der Geschichte des Rechts. Von der Frühen Neuzeit bis zur Gegenwart, ed. Ute Gerhard (München 1997), 221–234.

Illouz, Eva: Die neue Liebesordnung. Frauen, Männer und *Shades of Grey* (Berlin 2013).

Illustrierte Wochenpost – Unterhaltungsblatt für jedermann (Wien 1928–1939).

Jankrift, Kay Peter: Krankheit und Heilkunde im Mittelalter (Darmstadt ²2012).

Kaupp, Peter: Das Heiratsinserat im sozialen Wandel. Ein Beitrag zur Soziologie der Partnerwahl (Stuttgart 1968).

Katechismus der Katholischen Kirche (KKK, 1997). Onlinequelle: www.vatican.va/archive/DEU0035/__P8D.HTM. Heruntergeladen am 29.12.2014.

Keldorfer, Katrin: Entwicklung der Ehescheidung – Vom Römischen Recht zum geltenden Recht (Diplomarbeit, Graz 2012).

Klinksiek, Dorothee: Die Frau im NS-Staat (= Schriftenreihe der Vierteljahrshefte für Zeitgeschichte 44 (München 1982).

Koch, Elisabeth: Die Frau im Recht der Frühen Neuzeit. Juristische Lehren und Begründungen. In: Frauen in der Geschichte des Rechts. Von der Frühen Neuzeit bis zur Gegenwart, ed. Ute Gerhard (München 1997), 73–93.

Lang, Helmut W.: Die österreichische Tagespublizistik im Barockzeitalter. In: Öffentliche Meinung in der Geschichte Österreichs, ed. Erich Zöllner (= Schriften des Institutes für Österreichkunde 34, Wien 1979), 39–52.

Lanzinger, Margareth: »Neigung, Liebe, leider Leidenschaft war es …« Kirchliche Heiratsverbote im Spannungsfeld zwischen Ökonomie, Moral und Inzest – eine Fallgeschichte. In: Liebe und Widerstand, edd. Ingrid Bauer / Christa Hämmerle / Gabriella Hauch (= L'Homme Schriften 10, Reihe zur Feministischen Geschichtswissenschaft, Wien / Köln / Weimar 2005), 257–273.

Leeuwen, Marco H. D. van / **Maas**, Ineke: Endogamy and Social Class in History: An Overview. In: Marriage Choices and Class Boundaries. Social Endogamy in History, edd. Marco H. D. van Leeuwen / Ineke Maas / Andrew Miles (Cambridge o. J.), 1–23.

Lenz, Karl: Soziologie der Zweierbeziehung. Eine Einführung (Wiesbaden ⁴2009).

Luef, Evelyne: »und vom drohen sey noch niemand gestorben«. Häusliche Gewalt im 18. Jahrhundert. In: Ehe – Haus – Familie. Soziale Institutionen im Wandel 1750–1850, ed. Inken Schmidt-Voges (Köln / Weimar / Wien 2010), 99–120.

Lutterbach, Hubertus: Sexualität im Mittelalter. Eine Kulturstudie anhand von Bußbüchern des 6. bis 12. Jahrhunderts (= Beihefte zum Archiv für Kulturgeschichte 43, Köln / Weimar / Wien 1999).

Lutz, Alexandra: Ehepaare vor Gericht. Konflikte und Lebenswelten in der Frühen Neuzeit (Frankfurt am Main / New York 2006).

Mette-Dittmann, Angelika: Die Ehegesetze des Augustus. Eine Untersuchung im Rahmen der Gesellschaftspolitik des Princeps (= Historia. Zeitschrift für alte Geschichte 67, Stuttgart 1991).

Mitterauer, Michael / **Sieder**, Reinhard: Vom Patriarchat zur Partnerschaft. Zum Strukturwandel der Familie (München ⁴1991).

Niehuss, Merith: Eheschließung im Nationalsozialismus. In: Frauen in der Geschichte des Rechts. Von der Frühen Neuzeit bis zur Gegenwart, ed. Ute Gerhard (München 1997), 851–870.

Ogris, Werner: Die Ehe Heinrichs VIII. mit Anna von Kleve. Ein Beitrag zur Rechts- und Sittengeschichte der Tudorzeit. In: Recht – Religion – Kultur. Festschrift für Richard Potz zum 70. Geburtstag, edd. Brigitte Schinkele et al. (Wien 2014), 543–558.

Ovid, Liebeskunst / Ars amatoria. Überarbeitete Neuausgabe der Übersetzung von Niklas Holzberg (Berlin 2011).

Padberg, Lutz E. von: Die Inszenierung religiöser Konfrontationen. Theorie und Praxis der Missionspredigt im frühen Mittelalter (= Monographien zur Geschichte des Mittelalters 51, Stuttgart 2003).

Passio maior des heiligen Kilian. In: Kilian. Mönch aus Irland – aller Franken Patron (689–1989) (Würzburg 1989), 20–26.

Payer, Alexandra: Das Mönchtum in der Mission und Expansion des frühmittelalterlichen Frankenreiches (Diplomarbeit, Klagenfurt 2005).

Pool, Daniel: What Jane Austen Ate and Charles Dickens Knew. From Fox Hunting to Whist – the Facts of Daily Life in 19th-century England (New York 1994).

Preißler, Doris: Radiologe sucht Frau mit innerer Schönheit (München 2010, E-Book).

Quellen zur Geschichte der Frauen 3, Neuzeit, edd. Anne **Conrad** / Kerstin **Michalik** (Stuttgart 1999).

Raming, Ida: Stellung und Wertung der Frau im kanonischen Recht. In: Frauen in der Geschichte des Rechts. Von der Frühen Neuzeit bis zur Gegenwart, ed. Ute Gerhard (München 1997), 698–712.

Ranke-Heinemann, Uta: Eunuchen für das Himmelreich. Katholische Kirche und Sexualität. Von Jesus bis Benedikt XVI. (München [5]2012).

Rasinger, Eva Maria: Familie und Ehe im frühen Christentum im Vergleich zu aktuellen Ausformungen (Masterarbeit, Graz 2010).

Riché, Pierre: Die Karolinger. Eine Familie formt Europa (München [3]1995).

Roth, Franz Otto: Die »Hexe« Veronika. Liebeszauber, Adelspolitik und »Renaissance«-Menschen im steirischen frühen 15. Jahrhundert. In: Mitteilungen des Steiermärkischen Landesarchivs 37 (Graz 1987), 57–69.

Ruhe, Doris: Die fremde Frau. Literarische Brautfahrten und zeitgenössisches Eherecht. In: Fremdheit und Reisen im Mittelalter, ed. Karl-Heinz Spieß (Stuttgart 1997), 37–51.

Saurer, Edith: Stiefmütter und Stiefsöhne. Endogamieverbote zwischen kanonischem und zivilem Recht am Beispiel Österreichs (1790–1850). In: Frauen in der Geschichte des Rechts. Von der Frühen Neuzeit bis zur Gegenwart, ed. Ute Gerhard (München 1997), 345–366.

Dies.: Verbotene Vermischungen. »Rassenschande«, Liebe und Wiedergutmachung. In: Liebe und Widerstand, edd. Ingrid Bauer / Christa Hämmerle / Gabriella Hauch (= L'Homme Schriften 10, Reihe zur Feministischen Geschichtswissenschaft, Wien / Köln / Weimar 2005), 341–361.

Schilling, Heinz: Martin Luther. Rebell in einer Zeit des Umbruchs (München ²2013).

Schmidt-Voges, Inken: Strategien und Inszenierungen häuslichen Lebens zwischen 1750 und 1820. Eine Einführung. In: Ehe – Haus – Familie. Soziale Institutionen im Wandel 1750–1850, ed. Inken Schmidt-Voges (Köln / Weimar / Wien 2010), 9–27.

Schmugge, Ludwig: Ehen vor Gericht. Paare der Renaissance vor dem Papst (Berlin 2008).

Schnabel-Schüle, Helga: Frauen im Strafrecht vom 16. bis zum 18. Jahrhundert. In: Frauen in der Geschichte des Rechts. Von der Frühen Neuzeit bis zur Gegenwart, ed. Ute Gerhard (München 1997), 185–198.

Schneider, Franz: Pressefreiheit und politische Öffentlichkeit. Studien zur politischen Geschichte Deutschlands bis 1848 (= Politica. Abhandlungen und Texte zur politischen Wissenschaft 24, edd. Wilhelm Hennis / Hans Maier, Neuwied am Rhein / Berlin 1966).

Schönfelder, Jasmin: Die Gestaltung der ehelichen Lebensgemeinschaft von 1811 bis zur Reform 2012/2013 (Diplomarbeit, Graz 2013).

Schorn-Schütte, Luise: Wirkungen der Reformation auf die Rechtsstellung der Frau im Protestantismus. In: Frauen in der Geschichte des Rechts. Von der Frühen Neuzeit bis zur Gegenwart, ed. Ute Gerhard (München 1997), 94–104.

Schubert, Ernst: Alltag im Mittelalter. Natürliches Lebensumfeld und menschliches Miteinander (Darmstadt ²2012).

Schulz, Andreas: Lebenswelt und Kultur des Bürgertums im 19. und 20. Jahrhundert (= Enzyklopädie deutscher Geschichte 75, München 2005).

Sdralek, Max: Hinkmar von Rheims kanonistisches Gutachten über die Ehescheidung des Königs Lothar II. Ein Beitrag zur Kirchen-, Staats- und Rechts-Geschichte des IX. Jahrhunderts (Freiburg im Breisgau 1881).

Seymour, Bruce: Lola Montez. Eine Biographie (München [2]2003).

Signori, Gabriela: Von der Paradiesehe zur Gütergemeinschaft. Die Ehe in der mittelalterlichen Lebens- und Vorstellungswelt (Frankfurt am Main 2011).

Sikora, Michael: Ungleiche Verbindlichkeiten. Gestaltungsspielräume standesverschiedener Partnerschaften im deutschen Hochadel der Frühen Neuzeit. In: Zeitenblicke 4 (2005) 3. www.zeitenblicke.de/2005/3/Sikora/index_html, heruntergeladen am 12.12.2014.

Spieß, Karl-Heinz: Fremdheit und Integration der ausländischen Ehefrau und ihres Gefolges bei internationalen Fürstenheiraten. In: Fürstenhöfe und ihre Außenwelt. Aspekte gesellschaftlicher und kultureller Identität im deutschen Spätmittelalter, ed. Thomas Zotz (= Identitäten und Alteritäten 16, Würzburg 2004), 267–290.

Ders.: Unterwegs zu einem fremden Ehemann. Brautfahrt und Ehe in europäischen Fürstenhäusern des Spätmittelalters. In: Fremdheit und Reisen im Mittelalter, ed. Karl-Heinz Spieß (Stuttgart 1997), 17–36.

Thoma, Helga: Ungeliebte Königin. Ehetragödien an Europas Fürstenhöfen (München 2012).

Thorwald, Jürgen: Report der Toten. Das Jahrhundert der Detektive II (München o. J.).

Vogel, Ursula: Gleichheit und Herrschaft in der ehelichen Vertragsgesellschaft – Widersprüche der Aufklärung. In: Frauen in der Geschichte des Rechts. Von der Frühen Neuzeit bis zur Gegenwart, ed. Ute Gerhard (München 1997), 265–292.

Walther, Stefanie: Die (Un-)Ordnung der Ehe. Normen und Praxis ernestinischer Fürstenehen in der Frühen Neuzeit (München 2011).

Wehler, Hans-Ulrich: Deutsche Gesellschaftsgeschichte (5 Bände, München 2008).

Weinfurter, Stefan: Karl der Große. Der heilige Barbar (München 2013).

Weithmann, Michael: Xanthippe und Sokrates. Frauen und Männer im alten Athen (Darmstadt 2010).

Westphal, Siegrid / **Schmidt-Voges**, Inken / **Baumann**, Anette: Venus und Vulcanus. Ehen und ihre Konflikte in der Frühen Neuzeit (München 2011).

Wienfort, Monika: Verliebt, verlobt, verheiratet. Eine Geschichte der Ehe seit der Romantik (München 2014).

Winkelhofer, Martina: Das Leben adeliger Frauen. Alltag in der k. u. k. Monarchie (Innsbruck / Wien 2011).

Würgler, Andreas: Medien in der frühen Neuzeit (= Enzyklopädie deutscher Geschichte 85, München 2009).

Wunder, Heide: Herrschaft und öffentliches Handeln von Frauen in der Gesellschaft der Frühen Neuzeit. In: Frauen in der Geschichte des Rechts. Von der Frühen Neuzeit bis zur Gegenwart, ed. Ute Gerhard (München 1997), 27–54.

Zweig, Stefan: Die Welt von Gestern. Erinnerungen eines Europäers (Frankfurt am Main [31]1999).

Alexandra Bleyer, geboren 1974 in Klagenfurt, ist promovierte Historikerin und hat bereits mehrere populäre Sachbücher veröffentlicht. Als Kultur- und Wissenschaftsjournalistin schreibt sie u. a. eine wöchentliche Kolumne für die »Salzburger Nachrichten«. Sie lebt (glücklich verheiratet ...) mit Mann, zwei Kindern und einem Hund in Seeboden am Millstätter See.